本书为贵州省高校乡村振兴研究中心成果，受到贵州乡村振兴2011协同创新中心、贵州省高校人文社会科学重点研究基地、贵州省哲学社会科学2021年度十大创新团队、贵州省人文社科示范基地等相关项目经费资助。

农业转移人口市民化与社会福利研究

——西部少数民族调查数据分析

韦 璞 著

光明日报出版社

图书在版编目（CIP）数据

农业转移人口市民化与社会福利研究：西部少数民族调查数据分析 / 韦璞著 . -- 北京：光明日报出版社，2024.5

ISBN 978 - 7 - 5194 - 7954 - 1

Ⅰ.①农… Ⅱ.①韦… Ⅲ.①少数民族—农业人口—流动人口—城市化—关系—社会福利—研究—中国 Ⅳ.①C924. 24②D632. 1

中国国家版本馆 CIP 数据核字（2024）第 097321 号

农业转移人口市民化与社会福利研究：西部少数民族调查数据分析
NONGYE ZHUANYI RENKOU SHIMINHUA YU SHEHUI FULI YANJIU：
XIBU SHAOSHU MINZU DIAOCHA SHUJU FENXI

著　　者：韦　璞			
责任编辑：杨　茹		责任校对：杨　娜　董小花	
封面设计：中联华文		责任印制：曹　净	

出版发行：光明日报出版社

地　　址：北京市西城区永安路 106 号，100050

电　　话：010-63169890（咨询），010-63131930（邮购）

传　　真：010-63131930

网　　址：http：//book. gmw. cn

E - mail：gmrbcbs@ gmw. cn

法律顾问：北京市兰台律师事务所龚柳方律师

印　　刷：三河市华东印刷有限公司

装　　订：三河市华东印刷有限公司

本书如有破损、缺页、装订错误，请与本社联系调换，电话：010-63131930

开　　本：170mm×240mm

字　　数：278 千字　　　　　　　印　　张：15.5

版　　次：2024 年 5 月第 1 版　　　印　　次：2024 年 5 月第 1 次印刷

书　　号：ISBN 978 - 7 - 5194 - 7954 - 1

定　　价：95.00 元

贵州省高校乡村振兴研究成果系列丛书
编　委　会

自　序

市民化是农业转移人口城镇化的关键环节，是"以人为本"新型城镇化的直接体现。本书目的是在测量西部少数民族农业转移人口市民化水平和社会福利状况的基础上，分析市民化影响因素，以及市民化对社会福利的影响状况，有针对性地提出有效政策措施，为改善西部少数民族农业转移人口社会福利，促进"以人为本"新型城镇化发展提供参考。

本书主要内容包括：（1）市民化水平和社会福利测量。市民化水平从政治参与、经济地位、社会适应、文化融入、心理认同、公共服务6个维度，共计24个指标来测量。社会福利测量分为客观福利和主观福利，且都采用复合指标进行测量。客观福利从就业福利、收入福利、健康福利、住房条件、教育机会、生活环境6个维度进行测量，每个维度由3个指标构成；主观福利覆盖8个指标，包括工作、收入、身心健康、住房、本人及子女教育、社会交往、生活环境、公共服务。（2）市民化水平及其影响因素。政策制度因素（包括户籍制度）、社会资本和人力资本都对市民化产生显著性影响，政策制度因素的影响强度最大，获得政策支持能够显著提高市民化水平。由此发现消除城乡身份差别导致的收入差距，促进少数民族农业转移人口与城市市民同工同酬，同城同待遇，保障其经济利益，有助于他们提高市民化水平，顺利融入城市社会。（3）市民化对客观福利改善和主观福利水平的影响。国内大多数研究都止步于农业转移人口的市民化研究，本书将市民化进程与社会福利改善连接起来，探索少数民族农业转移人口的市民化水平对其客观福利改善和主观福利水平的影响。促进市民化进程政策制度因素、人力资本和社会资本因素，有助于提高少数民族农业转移人口的收入水平和社会福利待遇水平（作为补充收入）。这个研究是对国内已有研究的进一步拓展和延伸。

本书研究特色和价值有三：其一，西部少数民族的固有特征使得这一

1

研究具有重要的理论价值。少数民族一般居住在较为偏远的地方，进城较晚，市民化程度较低。他们在政治权利上是弱势群体，经济地位较低，社会适应能力较弱，文化融入较难，而在社会福利方面又有其特殊需求。从这个角度来看，本研究通过扎实的田野工作和数据分析，将为西部少数民族在市民化过程中如何完善其社会福利提供重要的理论支持。其二，研究西部少数民族农业转移人口市民化及其社会福利改善状况，从学术理论上来讲，可以丰富和充实我国关于农业转移人口市民化的相关文献。就实践价值而言，采用规范的定量分析方法，系统论证市民化对社会福利产生的影响，也能够为后续相关研究提供一定的参考和借鉴。其三，本研究采用民族社会学的研究范式，结合定性和定量分析方法，综合问卷数据统计分析和个案访谈资料叙事于一体，对后续的相关研究有一定的参考价值。同时，现有少数民族市民化相关文献，主要针对某一省份或某一城市进行研究，研究样本的代表性不足。本研究将扩大调查范围，加大样本量，建立更加科学的测量指标体系，从宏观、中观、微观层面进行分析，为后续研究提供普适性更强的解释框架。

本书最主要的不足在于：一些西部少数民族农业转移人口的样本量较少，没能单独分析其市民化水平和社会福利改善情况。对于西部少数民族农业转移人口的市民化水平、客观福利和主观福利变化三者之间的因果关系，需要建立更加复杂的定量模型进行更深入讨论。

本书基于国家社会科学基金西部项目（19XMZ099）结题成果修改而成，也是贵州省高校乡村振兴研究中心成果。课题在调研和撰写过程中得到许多同事、朋友、同人的关怀和帮助。特别感谢安顺学院旅游学院韦明顶教授、资源与环境工程学院韦云波副教授在项目调研和撰写环节做出的建设性贡献。感谢安顺学院资源与环境工程学院张丽老师在成稿排版方面做出的积极贡献。感谢伍开权和王雪芬伉俪，王儒祥先生、罗吉华先生、廖兴彪先生、王登豪先生、王志川先生、韦永儒先生，以及我的硕士生郭佳英、邢玉翠、张静、田宋等同学在调研过程中的大力支持。在研究过程中还得到了许多朋友的帮助，此处一并表示衷心感谢。当然，本书存在的遗漏和错误之处由作者本人承担。本书的阅读对象主要是大学本科高年级学生、研究生以及从事相关领域研究的科研人员。

2023 年 4 月

目　录
CONTENTS

第一章

导　论

第一节　研究背景和研究意义

一、研究背景

改革开放和社会主义现代化建设深入推进，我国经济社会快速发展，实现了中华民族从站起来、富起来到强起来的伟大飞跃。但在全面建设社会主义现代化强国进程中，仍然面临发展不平衡不充分问题，推进高质量发展还有许多卡点瓶颈。其中，城乡之间、地区之间和不同人群之间在获得社会福利数量和质量方面不均衡的问题仍然较为突出。在新型城镇化快速推进背景下，农业转移人口①在市民化转化过程中，如何共享城镇社会服务和改善社会福利，是城镇化建设高质量发展应充分考虑的问题，也是促进城乡融合发展的关键举措和扎实推进全体人民共同富裕的重要实践。因此，研究农业转移人口市民化与社会福利状况，以及二者之间的关系，有助于提高农业转移人口的福利水平，推进实现城乡基本公共服务均等化，最终实现全体人民共同富裕的宏伟目标。

党的二十大报告提出"全面建设社会主义现代化强国"，同时指出"高质量发展是全面建设社会主义现代化国家的首要任务"。随着新型城镇化发展不断推进，我国城镇化已由高速度转向高质量发展，但"城乡区域发展和收入分配差距仍然较大"，农业转移人口市民化滞后难题仍未能得到全面解决。目前，我国

---

① 由于我国学界在"农民工""流动人口""农业转移人口"等概念使用上存在先后次序的问题，尽管"农业转移人口"概念涵盖的人群范围更广，但这个概念出现的时间较晚，仅对这一概念及其相关文献进行综述和借鉴，难以覆盖更多相关文献。因此，下文在文献综述和观点借鉴方面，为了忠实于原文，我们不对这几个概念做严格区分，而是一并纳入介绍范畴。

户籍人口城镇化明显滞后于常住人口城镇化。2020年第七次人口普查数据显示，我国城镇常住人口达9.02亿人，常住人口城镇化率为63.9%，但户籍人口城镇化率仅为45.4%，二者相差18.5个百分点。表明有大量农业转移人口长期生活在城镇，却未能获得城镇户籍，农业转移人口市民化进程相对滞后。从国际比较视角和社会经济发展阶段特征来看，我国城镇化率仍有较大上升空间。目前我国户籍人口城镇化率仍偏低，不仅低于发达国家80%左右的平均水平，也低于一些与我国发展阶段相近的发展中国家60%左右的平均水平。如果按照2030年我国人口峰值14.5亿人，城镇化率按70%来测算，意味着未来几年我国还有1.3亿左右农村人口逐步迁移到城镇居住。

少数民族人口是我国总人口的重要组成部分，由于历史原因，许多少数民族人口居住在距离城镇较远的地方，城镇化水平相对滞后。根据2020年第七次人口普查结果，我国少数民族人口达1.25亿，占全国人口的8.89%。曾经有学者测算，我国城镇化比率超过20%的少数民族有朝鲜族（69.4%）、回族（53.5%）、汉族（51.9%）、蒙古族（46.2%）、满族（43.7%）、壮族（34.4%）、布依族（26.2%）、苗族（25.6%）、维吾尔族（22.4%）和侗族（20.3%）等。[1] 可以看出，许多少数民族人口城镇化仍然滞后于全部人口的城镇化水平，而且差距还比较大。同时，少数民族人口城镇化并不稳定，大多数少数民族农业转移人口仍处于流动状态。截至2016年，大规模向东部和内地城市流动的少数民族人口接近3000万，占比达到全国流动人口约十分之一。[2] 其中许多人并没有长期定居城镇的打算，这有许多原因，其中重要的原因包括少数民族人口难以市民化，暂时无法享受城镇相关社会福利待遇。因此，帮助少数民族农业转移人口市民化，共享城镇社会福利待遇，有助于巩固我国城镇化发展成果。

西部少数民族农业转移人口由于特殊的文化背景、宗教信仰和风俗习惯等，其市民化过程遇到的各种困难，可能对新型城镇化发展、城市政府管理等方面提出新挑战新要求。新型城镇化强调"以人为本"，关键在于农业转移人口转化为城市居民，公平公正地享受城镇社会福利。与此同时，人口由农村向城市转移蕴含着巨大消费潜力，其实现的基本前提也是农业转移人口市民化。因此，农业转移人口市民化是提升城镇化质量、实现共同富裕的重要途径；也是促进

---

① 青觉. 市民化：城市少数民族流动人口治理的关键［N］. 中国民族报，2016-05-13（7）.

② 朱维群. 城市少数民族流动人口工作重在交融［EB/OL］. 中国政协网，2016-12-15.

城乡融合发展，释放城镇化红利，形成双循环新格局的重要抓手；还是各级政府落实"以人为本"新型城镇化相关政策等现实问题的关键环节。而改善少数民族农业转移人口的社会福利水平，提高生活质量，还有利于民族团结，铸牢中华民族共同体意识，实现全国各族人民共同富裕的宏伟目标。

改革开放以来，党中央、国务院及有关部门极力推进城镇化、市民化持续发展。1984 年，中共中央《关于一九八四年农村工作的通知》和国务院《国务院关于农民进入集镇落户问题的通知》，首次提出到集镇务工、经商、办服务业的农民和家属，达到一定条件后可以在集镇落户，并统计为非农业人口。这标志着我国严格的户籍壁垒开始松动，从而为农业劳动力合法转移提供了制度上的保证。① 20 世纪 90 年代初期，政府针对"农民工"② 群体的流动性特点，采取一系列措施保障农民工群体的有序流动。1997 年 5 月，公安部发布《小城镇户籍管理制度改革试点方案》，开始试点开放小城镇户籍，允许符合条件的农民及其随迁直系亲属办理城镇常住户口。1998 年 6 月，公安部发布《关于解决当前户口管理工作中几个突出问题的意见》，将农民进城落户政策进一步放开到中等城市。

进入 21 世纪以后，国家开始从城乡统筹发展的高度来思考农业转移劳动力的就业问题，就业政策发生了积极变化。2001 年 3 月，国务院批转公安部《关于推进小城镇户籍管理制度改革的意见》，支持全面放开小城镇户口。许多小城镇相继推出各项配套改革措施，保障农业转移劳动力在小城镇就业、社会保障、户籍管理、子女教育、住房和医疗卫生等方面的合法权益。紧接着，许多大中城市开始户籍制度改革。③ 2004 年 1 月，中央一号文件《中共中央国务院关于促进农民增加收入若干政策意见》中强调："进城就业的农民工已经成为产业工人的重要组成部分，为城市创造了财富、提供了税收。城市政府要切实把对进城农民工的职业培训、子女教育、劳动保障及其他服务和管理经费，纳入正常的财政预算，已经落实的要完善政策，没有落实的要加快落实。"表明政府逐渐承认农民工的工人阶级属性和重要地位，并要求城市政府将进城农民工的相关

---

① 谭崇台，马绵远. 农民工市民化：历史、难点与对策 ［J］. 江西财经大学学报，2016
（3）：72–80，132.

② 按照国家统计局的解释，农民工是指户籍仍在农村，在本地从事非农产业或外出从业 6
个月及以上的劳动者。详细情况参阅国家统计局官方网站：http：//www.stats.gov.cn/
tjsj/zxfb/201604/t20160428 _ 1349713.html.

③ 尤琳，陈世伟. 城乡一体化进程中的户籍制度改革研究 ［J］. 社会主义研究，2015
（6）：84–91.

福利纳入财政预算中。

党的十八大以来，中央提出到 2020 年实现约 1 亿农业转移人口落户城镇的目标，出台了推进户籍制度改革、实施居住证制度等举措。2014 年 3 月，国务院发布《国家新型城镇化规划（2014—2020）》，把有序推进农业转移人口市民化作为重要工作，并从健全落户制度和政策、共享基本公共服务、建立合理成本分担机制等方面明确了任务。2014 年 7 月，国务院发布《关于进一步推进户籍制度改革的意见》，提出统一城乡户口登记制度，全面实施居住证制度，将义务教育、就业服务、基本养老、基本医疗卫生、住房保障等城镇基本公共服务覆盖城镇全部常住人口。习近平总书记在党的十九大报告中指出："以城市群为主体构建大中小城市和小城镇协调发展的城镇格局，加快农业转移人口市民化。"2019 年 4 月 8 日，国家发改委提出了 2019 年新型城镇化建设的重点任务，明确指出在此前城区常住人口 100 万以下的城市陆续取消落户限制的基础上，100 万~300 万的Ⅱ型大城市要全面取消落户限制，300 万~500 万的Ⅰ型大城市全面放宽落户条件，并全面取消重点群体——农业转移人口的落户限制。这些政策制度改革有助于推进我国城镇化、市民化进程和改善农业转移人口的社会福利水平。

在少数民族城镇化、市民化方面，1993 年 9 月 15 日国务院批准国家民委发布《城市民族工作条例》，为加强城市民族工作，保障城市少数民族的合法权益，促进适应城市少数民族需要的经济、文化事业的发展提供了重要的法律依据和制度保障。2016 年 6 月 29 日对原条例进行修改形成新的《城市民族工作条例》。国家在制度层面非常重视推进城市民族工作，保障进城少数民族农业转移人口的合法权益，提高他们在城市的生活水平和社会地位。实际上中央在宏观层面上早已启动土地、财税、社会保障和户籍等方面的政策改革，以协调中央与地方、流出地与流入地在促进人本城镇化中的分工与合作关系。地方政府层面则以落实"公共服务均等化"为抓手，解决农业转移人口在流入地的生存与发展问题。① 但在我国全面建成小康社会，开启全面建设社会主义现代化国家新征程之际，党中央在推进城镇化和提高人们生活福祉方面提出了更高要求。2020 年 10 月 29 日党的十九届五中全会审议通过了《中共中央关于制定国民经济和社会发展第十四个五年规划和二〇三五年远景目标的建议》，将"民生福祉达到新水平"作为"十四五"时期经济社会发展六个主要目标之一，就业、收

① 江立华. 改革开放四十年来的人口流动与农业转移人口市民化［J］. 社会发展研究，2018，5（2）：22-40.

入、教育、社保、卫生健康和基本公共服务等要有明显改善和提高。2035 年远景目标也包括"人民生活更加美好、人的全面发展、全体人民共同富裕取得更为明显的实质性进展"。党的二十大报告也强调"必须坚持在发展中保障和改善民生，鼓励共同奋斗创造美好生活，不断实现人民对美好生活的向往"。而"推进以人为核心的新型城镇化"则作为实现上述目标的重要保障之一。在这一背景下，深入推进少数民族农业转移人口市民化及其福利改善已刻不容缓。

进入 21 世纪以来，我国农业转移人口逐年大幅增加，学术界也开始密集关注农业转移人口市民化（有时也称为城市融入、社会融合、社会适应等）问题，至今已有一定文献积累。重点研究领域集中于市民化概念与理论阐述、市民化路径和障碍消除、市民化成本分担机制、市民化水平测度及影响因素等几个方面。市民化概念和理论虽然具有中国特定背景，但其理论来源于西方文献中的"社会融合"概念，目前仍没有统一定义，但达成了一定共识，认为这一概念具有多个维度，基本维度包括经济、社会、文化、心理等方面。但在各维度具体测量指标设置存在较大分歧，理论上难以统一，为进一步探索留下了一定空间。

在市民化路径和障碍的相关研究中，基本共识是：我国农业转移人口市民化不同于国外农民市民化的"农民—市民"模式进程，而是总体上呈现出"农民—农业转移人口—市民"的中国路径。农业转移人口转变为市民的这一阶段就是市民化过程，这个过程常常受到城镇户籍制度限制，农业转移人口难以完全享受城市福利。户籍制度还造成城镇劳动力市场分割，农业转移劳动力难以进入高收入劳动力市场，进而影响其收入提高。其他的市民化障碍因素还包括人力资本不高、社会资本匮乏等，少数民族农业转移人口城镇化可能还存在某些"民族因素"影响。此外，蔡昉（2000）曾提出"既得利益论"，认为城市居民为了维护自身利益，会通过影响城市政府决策而阻碍农民工市民化，进而影响城市政府对农民工市民化的公共服务供给。[1] 地方政府出于节约成本考虑，不愿意承担农民工的公共服务供给成本，也会导致农民工群体公共服务获得出现困难。[2] 可见，地方政府和城市居民的决策、行动、态度等也是影响农业转移人口市民化的重要因素，他们可能会为了自身利益而阻碍农业转移人口的市民化进程及其福利改善，但最终都可以体现为农业转移人口的市民化程度和社会福利改善程度，这正是本研究将要探讨的重要内容之一。

---

① 蔡昉. 中国城市限制外地民工就业的政治经济学分析［J］. 中国人口科学，2000（4）：
　　1-10.

② 陆万军，张彬斌. 户籍门槛、发展型政府与人口城镇化政策：基于大中城市面板数据的
　　经验研究［J］. 南方经济，2016（2）：28-42.

在市民化成本分担机制研究中，多数研究着重划分市民化过程的责任主体，并进行市民化成本测算。这个研究方向与本研究主题的相关性较小。本研究的重点是市民化水平测度及其影响因素分析，同时将研究内容进一步延展到社会福利领域，通过计量模型分析西部少数民族农业转移人口市民化水平对其福利改善的影响，并在此基础上提出相关政策建议。关于市民化水平测度及其影响因素分析研究，目前已有不少文献。其争议主要集中在市民化的测量维度和指标选取差异，市民化综合指数的加总计算方法差异。市民化影响因素基本可以归为几大类：人力资本因素、社会资本因素和政策制度因素。另外，个人特征因素和迁移特征因素也会影响农业转移人口的市民化水平，进而影响其社会福利状况。

由于市民化水平的影响因素比较固定，所以许多研究文献提出的相关政策建议也有诸多相同之处。宏观层面上，农业转移人口市民化的出路在于新型人口城镇化，而非"土地城镇化"或"房地产城镇化"的传统城镇化道路，要统筹城乡综合配套改革，构建城乡一体化的社会管理制度。[①] 要从政府主导、多元主体协同参与的社会治理思路出发，明晰政府职责、多元主体协同参与、降低城市进入门槛、提升社会认同感和放开土地流转市场等方面来破解农业转移人口市民化瓶颈。[②] 微观层面上，要以外部"赋权"与自身"增能"来提高农民的城市适应能力，最终成为合格的城市市民。[③] 逐步将农业转移人口纳入城镇公共就业服务体系、城镇社会保障体系以及城镇住房保障体系中，保障他们享有公共服务权益。具体措施方面，王玉峰（2015）认为：通过强化培训，提高农业转移人口的职业技能；加快住房制度改革，解决农业转移人口的安居问题；完善社会保障制度，解决农业转移人口的后顾之忧；改革教育制度，减轻农业转移人口子女教育负担；加快户籍制度改革，实现公共服务与社会保障的跨区域"兼容"。[④]

可以说，我国现有研究成果已经基本形成了分析农业转移人口市民化问题的稳定框架，并利用各种调查数据对农业转移人口的市民化水平进行了测量，

---

① 杨云善. 农业转移人口就近市民化存在的问题与对策：以中西部地区为例 [J]. 中州学刊, 2016 (6)：80-85.

② 杨琪. 新型城镇化中农业转移人口市民化的阻碍及破解路径 [J]. 湖北农业科学, 2019, 58 (21)：236-240, 249.

③ 郭忠华，谢涵冰. 农民如何变成新市民？：基于农民市民化研究的文献评估 [J]. 探索与争鸣, 2017 (9)：93-100.

④ 王玉峰. 新生代农民工市民化的现实困境与政策分析 [J]. 江淮论坛, 2015 (2)：132-140, 155.

构建多元统计分析模型分析了市民化水平的影响因素。同时，指出了农业转移人口市民化存在急需解决的一系列问题，提出了许多具有可操作性的政策建议。但我们认为，仍有两个方面值得进一步延伸和探讨。一个是，有必要将农业转移人口市民化研究延伸到社会福利领域，考察市民化水平对社会福利变化的影响。就目前而言，尽管已经有少数研究认识到市民化对福利领域的可能影响，如李强和胡宝荣（2013）曾经指出："市民化的实质，实际上就是实现公民权利的平等，要让农民工能获得平等的公民权利，享受社会发展带来的社会福祉和实惠。"① 但大多数研究仍止步于市民化问题研究，很少将市民化与社会福利变化联系起来分析，也缺少这方面的定量研究。另一个是，将西部少数民族农业转移人口作为研究对象，探索其市民化进程中面临的困难和影响因素。少数民族农业转移人口市民化问题由于涉及民族文化、宗教信仰、风俗习惯等方面的差异而更加复杂化，不仅涉及社会融合问题，而且还涉及民族融合问题，② 他们的流动兼具跨民族文化的意义。③ 他们的流动所要突破的不仅是体制的障碍，而且还有文化、心理和语言的障碍④。因而，少数民族流动人口的突出问题不是人口增长过快的问题，而是适应城市速度过慢的问题。⑤

西部少数民族农业转移人口市民化是我国农业转移人口市民化的重要组成部分，虽然目前有少量文献研究少数民族市民化问题，但许多文献都在重复探讨少数民族市民化概念内涵（包括社会适应、社会融合等概念），市民化障碍以及政策路径。而且多数文献采用定性研究方法，其结论的客观性、科学性难以保证。极少数定量研究又多聚焦于某一城市、地区、民族，通常都是采用地区性数据，样本量较小，样本代表性不够，研究结论的普适性不足。而仅研究某一民族，又缺乏各个民族之间的比较。特别是，我国各个少数民族文化不仅与汉族文化存在差异，而且不同少数民族之间也有着不同的民族文化，少数民族

① 李强，胡宝荣. 户籍制度改革与农民工市民化的路径 [J]. 社会学评论, 2013, 1 (1)：36-43.

② 李林凤. 从"候鸟"到"留鸟"：论城市少数民族流动人口的社会融合 [J]. 贵州民族研究, 2011, 32 (1)：13-19.

③ 李红娟，杨菊华. 少数民族流动人口融入意愿的族群差异 [J]. 民族论坛, 2016 (11)：34-39.

④ 杨圣敏，王汉生. 北京"新疆村"的变迁：北京"新疆村"调查之一 [J]. 西北民族研究, 2008 (2)：1-9.

⑤ 高向东，余运江，黄祖宏. 少数民族流动人口城市适应研究：基于民族因素与制度因素比较 [J]. 中南民族大学学报（人文社会科学版）, 2012, 32 (2)：44-49.

群体内部的差异性也较大，然而，现有研究较少关注不同民族群体之间的差异。① 定量研究的优势在于能够提供一个客观参考标准，成为后续相关政策制定和执行的导引。

为此，本研究在现有成果的基础上，以西部少数民族农业转移人口的调查样本为主，在描述性统计分析中兼与汉族进行比较，样本量较大的各个民族之间也进行相应比较。市民化相关研究内容主要围绕西部少数民族农业转移人口市民化的政治参与、经济地位、社会适应、文化融入、心理认同、公共服务等六个维度，构建相关测量指标，客观测量西部少数民族农业转移人口市民化水平，分析其影响因素。同时，构建客观福利变化和主观福利水平的测量指标体系，运用统计模型分析市民化水平对客观福利变化和主观福利水平的影响。最后，综合西部少数民族农业转移人口市民化研究及其对社会福利的影响分析结果，提出相应的政策建议。这一研究不仅在研究对象上有别于以往文献，而且还将市民化研究延伸到社会福利领域，这对现有文献将是一个有益的补充和拓展。

二、研究意义

在我国全面建成小康社会，开启全面建设社会主义现代化国家新征程之际，在实现第一个百年奋斗目标之后，向第二个百年奋斗目标进军的起点上，逐步实现基本公共服务均等化，缩小城乡区域发展差距和居民生活水平差距，不断提高民生福祉水平，努力满足人民日益增长的美好生活需要，实现共同富裕，将是我国今后公共政策追求的主要目标，也是实现经济行稳致远、社会安定和谐的重要保障。

从政策意义来看，农业转移人口是在我国特殊的城镇化背景下出现的福利容易受损的群体，城镇户籍及其附着的福利待遇限制了农业转移人口的市民化进程。尽管中央政府和地方政府在城镇户籍及其附着制度的改革方面做出了巨大努力，许多省份或地区已经取消农业户口与非农户口的区别，普遍实行居住证制度，在一定程度上改善了农业转移人口的境遇。② 但是，一方面是从制度建立到真正落实之间还有一定的时滞期，另一方面是政策执行环节也会存在力度

---

① 李红娟，杨菊华. 少数民族流动人口融入意愿的族群差异 [J]. 民族论坛，2016（11）：34-39.

② 杨菊华. 中国流动人口的社会融入研究 [J]. 中国社会科学，2015（2）：61-79，203-204.

不够、扭曲变形等情况。目前农业转移人口（包括少数民族农业转移人口）在市民化进程和城镇福利待遇共享方面仍然存在一些结构性障碍。因此，研究西部少数民族农业转移人口市民化及其福利改善，深入探索障碍因素及改善路径，帮助少数民族农业转移人口融入城市社会，使其能够长期稳定地在城市安居乐业，从微观上有利于提高他们的福利水平和生活质量。从宏观上也有利于全面促进消费和拉动内需，畅通国内大循环，为我国经济中长期发展提供动力。① 此外，从社会稳定的角度看，少数民族农业转移人口能够顺利融入城市社会，增强城市认同感，减少社会摩擦，铸牢中华民族共同体意识，有利于我国社会的长治久安和各民族的大团结。

从学术意义来看，国外文献重点关注的是农民迁入城镇的动因问题，并由此形成著名的推拉理论、二元结构理论、社会网络理论、公民身份理论等，这些理论为我国研究农业转移人口市民化意愿和动机提供了坚实的理论基础，被广泛运用于国内劳动力流动的研究中。但由于历史背景和具体国情不同，建立在市场经济和人口自由流动背景下的这些西方理论，对我国市民化过程及其社会福利改善研究的借鉴意义比较有限。其中，仅户籍制度对人口自由迁移的限制就可以使上述理论变形或失效。② 我国特殊的国情表明了进行该主题研究的必要性，挖掘农业转移人口市民化的"中国特色"和"民族因素"，深入分析它们对少数民族农业转移人口市民化过程和社会福利改善上的影响作用，有助于发现与西方国家不同的影响因素，也有助于提出具有针对性的政策建议，这也是本研究的学术意义所在。

其一，西部少数民族的固有特征使得这一研究具有重要的理论价值。西部少数民族一般居住在较为偏远的地方，进城较晚，市民化程度较低。他们在政治权利的表达上存在一定困难，经济地位较低，社会适应能力较弱，文化融入较难，而在社会福利方面又有其特殊需求。如果能够促进他们实现真正的市民化，相关社会福利得到明显改善，那么我国的现代化、城镇化建设必将取得极大的进展，进而推进实现全民共享现代化建设成果的愿景。从这一层面上讲，本研究通过扎实的田野工作和数据分析，将为西部少数民族农业转移人口在市民化过程中如何完善其社会福利提供重要的理论支持。

其二，研究西部少数民族农业转移人口市民化及其社会福利改善状况，从

---

① 李培林，田丰. 中国农民工社会融合的代际比较 [J]. 社会，2012，32 (5)：1-24.
② 李强. 影响中国城乡流动人口的推力与拉力因素分析 [J]. 中国社会科学，2003 (1)：125-136.

学术理论上来讲，可以丰富和充实我国关于农业转移人口市民化的相关文献。目前国内大多数研究都是探讨农业转移人口的市民化过程和水平，而很少将他们的市民化水平与社会福利变化结合起来研究。就实践价值而言，采用规范的定量分析方法，系统论证少数民族农业转移人口市民化水平对其社会福利产生的影响，也能够为后续相关研究提供一定的参考和借鉴。

其三，本研究采用民族社会学的研究范式，结合定性和定量分析方法，综合问卷数据统计分析和个案访谈资料叙事于一体，对后续的相关研究有一定的参考价值。同时，现有的少数民族市民化相关文献，主要针对某一省份或某一城市进行研究，研究样本的代表性不足。本研究将扩大调查范围，加大样本量，建立更加全面的测量指标体系，从宏观、中观、微观层面进行分析，为后续研究提供普适性更强的解释框架。

第二节　研究思路和研究设计

一、研究思路

（一）关于农业转移人口市民化的思考

国外关于城乡迁移人口的城市融合问题的研究文献很少，社会同化或社会融合问题主要跟国际移民联系在一起。这是因为，在西方发达国家农村转移人口几乎同时完成了职业转换、地域迁移、身份转变的"三步并一步"的转化过程，也是非农化、城镇化和市民化三位一体共同推进的过程。但在中国则是一种特殊的分阶段演进路径，即以职业转换也即职业非农化为起点，然后在地域上由农村流向城市，最后落户城市并在身份上变成市民。也就是说，农民转变成市民包括职业转换、地域转换与身份转换三个阶段。[1] 蔡昉（2001）曾明确将农民"从农村迁移出来"和"在城市定居"认定为劳动力迁移的两个过程，强调要改革户籍制度，并据此统一城乡劳动力市场，促进农民工在城乡之间自由迁徙就业。[2] 刘传江（2005）认为农民工市民化在历时性上具有与西方发达国家不一样的两步转变路径，是一种由农民到农民工，再由农民工到市民的发

---

① 邹农俭. 论农民的非农民化 [J]. 社会科学战线，2002（1）：1-7.
② 蔡昉. 劳动力迁移的两个过程及其制度障碍 [J]. 社会学研究，2001（4）：44-51.

展转变过程。这一过程受到外部制度因素、农民工的市民化意愿与能力等因素影响。① 李文忠和焦爱英（2013）认为进城农民工市民化可以分为三个阶段：第一阶段是到城市就业，第二阶段是实现在城市定居，第三阶段是在"社会—文化—心理"层面融入城市社会。② 以上作者提出的市民化路径及其阶段划分其实大同小异。

我们认为，蔡昉和刘传江划分的第一阶段，邹农俭和李文忠等划分的第一、二阶段一般算作非农化（包括迁移和定居），只有第三个阶段才是真正的市民化过程（当然农民的市民化必然要先经历迁移和定居前两个阶段）。文军（2004）对此也进行了明晰的区分，他认为农民的职业转变属于非农化，居住空间的地域转移属于城市化，农民向市民的整体角色转型才属于市民化。③ 郑杭生（2005）认为市民化贯穿于农民非农化、农村城镇化和人口城市化的整体进程之中，但在不同阶段显然有不同的表现和需求。就市民化阶段而言，其融合模式在我国存在"融入"和"融合"的争论（如图1-1）。持前一观点的学者一般将农业转移人口市民化视为一个以城市居民为参照对象，不断调整自己行为方式和思维观念的单向融入过程。持后一观点的学者则将农业转移人口市民化看作行动适应与结构变迁的双向融合过程。④ 其实无论是融入模式还是融合模式，均表明农业转移人口与城镇市民无限接近直到完全相同的过程。这个过程可以有多种方式，比如西方发达国家曾经一直主张的多元文化主义模式，它可能更多地表现为两个群体在地理位置、心理距离等方面的无限接近或混合，但无法用同一种标准对其进行衡量。

关于市民化水平或程度如何衡量的问题，一些作者常常以获得城镇户籍的农业转移人口数量、城镇化率等外化指标来考察市民化推进程度，这种宏观视角存在的问题是难以观察微观主体的具体情况的，无法对"新市民"能否顺利适应并融入城镇生活、享受无差别公共服务、具有均等发展机会等内化标准进行评价。⑤ 我们认为，从某种意义上来说，市民化程度表征了城镇化质量，它表明一个地区一个城镇对农业转移人口的包容度、接纳度和友好度。市民化程度

---

① 刘传江. 城乡统筹发展视角下的农民工市民化 [J]. 人口研究，2005，29（4）：48-51.

② 李文忠，焦爱英. 农民工市民化的"三步走" [J]. 开放导报，2013（2）：71-74.

③ 文军. 农民市民化：从农民到市民的角色转型 [J]. 华东师范大学学报（哲学社会科学版），2004（3）：55-61.

④ 江立华. 改革开放四十年来的人口流动与农业转移人口市民化 [J]. 社会发展研究，2018，5（2）：22-40.

⑤ 郑云. 中国农业转移人口市民化研究新进展 [J]. 福建论坛（人文社会科学版），2019（11）：55-63.

综合反映了农业转移人口在城镇的基本生活状态和生存质量。因此，市民化是一个综合性指标，涉及政治、社会、经济、文化和生活环境等不同维度和多个方面。曾有学者认为农民的市民"化"有两项基本的内容：第一，农民群体实现从农民角色集向市民角色集的全面转型；[①] 第二，在实现角色转型的同时，通过外部"赋能"与自身"增能"，适应城市，成为合格的新市民。[②] 而从具体的个人层面来看，在这个过程中，农民将实现自身在生活方式、思维方式、生存方式和身份认同等方面的现代性转变。但这一观念过于抽象，难以操作化。刘小年（2017）从历时性研究的角度看，农民工市民化进程依次呈现为经济、社会、政治、生活四个阶段的市民化。[③] 当前，正由经济市民化向社会市民化发展。少部分学者持这一观点，他们往往认为农业转移人口市民化的不同时间段经历不同的内容。[④] 但大部分学者认为市民化的每个时间段都包括政治、经济、社会、文化等许多方面内容，即这些内容并列于市民化的每个时间段，尽管它们之间可能既不同步，亦不均衡。当农业转移人口的所有方面都达到城市市民的水平时，市民化也就最终实现了。本研究采用后一种主张。

　　根据许多作者的概括，本研究对市民化的测量包括政治参与、经济地位、社会适应、文化融入、心理认同、公共服务（这是许多研究容易忽略的一个方面）等六个维度（如图 1-1），比现有文献的测量维度和指标略多（具体测量指标及结果参见第四章"市民化测量"）。虽然我们无法穷尽市民化的各项具体内容，但应该说能够纳入分析框架的评价维度越多，指标分类越细，对市民化水平的评估和判断就越全面和系统。图 1-1 表示，农民（主要是农业转移人口）市民化可以是单向"融入"市民社会的过程，也可能是农民与市民二者双向相互"融合"的过程，尽管前者可能需要改变更多、需要努力学习市民群体的生产生活行为方式。农民逐渐转变为市民的过程，将依次经历经济层面、社会层面、文化层面、心理层面、精神层面的转化过程，存在一定的时序性。当农民的精神层面类似于市民时，市民化过程才算彻底成功。农民向市民转变的过程中，其政治参与、经济地位、社会适应、文化融入、心理认同、公共服务六个

① 文军. 农民市民化：从农民到市民的角色转型［J］. 华东师范大学学报（哲学社会科学版），2004（3）：55-61.
② 郑杭生. 农民市民化：当代中国社会学的重要研究主题［J］. 甘肃社会科学，2005（4）：4-8.
③ 刘小年. 农民工市民化的历时性与政策创新［J］. 经济学家，2017（2）：91-96.
④ 杨菊华. 从隔离、选择融入到融合：流动人口社会融入问题的理论思考［J］. 人口研究，2009，33（1）：17-29.

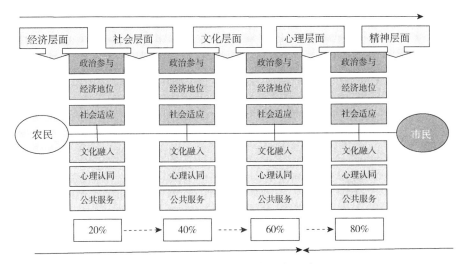

图1-1 农业转移人口市民化示意图

维度逐渐趋同于市民，但每个维度的进程可能并不一致。当农民的所有维度都与市民相同的时候，市民化过程才能宣告完成。

　　西部少数民族农业转移人口市民化是否具有特殊性，特别是少数民族与汉族之间的对比，以及不同少数民族之间的对比，其共同点和差异究竟是什么，这是本研究值得认真思考的问题。我们认为，从宏观政策来看，我国各级政府并没有专门针对少数民族人口迁移制定单独的成文政策，在实践中也没有发现因为少数民族身份而被城市政府排拒的情况。少数民族和汉族一样共享着相同的迁移流动政策。最有可能出现差异的是语言、服饰、饮食、风俗习惯等生活方面，以及由此引起的城市市民对少数民族的看法和态度。实际上，我国幅员辽阔，不仅仅是少数民族，包括汉族在内的不同地域的农业转移人口之间都会存在差异，他们从一个地方迁移到另一个地方，多少会存在一定的语言交流障碍。普通话教育、多媒体普及多年，语言障碍大大减少。服饰、饮食、风俗习惯等方面，在西南地区的各少数民族中，在服饰方面，平时几乎看不出与汉族之间的差异，以及各少数民族之间的差异，很多少数民族只是在重大节日和特别仪式（如婚丧仪式）中才穿上少数民族服装，而饮食基本相互融合，本民族的特色食品大多也只出现在一些节日和特别仪式之中。这可能跟西南少数民族的"大杂居、小聚居"居住格局有关。西北地区的许多少数民族仍保留着自己的民族服饰、饮食、宗教信仰和生活习惯，但这些也很少成为他们迁移流动的障碍，而且西北各少数民族大部分是在本区域内转移，外出务工和经商的以回族为主，他们主要经营清真餐馆，由于语言和风俗不同，他们与汉族和其他少数民族之间的交往不多，社交内卷化比较严重。外出务工的西南少数民族人数较多，大部分与本民族聚居在一起，他们一般聚集在当地居民已经搬出的村庄，形成苗族村、布依族村等，少部分与汉族和其他民族在城郊杂居，极少数能够购买商品房的人则与当地或其他地方的汉族或少数民族在市中心杂居。在市民化进程和具体内容上，少数民族与汉族的历程是相同的，市民化的具体内容也是一致的。但鉴于少数民族在语言、服饰、饮食等方面的"民族特性"，我们的测量指标体系中包含了衡量语言、服饰、饮食等方面的指标。这些指标同样适用于对汉族农业转移人口的测量。因此，在问卷测量方面，少数民族与汉族适用同一问卷。

（二）关于农业转移人口社会福利改善的思考

农村人口是否因为迁移而改善了社会福利，西方移民文献很早就对此进行过探讨。这一问题涉及移民动机问题。如刘易斯（W. A. Lewis）的两部门经济模型就认为工业部门比农业部门收入高是引起城乡移民的主要原因，直到两个部门的收入差距消除，农业部门向工业部门的人口转移才会停止。推拉理论根据不同地区工资差异提出移民迁移规律。乔根森（Dale W. Jorgenson）根据消费结构变化提出工资收入是人口迁移的主要动机。而托达罗（M. P. Todaro）认为农村人口向城市迁移的最根本原因是为了实现预期收入最大化。这些理论推论严格符合社会科学中常常隐含的理性行动者的理论预设。也就是说，城乡人口迁移的基本前提是为了改善自身及其后代的社会福利。对于国际移民也是如此，尽管从现有的西方发达国家的文献来看，迁移对国际移民的主观福利改善存在不确定性，但移民的客观福利状况通常能够随着时间的推移和代际的进一步发展而呈"直线"改善。[①] 这是国外研究成果的简单介绍，详细介绍参见本研究第二章相关部分。

我国农村人口外出务工的动因和目标也是非常明确的，他们大多是为了从非农化活动中挣得更多现金收入以补贴务农收入的不足，尽管他们外出的动因是"生存压力"和"理性选择"共同作用的结果，纯粹"经济理性选择"还难以在中国农民身上发挥效应。[②] 尽管如此，追求社会福利改善总是人口迁移行为的主要动机。但这种迁移行为是否最终实现福利改善则受到许多因素的影响，

---

① ALBA R, NEE V. Rethinking assimilation theory for a new era of immigration [J]. International Migration Review, 1997, 31（4）：826-874.

② 文军. 从生存理性到社会理性选择：当代中国农民外出就业动因的社会学分析 [J]. 社会学研究, 2001（6）：19-30.

其福利状况变化也会出现不确定性。在我国，主流观点认为受户籍制度限制，农业转移人口很难享受附着于城镇户籍之上的各种福利待遇。特别是从狭义的社会福利（社会保障项目）来理解，许多研究者认为农业转移人口在农村的社会保障随着迁移而遭到削弱，而又无法进入城镇社会保障体系，因而他们的社会福利在迁移以后实际上是受损的。

但如果从广义福利的视角来观察，则农业人口的转移行为（城镇化）能够改善自身及其家庭福利。比如，王琛（2015）认为农业转移人口的迁徙不管是对转移者本人，还是对其家庭来说，都是福利的改进。① 一是绝大多数农业转移人口在城市获得的工资收入都大大高于他们原来的务农收入。二是由于农业家庭中的部分劳动力的转移，留在农村务农的另一部分劳动力的劳动生产率和边际收益得到了大幅提高。这就从两个方面大大提高了转移者及其家庭的福利水平，而且这是在其他社会成员的福利水平没有受损的情况下实现的，所以是典型的帕累托改进。徐丽和张红丽（2016）指出，参与就地城镇化的农户可以显著改善其福利水平，具体估算值是，其总收入平均增加29.81%，生活消费总支出平均增加11.05%。② 丁琳琳等（2017）发现不同征地补偿方式对失地农民的福利水平有不同影响，实行"土地换社保"征地补偿方式的苏州和南通，失地农民的福利水平呈上升趋势；而采取一次性货币补偿方式的宿迁，其失地农户的福利水平则有所下降。③

但也有不同意见，樊士德（2014）认为，由于外来劳动力常常面临就业歧视、高昂的生活成本、社会保障的缺乏以及基本权益得不到保障等问题，他们在公共卫生、医疗保障、养老保险、子女教育、住房保障等领域的福利并没有较为明显的改善，甚至很多方面还被排斥在政策范围之外，处于典型的"零福利"状态，更有甚者还处于"负福利"状态。④ 高翔（2015）指出，在财政分权化改革后，地方政府财政支出将随着户籍人口数增加而快速膨胀，其财税收

① 王琛. 从利益相关者理论解读农业转移人口市民化 [J]. 经济社会体制比较，2015（3）：81-91.
② 徐丽，张红丽. 农户就地城镇化的影响因素及其福利影响：基于四省农户微观数据的实证分析 [J]. 社会科学家，2016（6）：72-77.
③ 丁琳琳，吴群，李永乐. 新型城镇化背景下失地农民福利变化研究 [J]. 中国人口·资源与环境，2017，27（3）：163-169.
④ 樊士德. 中国外流劳动力的社会福利效应研究：基于微观调研的经验分析 [J]. 新疆社会科学，2014（2）：116-125，154.

入却不会因户籍人口数变化而显著变化。① 地方政府作为公共服务和社会福利的主要支出者，没有为农业转移人口提供公共服务和社会福利的激励，而是基于户籍身份向公民提供有差别的公共服务和社会福利才符合其行动逻辑。许光（2009）通过模型分析认为，经济制度转型总体上促进了我国社会福利状况的改善，但由于这种社会整体福利的增加主要得益于企业福利的增加，对城市新贫困群体的福利变化具有显著不确定性。② 王伟同（2011）指出，城镇化进程本身并没有起到提升公共服务保障水平的作用，即没有给予新增城镇人口以原有城镇居民相同的公共服务待遇。③ 与此相反，现有城镇化模式还降低了总体公共服务水平。这表明原有农村居民没有从农村居民向城镇居民的身份转换中获得显著的福利改善。

从相关研究可以看出，农业转移人口进入城镇之后，其福利究竟是受损还是改善，目前还没有定论。特别是从广义福利和狭义福利的视角进行分析的结果并不一致，且研究对象不同结论也不同。实际情况很可能是，农业转移人口狭义的社会保障受损而广义的社会福利得到了改善；多数主动城镇化和遇到好政策的群体受益，而部分被动城镇化群体受损。总之，迁移行为并没有使所有农村转移人口的福利都得到改善，而是存在群体差异。对于西部少数民族农业转移人口来说，其城镇化进程带来的福利改善也同样存在这些问题，这正是本研究探讨的主要内容。本研究将从广义福利的视角，探讨不同民族、不同群体之间在社会福利改善方面的差异。这些福利包括客观福利，也包括主观福利，客观福利包括收入、住房、医疗、教育等方面，主观福利通过主观幸福感的主要指标——生活满意度来进行测量。同时，对测量结果进行定量分析，以期准确反映少数民族农业转移人口真实的市民化水平，及其社会福利变化的影响因素，尤其是分析他们的不同市民化水平对其社会福利变化的影响。

（三）关于农业转移人口市民化改善社会福利的思考

关于市民化是否改善农业转移人口的社会福利问题，是将农业转移人口（移民）市民化研究及其社会福利改善研究相结合，也是对市民化研究领域的进一步深化和延展。国内外均有相关研究，但国外的研究对象并非城乡移民，而

---

① 高翔. 地方政府控制落户的行为逻辑及其制度基础 [J]. 浙江大学学报（人文社会科学版），2015，45（5）：91-100.

② 许光. 社会排斥下的城市新贫困群体福利改善研究 [J]. 中共浙江省委党校学报，2009，25（1）：65-70.

③ 王伟同. 城镇化进程与社会福利水平：关于中国城镇化道路的认知与反思 [J]. 经济社会体制比较，2011（3）：169-176.

是国际移民。国内外在这一领域的研究可以分为两条路径：一条是移民与东道国（城镇）原居民相比，移民的社会福利高低情况；另一条是移民前后社会福利变化情况。国外在前面一条研究路径上形成两种对立的观点，以奇斯维克（Barry R. Chiswick）为代表的观点坚持认为移民同化能够赶上甚至超过本地居民的收入水平；而以乔治·J. 鲍尔斯（George J. Borjas）为代表的观点极力主张由于移民质量呈下降趋势，移民无论如何也难以达到本地居民的收入水平（详细综述参见第二章相关内容）。有趣的是，后来这两位移民经济学家共同获得了美国学术大奖。近几年的研究采用的计算模型更为复杂，推论更加谨慎，且区分了不同情况和不同类别的移民，得出的结论更加模糊。在这一条研究路径上，国内研究者吴贾等（2015）的研究结果发现，较之于城镇本地劳动者，农村移民获得较低的工资，并且农村移民广泛存在着较高的失业率。同时发现拥有城镇户籍可给劳动者带来正向的工资溢价以及更低的失业率，并且户籍的工资溢价以及降低失业率的效果正在逐年增强。[1] 袁方等（2016）发现居住证制度（一种户籍改革措施）显著改善了农民工的总福利水平。其中，对农民工的生活状况与防护性保障改善显著，而在工作就业和经济状况方面则不存在明显改善效果。从不同类别农民工来看，居住证制度能明显改善生存较艰难的工业工人的福利，但对自主经营的农民工总福利却存在显著的负影响。[2] 进一步审视文献发现，几乎所有国内研究都发现户籍制度构成了农业转移人口缩小与城市原居民之间福利差距的最大障碍。

从移民前后的客观福利变化来看，国外研究文献也较丰富，且研究主题比较宽泛。除了关注收入增减情况外，一些研究还关注了移民或其子女教育进步[3]、职业地位上升状况[4]等，发现移民在这些方面的发展迅速且不受代际影响。在国内，几项基于阿玛蒂亚·森（Amartya Sen）的可行能力理论考察失地

① 吴贾，姚先国，张俊森. 城乡户籍歧视是否趋于止步：来自改革进程中的经验证据：1989—2011 [J]. 经济研究，2015，50（11）：148-160.

② 袁方，史清华，晋洪涛. 居住证制度会改善农民工福利吗？：以上海为例 [J]. 公共管理学报，2016，13（1）：105-116，157-158.

③ FERRER A，RIDDELL W C. Education，credentials，and immigrant earnings [J]. The Canadian Journal of Economics，2008，4（1）：186-216；FELICIANO C，LANUZA Y R. An immigrant paradox? contextual attainment and intergenerational educational mobility [J]. American Sociological Review，2017，82（1）：211-241.

④ OGNJEN O. Occupational trajectories and occupational cost among Senegalese immigrants in Europe [J]. Demographic Research，2013，28：547-580；SIMÓN H，RAMOS R，SANROMÁ E. Immigrant occupational mobility：longitudinal evidence from spain [J]. European Journal of Population，2014，30（2）：223-255.

农民福利变化的研究均发现，除了居住条件有所改善外，失地农民的经济状况、社会保障、社区生活、环境、心理状况等方面都有不同程度的恶化。[①] 甚至有研究指出，农民工的身份转变与福利水平呈负相关关系，致使农民工的市民化有其形而无其实，无法公平地获取市民化红利。[②] 这说明我国由于特殊的国情背景，农业转移人口市民化可能有助于提高客观福利的某些方面，但不一定能够增进客观福利的所有方面。

此外，农业转移人口市民化对主观幸福感（生活满意度）的提升方面，我国目前的研究不多，但从已有的少数文献来看，似乎证明前者对后者具有积极作用。吕炜等（2017）的实证结果表明，市民化能提高农业转移人口大约3%的生活满意度，其影响一方面来源于户籍身份改变而带来的身份地位提升，另一方面来源于对未来生活信心的增加。[③] 付小鹏等（2019）的研究结果显示：市民化之后，农业转移人口主观幸福感确实有显著的提升；"政策性农转非"居民的户籍变更并没给其带来主观幸福感的提升，但"选择性农转非"居民主观幸福感提升效应明显。[④] 孙远太（2015）的调研发现，城市农民工的社会保险和工作福利获得，能够提升他们的幸福感。但享有户籍地的医疗保险在一定程度上会降低他们的幸福感。[⑤] 国外的研究则没有这么乐观，Hendriks（2015）的综述文章着重考察了两个问题：（1）移民是否变得更幸福了？（2）移民和所在国的本地人一样快乐吗？通过考察，他对第一个问题的回答是部分肯定的，移民可以通过迁移变得更幸福，但它强烈地依赖于特定的移民流。对于第二个问题的回答则是否定的，移民通常没有达到与当地人相似的幸福水平。[⑥] 如此看来，移民后主观幸福感应该有一定提升，但很难达到本地人的水平。也就是说，其市民化水平仍不高，这可能需要较长时间的消化与整合。

---

① 高进云，乔荣锋，张安录．农地城市流转前后农户福利变化的模糊评价：基于森的可行能力理论 [J]．管理世界，2007（6）：45-55；丁琳琳，吴群，李永乐．新型城镇化背景下失地农民福利变化研究 [J]．中国人口·资源与环境，2017，27（3）：163-169.

② 王道勇．农民工市民化：新型矛盾与政策调适 [J]．广西师范大学学报（哲学社会科学版），2015，51（5）：83-89.

③ 吕炜，杨沫，王岩．市民化的福利效应分析：基于农业转移人口生活满意度视角 [J]．经济科学，2017（4）：22-34.

④ 付小鹏，许岩，梁平．市民化让农业转移人口更幸福吗？[J]．人口与经济，2019（6）：28-41.

⑤ 孙远太．基于福利获得的城市农民工幸福感研究：以河南875个样本为例 [J]．西北人口，2015，36（3）：43-46.

⑥ HENDRIKS M. The happiness of international migrants：a review of research findings [J]．Migration Studies，2015，3（3）：343-369.

我们思考的问题是，市民化既然是农业转移人口的一种角色、身份转变过程，那么在政治参与、经济地位、社会适应等（尽管不是每个方面都同步）逐渐接近市民的连续变化过程中，农业转移人口的社会福利，包括客观方面的就业、收入、住房、教育等，和主观方面的归属感、幸福感、生活满意度等也应该是一个逐渐改善的过程，当他们成为市民的时候就能够享受与原市民相同的客观福利，感受和体验到与原市民近似的主观幸福感或生活满意度。虽然当前相关研究结果显示，市民化总体上能够改善农业转移人口的社会福利，但西部少数民族由于居住在较边远的地区，许多民族都有自己的语言文字和风俗习惯，人力资本和社会资本较为缺乏，当他们进入城镇就业和生活，其社会福利能否得到提高，是否达到与城镇原住居民的福利水平，以及各民族之间的福利差距有多大，等等，这在大量少数民族进入城镇的今天，通过实地调查研究来回答这些问题显得尤为必要和迫切。

二、研究设计

根据上述研究思路，我们进行如下研究设计。

（一）问卷设计与指标维度

本研究计划以问卷调查分析为主，辅之以深度个案访谈，使收集到的数据资料能够从不同层面、多个角度呈现西部少数民族农业转移人口的市民化和社会福利状况，并深入分析二者之间的关系。调查问卷包含几个核心部分：市民化、社会福利改善、生活满意度状况。其中，"市民化"内容包括政治参与（3个指标）、经济地位（3个指标）、社会适应（4个指标）、文化融入（4个指标）、心理认同（5个指标）、公共服务（5个指标），总共六个维度24个指标。前面五个维度是国内研究经常使用的，而公共服务则是大多数研究所忽略的，本研究加上这一维度，使得研究内容更加充实。与国外"同化""融合"方面的问卷相比，我们的问卷主要缺少跨族婚姻、农业转移人口与本地人在生育上以及消费模式差异等方面的内容。但已经比国内大多数问卷内容丰富了许多。

问卷中"社会福利改善"包括就业福利、收入福利、健康福利、住房条件、教育机会和生活环境六个维度，每个维度由3个指标构成，共计18个指标。这些内容和指标涵盖了野口定久等（2016）界定的社会福利第一层次最低生活保障制度，第二层次雇佣、医疗、住房、教育等社会政策的社会保障网，第三层次以地方政府为主体的公共服务。[①] 不足之处在于，问卷主要以被访者的主观评价来测量社会福利的改善程度，而缺少客观的评价指标。因为客观评价一般通过移民前后进行对比，但我们缺少移民前的数据，而让被访者回忆移民前的各项福利状况则几乎不可能，因为一些人可能很早就已经转移出来了，对以前的情况记忆已相当模糊。因此，通过依次询问被访者某项福利是否得到了改善是一种次优的可行办法。

问卷中"生活满意度"包括工作、收入、身心健康、本地住房、本人或自己教育、社会交往、生活环境、公共服务等八方面的满意度指标，采用五级计分的李克特量表进行测量。在本研究中，我们用"生活满意度"替代"主观福利"。我们接受 Bartram（2015）的意见，认为"生活满意度"是一个人长期幸福的认知部分，受当前环境或情绪的影响较小。而"主观幸福感"被称为主观福利的情感部分，经常随着短暂的条件而变化。[②] 因此，生活满意度是测量一个人主观福利更合适的指标。调查问卷还包括人力资本、社会资本、社会政策支持、社会保障参与状况以及个人特征、迁移特征等内容。这些内容和指标不但可以丰富问卷内容，而且在进行多元统计分析的时候，能够作为控制变量进行观察，尽量排除更多干扰因素，从而分析主要自变量对因变量的"净"影响。这些内容和指标也为进一步探究未知影响因素提供了可能，拓展了研究内容和空间，这对发现新因素、新问题创造了非常有利的条件。

（二）调查方式与区域选择

本研究采用了线上和线下两种调查方式。以线下实地调查为主，线上网络调查作为补充。实地调查时间为 2019 年 8 月到 2020 年 1 月，网络调查时间为 2020 年 5 月到同年 7 月。实地调查采用两种组织方法开展调查工作，一是以农业转移人口较为集中的流入地城镇作为主要调查区域，二是以农业转移人口流出较多的农村和乡镇作为补充调查区域。这两种调查组织方法能够形成点面结合、相互补充，增强样本的代表性。前一种组织方法能够很好地抓住流动人口集中的城镇、企业，重点行业等，这是"点"；后一种组织方法重点调查西部外出务工人口，并不考虑其流入地区和行业，使样本能够覆盖更多的城镇，这是

---

① 野口定久，武川正吾，余语，等．福利社会发展概念与东亚实践的多重分析［M］//彭华民，平野隆之．福利社会：理论、制度和实践．北京：中国社会科学出版社，2016：83−117.

② BARTRAM D. Inverting the logic of economic migration：happiness among migrants moving from wealthier to poorer countries in Europe［J］. Journal of Happiness Studies，2015，16（5）：1211−1230.

"面"。

对于流入地调查区域,我们主要针对农业转移人口比较集中的企业和居住区域,通过找到企业管理者和熟悉当地情况的居民,统一将调查问卷发放给符合调查条件的多个受访对象,待调查问卷填答结束后统一收回。为确保问卷质量,我们委托发放问卷的调查人员主要是企业或社区管理者,其权威性能够更大程度保证问卷填答质量。通过这种调查组织方式收回的有效问卷共计2604份。同时,课题组主要成员还对具有典型意义的个案进行深入了解与访谈,收集个案详细信息,作为问卷调查方式的补充,这些信息有助于对相关内容的细致剖析。对于流出地的调查区域,我们主要针对农业转移人口流出较多的乡村,通过发动在校大学生在寒假回老家度假期间,对回家过年的外出务工人员进行面对面问卷调查。为保证调查质量,每个大学生调查的问卷数量一般不超过5份。采用这种调查组织方式收回的有效问卷共计611份。这样,线下实地调查最终获得有效样本为3215份。

线上网络调查是在实地调查结束后进行的,是为了弥补实地调查在民族样本分布上的不均衡而实施的调查。线上调查与线下调查的问卷内容完全一致。线上调查采取被访者驱动抽样(respondent-driven sampling,RDS),样本通过被访者推荐的方式进行收集。赵延东和Pedersen(2007)曾撰文介绍过这种抽样方法,这一方法源于雪球抽样方法和社会网络理论。其目的在于解决传统抽样方法受到准确样本框限制的情况,主要用于隐藏人口抽样。[①] 少数民族主要居住在西部农村地区,进入东部或中西部城镇的少数民族人口规模相对较少,且除了穿着或外形特征比较明显的少数民族外,其他少数民族人口较难识别出来,类似于所谓的"隐藏人口",常规的概率抽样方法对于抽取这些小群体通常既不经济又有偏误。而被访者驱动抽样方法则能够有效解决抽样偏误和抽样概率未知等问题,从而可以对总体情况做出相对准确的估计。

由于线下实地调研主要考虑不同调查区域均衡和总样本分布问题,没有充分考虑少数民族样本均衡问题。因而在有效样本中,一些分布区域不广(但人数不少)又具有典型意义的少数民族的样本量略少,为弥补这一不足,课题组针对这些少数民族进行了线上网络调查。线上调查的组织方式是通过熟人找到这些少数民族中较有威望且识字较多的人(被称为"种子"),请他们自己填答网络问卷的同时,也邀请目标群体中的其他成员参与调查;以此类推,后续

① 赵延东,PEDERSEN J. 受访者推动抽样:研究隐藏人口的方法与实践 [J]. 社会,2007(2):192-205.

的被访者也被激励推荐其他成员参与调查，这个过程一直持续到样本实现"均衡"。[①] 最终线上网络调查获得的有效样本共计 892 份，其中少数民族样本达60%，这样就弥补了实地调查中某些少数民族样本分布不均衡的缺憾。

在调查区域选择上，我们首先考虑不同区域样本均衡问题，其次考虑各个少数民族样本特别是外出务工人数较多的少数民族样本的均衡问题。在区域样本均衡问题上，由于我国经济社会发展存在明显的东、中、西部差异，样本选择上，东部地区重点调查珠三角、长三角、京津唐三大经济发达区域中外来务工人员较集中的城镇，其中以前面两大经济发达区域为主，这也是西部少数民族集中务工的区域。珠三角调查的重点城镇是广州、东莞、佛山，有效调查样本量都在 100 份左右，深圳、中山、珠海、惠州、揭阳、江门等城镇的样本量也分别有 20~30 份，还有其他一些城镇的样本量也在 10 份左右。样本涵盖了珠三角绝大部分地州市。长三角调查的重点城镇是江苏省的苏州、无锡、南京三个大城市，常州、南通等城镇有少量样本。浙江省的杭州、宁波、绍兴、金华、温州是调查重点，嘉兴、台州次之，湖州、丽水也有少量样本。上海也有少量样本。京津唐地区的有效样本主要来自北京和天津，河北廊坊和唐山仅有少量样本，而河北省其他城镇样本则归入中部地区样本。

中部地区以湖南、江西、安徽、河南、山西为主要调查区域，每个省的有效样本量均达到 100 份以上。河北、湖北有少量样本，各有 30 份左右。中部地区的样本同时也考虑了南北均衡问题。而且中部区域里，省会城市是吸纳外出务工人员最强的地方，且各省少数民族较少，因此我们主要针对中部各省的省会城市进行调研，省会城市可能也是西部少数民族的主要聚集地。当然，鄂西和湘西是例外，这两个区域的少数民族也较为集中，我们也针对这两个区域做了一定的调查安排，收集了一定的少数民族样本。

西部地区重点调查云南、广西、贵州、四川、重庆、陕西、甘肃，西部少数民族样本主要来自这些省区。青海、宁夏、内蒙古、新疆、西藏等五省区的样本量较少，这是由于这些省区的少数民族识字水平和对问卷的理解能力有限，实施调查存在较大困难。虽然这些省区同样实施了九年义务教育，但年龄大的和离开学校时间较长的人，识字水平和文字理解能力还是不高。西部样本考虑了南北差异和民族差异。南北差异考虑了西南和西北两个区域样本量的均衡，因为西南地区和西北地区的少数民族在居住格局、识字能力、

---

① 刘林平，范长煜，王娅. 被访者驱动抽样在农民工调查中的应用：实践与评估 [J]. 社会学研究，2015, 30 (2)：149-173.

生活习惯等方面存在较大差异。西南的少数民族大多与汉族形成大杂居小聚居的居住格局，这有利于少数民族与汉族之间相互交流和影响，因此西南少数民族和汉族融合程度较好、识字水平较高，生活习惯也更接近汉族。西北少数民族大多居住在一起，拥有自己独特的语言文字，识字水平较低，生活习惯往往与汉族差异较大。我们估计西北少数民族农业转移人口的市民化程度较低，进而可能其社会福利改善程度也有限。但遗憾的是由于西北少数民族的样本量略显不足，通过数据分析这种差异状况及其程度可能存在统计偏差，甚至无法得出准确的分析结果。

在西部少数民族样本均衡问题上，我们尽量考虑了各个省区的代表性民族问题。比如，在广西主要重点考虑调查壮族和瑶族，云南计划重点调查彝族、白族、傣族和哈尼族，贵州重点调查布依族、苗族、侗族、土家族，四川主要考虑川西的彝族和藏族，重庆、鄂西、湘西重点调查土家族，陕西和甘肃重点调查回族等。然而，实际调查结果是，苗族和回族由于分布较广，因而其样本来源于不同省区。而广西的瑶族，云南的傣族、哈尼族，川西的藏族，以及主要居住在我国西北地区的维吾尔族、藏族、蒙古族等，则都由于调查存在较大困难，最后获得的样本量有限，致使这些民族不能单独作为一个组别进行分析。当然，课题经费和课题组资源有限，也是一个重要原因。

（三）样本情况与相关说明

通过线下实地调查获得有效样本 3215 份和线上网络调查获得有效样本 892份，最终有效样本共计 4107 份。其中西部少数民族农业转移人口有效样本为1532 份，是本研究的重点分析对象。从表 1-1 的有效样本基本统计情况来看，西部地区的样本量超过一半，这是因为西部地区是我国少数民族聚居地，包括从农村转移到城镇和就地城镇化两部分少数民族农业转移人口。而西部转移出来的少数民族农村人口大多也是到东部发达地区就业和生活，反而中部地区既不是少数民族聚居地，也不是少数民族流入地，因此，东部的样本量也高于中部。这样的样本地区分布结构符合客观现实。

有效样本的性别结构是男多女少，年龄集中在 50 岁以下，50 岁以上的少数民族农业转移人口较少，跟汉族农业转移人口一样，他们大多已经返回老家，有的重操旧业干农活，有的主要照顾孙辈，他们的大部分生活来源于自己的劳动收入或子辈打工收入。从文化程度上来看，初中文化程度仍然占最大比重，但初中以下特别是未上过学的农业转移人口占比较少，而高中及以上文化程度的人口占比超过一半，这一方面得益于大中专教育普及，新生代农民工比父辈的教育水平高一些，另一方面产业结构升级对农业转移人口的文化程度要求更高。

本研究关注的重点是西部少数民族，原本计划在西部每个省区挑选一两个具有代表性的少数民族农业转移人口样本进行具有针对性的调研，使其样本量达到一定数量。但调查过程中发现，青海、宁夏、内蒙古、新疆、西藏等五省区，由于其少数民族识字水平和对问卷的理解能力有限，实施调查存在较大困难，致使原计划将维吾尔族、藏族、蒙古族作为单独组别进行分析的设想，最后皆因为样本量不足而放弃。在有效样本中，各少数民族与其实际人口数量也不成比例，这有两个原因：一是各民族外出务工和城镇化进程不一，二是区域分布广度和调查难度不同。导致最后能够单独作为组别进行分析的少数民族仅包括壮族、回族、苗族、彝族、土家族、布依族、侗族、白族等8个，这些少数民族大多集中在西南地区。当然，集中居住在西南地区的少数民族中，瑶族、哈尼族、傣族等人数也不少，但由于居住地域相对狭窄，语言沟通又存在较大障碍等，最终获得的有效样本量不足，也没有单独作为组别进行分析，而是将其归入了"其他少数民族"一组。"其他少数民族"中人数较多的除了上述提到的藏族、维吾尔族、蒙古族、瑶族、哈尼族、傣族等，还包括仡佬族、水族、黎族等，人数较少的有满族、畲族、佤族、哈萨克族、拉祜族等。除汉族外，样本共涵盖了28个少数民族。相关数据内容分析以少数民族样本为主，兼与汉族样本进行比较，以便突显少数民族特征。数据分析统计软件是SPSS 18.0。

表1-1　有效样本基本情况统计（n=4107）

类别	组别	频率	百分比	缺失
地区	东部	1039	25.3	0
	中部	854	20.8	
	西部	2214	53.9	
性别	男	2248	54.9	11
	女	1848	45.1	
年龄	30岁以下	1478	36.1	12
	30~50岁	2473	60.4	
	50岁以上	144	3.5	

续表

类别	组别	频率	百分比	缺失
文化程度	未上过学	104	2.5	17
	小学	564	13.8	
	初中	1289	31.5	
	高中	916	22.5	
	大专	622	15.2	
	本科及以上	595	14.5	
民族	汉族	2575	62.7	0
	少数民族	1532	37.3	
少数民族样本分类	壮族	184	12.0	0
	回族	119	7.8	
	苗族	340	22.2	
	彝族	109	7.1	
	土家族	93	6.1	
	布依族	378	24.7	
	侗族	103	6.7	
	白族	76	5.0	
	其他	130	8.4	

第三节　研究内容与研究特色

一、研究内容

（一）市民化水平和社会福利测量

从政治参与、经济地位、社会适应、文化融入、心理认同、公共服务六个维度，共计24个指标来测量市民化水平。比国内以往测量使用更多指标，特别是增加了"公共服务"这一维度，使得测量体系更加完整和系统。国内大多数现有研究都是基于现有数据来设计测量维度和指标，而不是事先设计测量指标再进行调查，这样，测量指标就难免存在一些残缺。在社会福利测量方面分为客观福利和主观福利，且都采用复合指标进行测量，较之现有研究采用单一指标测量更加全面。客观福利从就业福利、收入福利、健康福利、住房条件、教育机会、生活环境六个维度进行测量，每个维度由 3 个指标构成；主观福利覆盖 8 个指标，包括工作、收入、身心健康、住房、本人及子女教育、社会交往、生活环境、公共服务八方面。

（二）市民化水平及其影响因素

利用调查数据资料评估了西部少数民族农业转移人口的市民化水平，与汉族农业转移人口市民化水平进行比较，并分析了不同少数民族市民化水平差异的原因。建立多元线性回归模型分析了少数民族农业转移人口市民化的影响因素，发现政策制度因素（包括户籍制度）、社会资本和人力资本都对市民化产生显著性影响，政策制度因素的影响强度最大，获得政策支持能够显著提高市民化水平。由此发现消除城乡身份差别导致的收入差距，促进少数民族农业转移人口与城市市民同工同酬、同城同待遇，保障其经济利益，有助于提高他们的市民化水平，顺利融入城市社会。

（三）市民化对客观福利改善和主观福利水平的影响

国内大多数研究都止步于农业转移人口的市民化研究，本研究将市民化进程与社会福利改善连接起来，利用调查数据构建统计分析模型探索了少数民族农业转移人口的市民化水平对其客观福利改善和主观福利水平的影响。建议完善农业转移人口市民化进程中的政策制度，提升他们的人力资本和社会资本，同样有助于提高少数民族农业转移人口的收入水平和社会福利待遇水平（作为补充收入）。本研究是对国内已有研究的进一步拓展和延伸。

二、研究特色

（一）测量指标体系全面

本研究关于西部少数民族农业转移人口市民化、客观福利改善和主观福利水平都采用复合指标进行测量，而且比国内现有测量使用了更多的指标。市民化测量增加了"公共服务"这一维度，客观福利改善的测量指标做了较大改进，主观福利水平测量指标覆盖范围广。采用复合指标从不同方面反映西部少数民族农业转移人口的市民化情况，使得指标测量更加完整和系统。大多数现有研究都是基于现有数据来设计测量维度和指标，而不是事先设计好测量指标再进行调查，这样，测量指标就难免存在一些残缺。此外，主观评价法更能反映农业转移人口关于自身状况的真实想法，有助于从农业转移人口的视角探究市民化的具体路径，也有助于政策制定者和执行者把握政策方向和拿捏政策尺度。

（二）将市民化研究推进到社会福利研究领域

市民化既然是一种角色、身份转变的过程，在政治参与、经济地位、社会适应等方面（尽管不是每个方面都同步）逐渐接近市民的连续变化过程中，农业转移人口的社会福利，包括客观方面的就业、收入、住房、教育等，和主观方面的归属感、幸福感、生活满意度等也应该是一个逐渐改善的过程，当他们成为市民的时候就能够享受与原市民相同的客观福利，感受和体验到与原市民近似的主观幸福感和生活满意度。西部少数民族由于居住在较边远的地区，许多民族都有自己的语言文字和风俗习惯，人力资本和社会资本较为缺乏，当他们进入以汉族为主体的城镇就业和生活时，其社会福利能否得到提高，是否达到同样迁移的汉族同胞的水平，这在大量少数民族进入城镇的今天，通过调查研究来回答这些问题显得尤为必要和迫切。这一研究不仅在研究对象上有别于以往文献，而且还将市民化研究延伸到社会福利领域，这对现有文献将是一个有益的补充和拓展。

第二章

相关概念和文献综述

第一节　相关概念

一、农业转移人口

"农业转移人口"（或者"流动人口""农民工"等）是具有中国特色的词汇，国外文献并无准确对应的专业术语。从莱文斯坦（Ravenstein，1885）[1] 的开创性论文开始，对于跨越不同地域范围而生产和生活的迁移人员（migratory people），统称为"移民"，用单词"migrant"表示。根据迁出（emigration）和迁入（immigration），可以将"migrant"区分为"emigrant"（迁出移民）和"immigrant"（迁入移民）。从迁移范围来说，可以分为国内移民（internal migrant）和国际移民（international migrant）。从居留时间来说，可以分为暂时性移民（temporary migrant）和永久性移民（permanent migrant）。从是否被迁入地官方许可的角度，可以区分为合法移民（legal migrant）和非法移民（illegal migrant）。从技术熟练程度，可以区分为技术移民（skilled migrant）和非技术移民（unskilled migrant）。从贫富程度还可以区分为穷人移民（poor migrant）和富人移民（wealthy migrant），等等。以上术语在不同研究文献中出现，而且所谓的移民，大多数时候是针对迁入地（国）而言的，尤其是在以移民迁入为主的西方发达国家。因此，"移民"这个单词往往用的是"immigrant"（迁入移民），而不是"migrant"或"emigrant"。

---

①　RAVENSTEIN E G. The laws of migration［J］. Journal of the Statistical Society of London，1885，48（2）：167-235.

国外文献中的"乡—城移民"（rural-urban migrants）一词最接近我国"农业转移人口"的概念。但国外的"乡—城移民"主要强调地域转移，我国"农业转移人口"一词更偏重职业转换意义。国外的"乡—城移民"一般指居住在农村地区的人口迁移到城镇居住和生活。地域转移常常也伴随着职业转换，但是没有身份转变这一层含义，因为国外并不存在城乡分割的户籍制度对身份的严格限制。我国"农业转移人口"表面词义虽然偏重职业转换，但也常常包含了地域转移和身份转变过程，这是因为进入城镇本身就是一种地理空间转移（除了就地城镇化的情况），而身份转变则是由于城乡户籍分隔造成的。国外另有"劳务移民"（labor migrant）一词与中国的"农民工"类似，特指为了从事生产劳动而迁徙的人员。但从迁移流向来看，劳务移民可以是从农村到城镇、从发展中国家向发达国家的迁移，也可以是相反的方向，一般以前者为主。而中国的"农民工"概念则主要是指前者，即从农村到城镇、从欠发达地区到发达地区，且含有从农业进入工业和服务业工作的含义。相反的流动方向则不能使用"农民工"一词。无论从哪个角度来说，国外都很少用"流动人口"（floating population）这个词，即使针对暂时性移民也是如此。就研究文献而言，国外也没有专门针对农业转移人口进行研究，但是对于移民的相关研究则有很长的历史，相关文献数量可以用"汗牛充栋"来形容。这是中国语境与国外语境在研究对象上的重要区别，下文的其他部分我们将针对以移民为研究对象对国外相关文献进行研究综述。

国内对于流动于城乡之间的人口群体，其称谓较多，一些称谓之间具有时间先后顺序，是社会发展与变迁的真实写照，也是"以人为本"理念不断深化的过程。大体上有以下称谓："流动人口""外来人口""流入人口""外来流动人口""外来务工人口""盲流""打工仔""打工妹""流迁人口""农民工""民工""进城务工人员""农业转移人口""城市新移民"等。其中"农民工""流动人口""农业转移人口"三个词最为常用，"农业转移人口"概念出现较晚，首次见于2009年12月的中央经济工作会议："要把解决符合条件的农业转移人口逐步在城镇就业和落户作为推进城镇化的重要任务。"由于其词义较为中性，目前已被广泛使用。相比之下，"农民工"这一称谓直接指向进城务工经商人员的身份和职业，带有一定的歧视色彩。郑功成和黄黎若莲（2006）认为，农民工是指具有农村户口身份却在城镇或非农领域务工的劳动者，是中国传统户籍制度下的一种特殊身份标识，是中国工业化进程加快和传统户籍制度严重冲突所产生的客观结果。① 李培林和李炜（2007）指出"农民工"这个概念主要指户籍身份还是农民、有承包土地，但主要从事非农产业工作、以工资为主要收入来源的劳动者。② 申兵（2011）也认为农民工是指户籍在农村而主要在城镇从事非农产业、依靠工资收入生活的劳动者。③ "流动人口"则着重强调人口在一定时间内的空间变化特征，并无身份识别含义。段成荣和孙玉晶（2006）认为，流动人口的定义应该明确"时间"和"空间"标准，只有超过"一定"时间限度、跨越"一定"空间范围的位置变动才被视为流动人口。④ 根据第六次人口普查的统计口径，流动人口指户口登记状况"居住本乡镇街道半年以上，户口在外乡镇街道"以及"在本乡镇街道居住不满半年，离开户口登记地半年以上"两类人群，并剔除其中的市内人户分离人口。而"农业转移人口"是指户籍在农村，转移到城镇非农产业并持续从事非农产业，依靠工资收入生活，已经实现职业转变，不具有迁入城市户籍的劳动者及其随迁家属。它关注的是农业人口从农村向城镇的转移，在城镇居住、生活和就业，逐步成为城市居民的过程。⑤ 总的来说，"农业转移人口"更加强调市民化的特征，"农民工"主要关注进城务工或经商的职业特点，"流动人口"则强调地理空间变动特性。

目前我国学者对"农业转移人口"内涵的理解和表述不尽相同，但基本上达成了共识，即由农村迁往城市工作和生活、但户籍依旧未发生改变的人群。⑥ 钟晓敏和童幼雏（2019）的解释更加细致，认为"农业转移人口是指在城镇工作、生活超过半年，从事非农产业，户籍性质依然为农业户口的劳动人口及其随迁家属。"⑦ 就其涵盖的人口群体而言，"农民工"仅指进城务工的农村劳动力，不包括随迁家属。"流动人口"涵盖的人口范围最广，只要发生地理位置移动的人口均属于流动人口，不论年龄、职业、居住地情况。城乡之间、城城之

① 郑功成，黄黎若莲. 中国农民工问题：理论判断与政策思路［J］. 中国人民大学学报，2006（6）：2-13.
② 李培林，李炜. 农民工在中国转型中的经济地位和社会态度［J］. 社会学研究，2007（3）：1-17.
③ 申兵. 我国农民工市民化的内涵、难点及对策［J］. 中国软科学，2011（2）：1-7.
④ 段成荣，孙玉晶. 我国流动人口统计口径的历史变动［J］. 人口研究，2006（4）：70-76.
⑤ 江立华. 改革开放四十年来的人口流动与农业转移人口市民化［J］. 社会发展研究，2018，5（2）：22-40.
⑥ 王桂新，沈建法，刘建波. 中国城市农民工市民化研究：以上海为例［J］. 人口与发展，2008（1）：3-23.
⑦ 钟晓敏，童幼雏. 农业转移人口市民化成本分析：基于浙江省数据的估算［J］. 财经论丛，2019（12）：13-23.

间的人口流动均可称为流动人口。① "农业转移人口"是一个比"农民工"更宽泛而比"流动人口"更狭窄的概念，其涵盖四类人群：农民工、随迁非就业人员、失地农民、就地就近城镇化人群。② 齐红倩等（2016）甚至认为在城市出生的第二代农民工群体也属于农业转移人口。③ 年龄上不仅包括适龄劳动人口，也包括非适龄劳动人口。从居住地上包含两类人群：一是从农村转移到城镇的群体，既包括进城务工经商人员，也包括随迁家属，还包括失地农民；二是仍然在农村居住，但已从事非农产业的群体。④ 由此可见，"转移"既指空间转移，也指职业转移，以及二者兼而有之。由于"农业转移人口"往往被理解为在城镇就业的农村户籍人口，极大地窄化了一个更具有包容性的概念，不能覆盖它所想表达的全部意涵。杨菊华（2018）曾建议将"农业转移人口"替换为"农村转移人口"。"农村"是个空间概念，而"农村转移人口"可覆盖从"农村"这个场域里转移出来的所有人群，与概念所要表达的意涵更为契合。

本研究认为"农业转移人口"是指从农村第一产业（包括农、林、牧、渔）转移进入城镇从事非农产业的人口及其随迁家属。至于其户口是否仍然为农业户口则在其次，因为我们研究的是市民化程度，而农业转移人口中即使有的户口已经转变为城镇户口，但其他方面如社会适应、心理认同等仍未达到城镇原居民的水平，说明其仍处于市民化进程之中，未完成市民化过程，这也属于我们的研究对象。这种现象在刚刚获得城镇户籍的人口群体身上可能表现得更为明显。因此，本研究的调查分析对象范围涵盖上文杨菊华（2018）区分的四类人群（农民工、随迁非就业人员、失地农民、就地就近城镇化人群），也包括齐红倩等（2016）所说的"在城市出生的第二代农民工群体"，甚至包括少数刚获得城镇户籍的农业转移人口。从而可以对比各类群体之间的市民化水平与福利改善方面的差异。特别是考虑到户籍制度是导致我国城乡二元身份差异的原因，对比是否拥有城镇户籍的两类农业转移人口，将能够为我国的户籍制度改革提供相应的政策参考。

---

① 杨菊华. 流动人口（再）市民化：理论、现实与反思［J］. 吉林大学社会科学学报，2019，59（2）：100-110.

② 杨菊华. 农业转移人口市民化的维度建构与模式探讨［J］. 江苏行政学院学报，2018（4）：71-80.

③ 齐红倩，席旭文，刘岩. 福利约束与农业转移人口逆城镇化倾向［J］. 中国人口·资源与环境，2018，28（1）：16-25.

④ 江立华. 改革开放四十年来的人口流动与农业转移人口市民化［J］. 社会发展研究，2018，5（2）：22-40.

二、市民化

市民化对应的英文单词是"citizenization"，国外文献较少使用。市民化的突出表征是获得城镇户籍，这一身份是农业转移人口变为城市市民的重要标志，也是其享受城镇社会福利待遇的主要依据。这个过程类似于西方语境中公民身份在跨国移民融入东道国所起的重要作用。特别是，我国城镇户籍身份往往与相应的福利挂钩，因此它是影响农业转移人口生活质量的重要变量。但需要注意的是，城镇户籍的获得只是市民化的表征，只是市民化进程的一个组成部分。

如果着重研究内容的相似性，而非字面含义的对等，那么，"市民化"一词类似于"同化"（assimilation）、"融合"（integration）、"归化"（naturalisation）、"并入"（incorporation）、"适应"（adaptation）、"吸入"（inclusion）等概念所表达的意思。这几个概念中，"同化"和"融合"最为常用，"同化"是最早使用的概念，但最初定义似乎不明确。吉登斯（Giddings）曾一度将"同化"与"相互迁就"（reciprocal accommodation）等同起来。在另一个地方，他把它定义为"相似成长的过程"（the process of growing alike），他再一次告诉我们，这是生活在美国的外国人成为美国人的方法。帕克和伯格斯（Park and Burgess, 1924）将"同化"定义为"一个渗透和融合的过程中，获得个人和团体的记忆、情绪和其他个人或团体的态度，而且，通过分享他们的经验和历史，与他们合并在一个共同的文化生活。"这种"同化"概念认为，随着在新社会停留时间的延长，移民会越来越多地、几乎是线性地融入当地社会。在同化过程的最后，移民与东道国人口变得难以区分。① 差不多半个世纪后，弥尔顿·戈登（Milton Gordon, 1964）才引入了"结构性同化"概念，为之前强调的"文化"观点添加了"结构性"元素。他将"同化"定义为一个多样化的过程，从文化适应（语言、宗教和其他文化特征的习得）开始，持续的结构融合（在社会中建立关系，缺乏歧视和偏见），直到最终的同化。② 直到 20 世纪 70 年代早期，移民融合主要被理解为一种单向的同化过程，是移民对新家的文化适应。

从上述同化概念内涵来看，移民被认为是有缺陷的，因此应该学习接受国的生活方式。同化是基于这样一种普遍期望，即移民应该适应新文化，抛弃自

① KAZEMIPUR A, NAKHAIE M R. The economics of attachment: making a case for a relational approach to immigrants' integration in canada [J]. Migration and Integration, 2014, 15: 609-632.

② HEISLER B S. The future of immigrant incorporation: Which models? Which concepts? [J]. International Migration Review, 1992, 26 (2): 623-645.

己的传统和习惯,使接收社会在移民过程中保持相对不变。随着多元文化主义作为一种与同化对立的融合模式兴起之后,"融合"概念取代了"同化"概念。Shadid(1991)将融合定义为"少数民族和宗教群体,个别或群体地参与东道国社会的社会结构,同时保留其文化和特征的独特方面"。融合的目的通常被描述为使移民在社会中获得平等的机会。① 多元文化主义并不鼓励移民放弃原有的独特生活传统,而是基于对少数民族和文化群体的承认,旨在使这些移民社区能够像大多数人一样参与社会。

然而在一些学者提出重新思考同化概念之后,多元文化主义在 21 世纪初遭到了强烈反对。批评的论点主要集中在多元文化主义鼓励自我隔离,阻碍移民融入主流社会。② 因此,在经历了一个"同化回归"(return of assimilation)和"多元文化主义退却"(retreat of multiculturalism)的过程之后,③ 新的"同化"概念又悄悄取代了"融合"概念成为研究焦点,此时,新的同化概念的核心仍然是移民的适应,其目的是随着时间的推移消除与大多数人口的差异。但较之旧的同化概念,新概念无论在内涵还是外延上均有所扩展。一方面,它的新化身已具有明显的经验性特征,被用来理解移民到达新国家后的生活变化,即变得更接近社会大多数的过程。④ 另一方面,同化也是规范性的,它被用来指明未来的正确道路。"是"逐渐变成了"应当"。Kazemipur 等(2014)观察到,塞缪尔·亨廷顿(Samuel Huntington,2005)对美国身份的讨论是同化概念新生命的一个典型例子。亨廷顿认为,"新"移民不再把移民视为单程旅行,不再把融入东道国社会视为唯一的选择;相当数量的新移民居住在其他移民或他们的同

---

① ENTZINGER H. The lure of integration [J]. The European Journal of International Affairs, 1990,4:54-73.

② ERSANILLI E, KOOPMANS R. Rewarding integration? Citizenship regulations and the socio-cultural integration of immigrants in the Netherlands, France and Germany [J]. Journal of Ethnic and Migration Studies, 2010, 36 (5): 773-779; KOOPMANS R. Does assimilation work? Sociocultural determinants of labour market participation of European Muslims [J]. Journal of Ethnic and Migration Studies, 2016, 42 (2): 197-216.

③ BRUBAKER R. The return of assimilation? Changing perspectives on immigration and its sequels in France, Germany, and the United States [J]. Ethnic and Racial Studies, 2001, 24 (4): 531-548; JOPPKE C. The retreat of multiculturalism in the liberal state: theory and policy [J]. The British Journal of Sociology, 2004, 55 (2): 237-257.

④ LUTZ P. Two logics of policy intervention in immigrant integration: an institutionalist framework based on capabilities and aspirations [J]. Comparative Migration Studies, 2017, 5: 1.

族附近，很少与主流人口接触。① 为此，新的同化概念又重新强化东道国文化的主体地位，要求移民弱化甚至放弃源文化，主动融入东道国社会，对多元文化主义的容忍度越来越低。

"市民化"是具有中国特色的术语，该术语的产生与中国二元户籍制密切相关，可以说二元户籍制度是"市民化"问题的根源。国内有些概念与市民化概念几乎同义，如社会适应、城市融入、社会融合（社会融入）、社会同化等。社会适应是指行动者通过继续社会化，调整其行为模式和心理状态，使之适合于新环境的过程。② 社会融入也称社会融合、社会包容、社会接纳，其内涵就是要反对社会排斥，使个体和个体之间、不同群体之间、不同文化之间相互配合、互相适应的过程。③ "社会适应"和"社会融合"概念存在一定区别，"社会适应"主要是指外来群体、人口较少群体接受并主动模仿主流人群，最后适应城市主流社会生活的过程。"社会融合"则带有两种人口群体相互影响的含义。但在实际使用中，社会适应和社会融合两个概念几乎同义，例如，朱力（2002）指出"适应"概念的一般意义，"适应"主要是从接受社会化的个体角度而言，强调个体在社会生活中对周围的环境和社会化的过程的接受程度。李飞和钟涨宝（2010）认为，社会适应就是个体与社会系统的整合过程，个体在习得社会规范的基础上，建构与其他社会群体或个体的制度化的角色关系，实现自己的权利，履行相应的义务。并且指出，社会适应的核心是经济适应，获得必备的生活资源是个人适应的基础。④ 符平（2006）指出，"农民工城市融入指农民工在生产方式、生活方式、社会心理与价值观念上整体融入城市社会并认同自身新的社会身份的过程与状态"⑤。秦永超（2013）认为，社会融入是一个动态的过程，是指个人为了适应城市主流社会生存环境，而在经济、社会、文化和法律等方面进行适应，使自己趋同城市主流社会的生活方式和价值观念，并且以

---

① KAZEMIPUR A, NAKHAIE M R. The economics of attachment: making a case for a relational approach to immigrants' integration in canada [J]. Migration and Integration, 2014, 15: 609-632.

② 郝玉章, 风笑天. 三峡外迁移民的社会适应性及其影响因素研究: 对江苏 227 户移民的调查 [J]. 市场与人口分析, 2005 (6): 62-67.

③ 任远, 邬民乐. 城市流动人口的社会融合: 文献述评 [J]. 人口研究, 2006 (3): 87-94.

④ 李飞, 钟涨宝. 城市化进程中失地农民的社会适应研究: 基于江苏省扬州市两个失地农民社区的调查 [J]. 青年研究, 2010 (2): 84-93.

⑤ 符平. 青年农民工的城市适应: 实践社会学研究的发现 [J]. 社会, 2006 (2): 136-158.

此明确自己在城市主流社会中的位置，来做出相应调整，逐渐适应城市主流社会生活的过程。① 从这几个定义可以看出，这几位作者在使用中，并未严格区分"社会适应"与"社会融合"的含义，且都强调了外来人群对城市主流社会的顺应和调整。

"市民化"概念虽然具有中国特定背景，但其理论来源于西方文献中的"社会同化""社会融合"概念。就民族学意义而言，社会同化是指两个或两个以上的民族，通过长期的交往与接触，一个民族特征被另一个民族特征所涵化的过程。社会融合则是指两个或两个以上的民族在长期交往中相互影响、相互促进，最后相互接纳的过程。杨菊华（2015）认为，融合与适应不等同于同化，它具有更加主动积极的意义。在中国语境中，"市民化"含义更接近"社会适应"和"社会融合"，而区别于"社会同化"。② 目前为止，"市民化"仍没有统一定义，但达成了一定共识，认为这一概念是一个多层次、多方面、多维度概念。表2-1列举了部分具有代表性的学者关于市民化概念界定的观点。综合学者们的主要观点，本研究认为，"市民化"应具备以下主要特征：一是生产生活方式的变迁，即生产方式已由农业转向非农生产，生活方式中的劳动生活、消费生活、精神生活等已由农村人向城市人转变；二是户籍身份的转换，从农业人口向非农业人口转变，获得市民身份，享受市民的社会福利待遇，真正脱离"城乡两栖人"；三是价值观念的改变，对事物的认知、理解、判断或抉择符合城市人的思维方式；四是文化认同和心理认同的改变，精神文化生活与市民基本无异，并在心理认同是城市居民的一分子。市民化概念的这些特征要求构建多层面、多维度指标体系对其进行测量。

表2-1　"市民化"的相关定义

序号	学者姓名	市民化的定义
1	陈映芳（2003）	狭义的市民化主要是指农民身份的转变，通过户籍的转换实现从农民到市民，并依法拥有市民权利的过程，包括居留权、受教育权、选举权以及社会保障权等。广义的市民化不仅包含农民实现户籍身份的转换，从而拥有市民权利的过程，而且还应包含市民意识的转换，在生产生活方式、意识形态以及价值观念等各个方面向城市市民全面转换的过程

---

① 秦永超. 城市流动人口社会融入的法律社会学思考［J］. 甘肃政法学院学报，2013（3）：129-132.
② 杨菊华. 中国流动人口的社会融入研究［J］. 中国社会科学，2015（2）：61-79.

序号	学者姓名	市民化的定义
2	文军 （2004）	市民化是一项复杂的社会系统工程，它不仅仅是农民社会身份和职业的一种转变（非农化），也不仅仅是农民居住空间的地域转移（城市化），而是一系列角色意识、思想观念、社会权利、行为模式和生产生活方式的变迁，是农民角色群体向市民角色群体的整体转型过程（市民化）
3	郑杭生 （2005）	市民化是指作为一种职业的"农民"（farmer 或 cultivator）和作为一种社会身份的"农民"（peasant）在向市民（citizen）转变的进程中，发展出相应的能力，学习并获得市民的基本资格、适应城市并具备一个城市市民基本素质的过程
4	刘传江 （2010）	市民化是指获取城市居民身份和相应的社会权利，并在生产生活方式、价值观和社会认同感上与城市居民趋同
5	于建嵘 （2010）	市民化即是获得市民身份、享有市民生活的过程
6	魏后凯， 苏红键 （2013）	农业转移人口市民化是指转移人口在达到一定经济收入水平基础上，经历城乡迁移和职业转变的同时，获得城镇永久居住身份、平等享受城镇居民各项社会福利和政治权利，并完全融入城镇社会的过程
7	田园 （2013）	农业转移人口市民化是指在我国城镇化进程中，农民由农村向城市转移逐渐变为市民
8	单菁菁 （2014）	市民化是将现代城镇居民所拥有的一套完整制度设定覆盖到原来基本没有但现在已经进城就业、居住的那些农民工身上
9	罗元青， 刘珺， 胡民 （2019）	所谓市民化，则是在工业化的推动下，逐步使农民离开赖以生存的土地生产要素，进入城市从事非农产业，其职业身份、社会地位、价值观念及工作生活方式向城市市民逐渐转化的经济社会过程

三、社会福利

现代福利观念始于18世纪后半叶经济学和社会科学的重要发展，特别是功利主义的兴起。"福利"（welfare）一词最早出现在经济学文献当中，最初仅仅关注其经济成分，称为"经济福利"。在经济学领域还常常用"效用"（utility）一词来替代"福利"。马库斯·弗莱明（Marcus Fleming）（1952）认为"效用"也是一个模糊的概念，它有时指"福利"或"愿望"（desiredness），有时指

"满足度"（ophelimity）。① 在20世纪初以前，"福利"的经济部分通常被称为"财富"，尤其是人均收入意义上的"财富"。但福利概念比财富概念更加宽泛和模糊，而且，福利通常被认为是主观的，财富被认为是客观的。福利经济学创始人庇古（Pigou）教授不仅认识到福利的主观性，也认识到了福利概念所包含的非经济成分。他说，"福利的要素是一种意识状态"，经济福利是福利的"一部分"。经济福利由效用或满意减去负效用或不满意组成，这些存在于人们心中的主观意义上。② 后来基本上在很宽泛的意义上使用福利概念，如卡普洛（Louis Kaplow）和沙维尔（Steven Shavell）认为"福利概念在本质上是极其宽泛的。它事实上包括对个人有用的一切东西——个人能够消费的物质与服务，社会和环境的满足感，个人的自我实现，对他人的同情心，等等"。而且，福利一词逐渐反映的是一组政府或社会为改善其社会成员生活状态的政策和项目。这一福利观念具有明显的政策指向性。

就词意而言，在许多文献中，福利（welfare）和福祉（well-being）、幸福（happiness）几乎是同一意思，有时又稍有差别。大多数现有的建议都把福利等同于福祉。另一些人则认为幸福，也就是福利，都是可以直接衡量的。但关于福利的讨论往往集中在过去和现在时段。《简明牛津词典》将福利定义为"令人满意的状态、健康和繁荣、幸福"。幸福，虽然有过去和现在的组成部分，但侧重于未来。③ 换句话说，幸福更可能是一种心理体验和期望。而"福祉"被定义为健康、幸福和摆脱欲望的状态，它是一种基本需要得到满足的生存状态。可以看出，在文献中这几个概念之间常常相互定义，很难区分彼此。它们之间最重要的区别可能是，"福利"和"福祉"从一开始就包含了某种政策含义。史密斯（Smith，1975）认为，"福利"有许多不同的含义，不仅包括社会状态，还包括旨在改变社会状态的政策工具。④ 齐默尔曼（Zimmerman，1992）认为，"福祉"应该是任何影响家庭的公共政策的关键组成部分（Braun，2002）。可见，"福利"和"福祉"概念具有明确的政策指向性，而"幸福"则不具有政策指向性。这种差别蕴含了这样一个行动意义：政府或社会可以通过福利政策改善和提高社会成员的福利和福祉，但很难提高其幸福程度。

---

① MARCUS F. A cardinal concept of welfare [J]. The Quarterly Journal of Economics, 1952, 66 (3): 366-384.

② BENHAM F C. Economic welfare [J]. Economica, 1930 (29): 173-187.

③ BRAUN B, OLSON P D, BAUER J W. Welfare to well-being transition [J]. Social Indicators Research, 2002, 60 (1): 147-154.

④ SMITH D M. On the concept of welfare [J]. Area, 1975, 7 (1): 33-36.

　　社会福利概念建立在个人福利基础之上，因而社会福利也具有主观性和政策指向性特征。Pena（1977）将社会福利定义为一系列客观情况或物质条件，以及个人对前者的主观感受或印象（态度、失望和满意）的结果。① 拉尔夫·多戈夫（Ralph Dolgoff，1997）认为，社会福利从功能上看主要在于"减轻受助者的贫穷，从而改善社会中受害者的生存状况"②。事实上，边沁的激进功利主义认为国家有一种福利作用。这里指出了国家作为福利提供者的角色。边沁还提出了某种集体形式的福利观念，他的"最大多数人的最大快乐"可以成为政府福利政策的依据。在欧美国家，对社会福利的理解一般是广义的，通常是指国家和社会为改善和提高全体社会成员的物质与精神生活而采取的一系列政策措施，通过提供福利设施和相关服务，保证全体社会成员更高的生活水平和生活质量。《大美百科全书》给出的定义是"最常指分门别类的制度与服务，其主要目的在维护和提高人们身体的、社会的、智力的或感情的福祉，同时亦指大学的、政府的或私人的方案，这些方案涉及社会服务、社会工作和人群服务等领域以达到助人的目标"③。可以看出，西方国家都是在广义上使用社会福利概念，社会福利概念本身含有政策功能，且认为社会福利的提供主体是国家和政府。

　　社会福利包括客观福利（objective well‑being）和主观福利（subjective well‑being）。客观福利一般指福利的物质部分，包含的范围很广，收入、教育成就、职业地位、新语言的习得等是主要的几个方面。但西方文献很少使用客观福利 objective well‑being（或客观福祉）这一词汇，只有在与主观福利（subjective well‑being）作为一对概念使用的时候才出现。而 subjective well‑being 则是近年的一个热门词汇，一般翻译为"主观幸福感"或"主观福祉"。Veenhoven（1984：22）将主观幸福感定义为个体以一种有利的方式判断其生活整体质量的程度。换句话说，主观幸福感是指一个人有多喜欢他或她所过的生活。Andrews 和 Withey（1976：18）将主观幸福感定义为"一种认知评价和某种程度的积极或消极感受，即情感"。Stone 和 Mackie（2014）认为主观幸福感"指的是人们如何体验和评价自己的生活以及生活中的特定领域和活动"。在文献中，"幸福"一词有时被用作主观幸福的同义词。然而，大多数作者都避免使

① ESPINA P Z. ARECHAVALA N S. An assessment of social welfare in spain：territorial analysis using a synthetic welfare indicator ［J］. Social Indicators Research，2013，111（1）：1-23.
② 景天魁，等. 福利社会学 ［M］. 北京：北京师范大学出版社，2010：8.
③ 光复书局大美百科全书编辑部. 大美百科全书：第25卷 ［M］. 台北：光复书局，1991：121.

用"幸福"这个词，因为它的流行含义多种多样。例如，幸福可能指的是幸福的全部体验，当前的快乐感觉，或随着时间的推移对许多积极影响的体验。主观幸福感可能既有稳定的成分，也有可变的成分。一个人对正在发生的生活事件的评价会改变，因此他的享乐水平也会改变。但与此同时，一个人的情绪可能会回到一个由他的性情和生活环境决定的平均基线。因此，虽然即时情绪可能不断变化，但一个人的长期主观幸福感可能具有相当大的稳定性。① 因而西方学者一般主张主观幸福感是可以测量的，且这种测量结果具有稳定性。故而在学术研究领域，主观幸福感概念比幸福概念的使用更加广泛。

我国学者常常将"福利"的英文对应词汇 welfare 进行拆分，认为其由 well和 fare 两个词合成，意思是"好的生活"，表示"福利"与人们的美好幸福生活息息相关。景天魁等（2010）考察了"福利"一词的中外词源，认为在中国，"福利"这个词最初源于"福祉"并与"福祉"相互交替使用。在古代，"福利"就包含着物质和精神两个层面的好处。而在现代，福利往往包含两层含义：一是表示状态，指"生活上的利益，特指对职工生活（食、宿、医疗等）的照顾"；二是表示过程，主要指"使生活上得到利益"。② 但西方学者则在更宽泛的含义上使用"福利"概念。在英文中表示"福利"的单词主要有四个，welfare、wellbeing、benefit、interest，其中最常用的是前两个。其含义不仅包括救济性福利，也包括阿玛蒂亚·森所说的"生存状态"，还包括诺曼·巴里（Norman Barry）所说的物质上的"幸福"与"满足"，同时还包括人们对这种"幸福"与"满足"状况的理解、体验与认同等主观层面，其含义相当宽泛。

我国使用的福利概念相对狭窄，景天魁和毕云天（2009）认为我国长期占主导地位的是小福利概念，是指民政部门为弱势群体提供的福利，居于社会保障体系的最高层次。③ 尽管小福利概念分为补救性和发展性两种类型，但由于对其狭隘的定义和理解，福利对象、内容，提供主体和供给方式上都存在明显的局限，使许多福利项目（如社会救助和社会保险）未能划入社会福利范围，大多数社会成员被排斥在社会福利的范围之外，进而可能导致相当数量的社会成员在社会福利权利上产生"相对剥夺感"。因此，他们主张使用大福利概念，认为社会福利的外延大于或等于社会保障。大福利包括社会救助、社会保险、公

① DIENER E. Assessing subjective well-being: progress and opportunities [J]. Social Indicators Research, 1994, 31 (2): 103-157.

② 景天魁，等. 福利社会学 [M]. 北京：北京师范大学出版社，2010：3-4.

③ 景天魁，毕云天. 从小福利迈向大福利：中国特色福利制度的新阶段 [J]. 理论前沿，2009 (11): 5-9.

共福利和社会互助四种供给方式，多元主体共同提供福利支持，以全体社会成员为对象，以满足基本福利需求为目标。由于我国民政部定义的社会福利概念过于狭小，不利于我国社会建设的发展，也不利于社会福利学科的发展。彭华民（2016）曾建议将由民政部提供的社会福利称为民政福利，从属于中国社会福利的一部分。

在我国，大福利、小福利概念多数时候都称为广义福利和狭义福利。尚晓援（2001）区分了广义和狭义的社会福利，广义指"国家和社会为实现社会福利状态所作的各种制度安排"，狭义则指"为帮助特殊的社会群体，疗救社会病态而提供的社会服务"①。樊士德（2014）也认为，"社会福利有广义和狭义之分：一般来说，广义的社会福利是指提高微观个体生活水平的各种政策和社会服务，旨在解决其在各方面的福利待遇问题，它是一种服务政策和服务措施，目的在于提高其物质和精神生活水平，使之得到更多的享受，同时，它也是一种职责，是在社会保障的基础上保护和延续有机体生命力的一种社会功能；狭义的社会福利是指对儿童、老人、母子家庭、残疾人等弱势群体的社会照顾和社会服务"②。

与此同时，我国的社会福利概念也具有明确的政策指向性。郑功成（2000）认为，我国的社会福利有着特殊的含义，特指"国家和社会通过社会化的福利设施和有关福利津贴，以满足社会成员的生活服务需要并促使其生活质量不断得到改善的一种社会政策"③。"社会福利，是我国社会保障体系中的社会福利制度安排，它由政府主导，以满足社会成员的福利需求和不断改善国民的生活质量为目标，通过社会化的机制提供相应的社会服务与津贴，具体包括老年人福利、妇女福利、儿童福利、残疾人福利等，教育福利与住房福利亦可以纳入其中。"④ 尽管这里的社会福利概念主要指狭义福利，但其政策导向是非常明确的，即社会福利是一种国家制度安排和政策措施。

综合中西方研究发现，我国和西方语境下的福利和社会福利概念都包含主观内涵，且都具有明确的政策指向性。但值得强调的是，我国的社会福利概念

---

① 尚晓援．"社会福利"与"社会保障"再认识［J］．中国社会科学，2001（3）：113-120．

② 樊士德．中国外流劳动力的社会福利效应研究：基于微观调研的经验分析［J］．新疆社会科学，2014（2）：116-125．

③ 郑功成．社会保障学［M］．北京：商务印书馆，2000：20．

④ 郑功成．中国社会福利改革与发展战略：从照顾弱者到普惠全民［J］．中国人民大学学报，2011，25（2）：47-60．

在意识层面与西方的社会福利概念有所差别。景天魁等（2010）指出，西方社会主要从个人意识而我国主要侧重于从集体意识去理解福利，西方社会主要从政治权利角度去认识福利而我国侧重于从文化层面上认识福利。西方国家强调福利的两个方面，即"自我幸福感"和"生活满足感"。我国不仅强调福利的这些方面，也非常注重福利供求的"社会认同感"，个体往往需要努力实现"自我幸福感""生活满足感"和"社会认同感"的有机统一。① 即个体社会福利不仅在于自我满足，而且还要获得社会认可。

第二节　文献综述

一、农业转移人口市民化研究

随着城镇化发展，流入城镇的少数民族农业转移人口也大幅增加，其市民化问题也受到各界广泛关注，相关研究文献迅速增加。许多关于少数民族农业转移人口市民化问题的研究文献都吸收了国外移民社会融合和国内农业转移人口市民化等方面的相关研究成果，具体体现在市民化概念、分析框架、市民化内容等方面，都具有很强的一致性。其中少数民族农业转移人口市民化概念与国内其他文献并无二致，上文已有介绍，此处不再赘述。在分析框架上主要形成两种分析思路：一个是沿着国内外研究经验，从宏观政策制度、中观社会资本、微观人力资本三个层面进行分析。大多数研究者采用这一研究框架。例如，李林凤（2011）将各种影响因素归纳为三个方面——个人层面、流入地社区和社会层面、制度和政策层面，并且认为这三个层面的因素在发挥影响作用的时候往往是相互交织的。② 另一个是从物质、精神、制度三个维度来探讨少数民族农业转移人口市民化的状况。这一思路主要运用于少数民族农业转移人口的城市文化适应研究上，目前认可度不高。例如，陈晓毅（2005）提出城市外来少数民族人口文化适应现象的三维分析模式，三维包括物质维度、精神维度、制度维度。③ 曾结珍（2008）、何明等（2009）沿着这一思路进行分析，所得结果

---

① 景天魁，等. 福利社会学 [M]. 北京：北京师范大学出版社，2010：8.
② 李林凤. 从"候鸟"到"留鸟"：论城市少数民族流动人口的社会融合 [J]. 贵州民族研究，2011，32（1）：13-19.
③ 陈晓毅. 城市外来少数民族文化适应的三层面分析模式：以深圳"中国民俗文化村"员工为例 [J]. 贵州民族研究，2005（5）：102-109.

与陈晓毅一致。① 绝大多数学者都认为，少数民族农业转移人口市民化的具体内容主要包括经济融合、行为适应、文化接纳、心理融合四个方面，每个方面又包括诸多测量指标。研究者一般根据研究目的和资料获取情况对这些测量维度和指标进行增减，这种分析框架与国内非少数民族农业转移人口的研究文献是一致的。

在少数民族农业转移人口市民化研究中，目前分歧较大的是市民化的影响因素或阻碍因素中"民族因素"具有多大影响或作用，以及市民化程度测量指标体系中如何纳入和设计更多能够反映"民族特性"的指标，以区别于非少数民族研究文献，并据此深入挖掘少数民族农业转移人口市民化过程中可能存在的特殊性。对于前者，许多研究均认为，"民族因素"会导致少数民族流动人口的社会认同"内卷化"②、自我限制③以及文化观念冲突④，进而阻碍流动人口的市民化进程。盘小梅和汪鲸（2014）特别指出，民族类属因素对社会融入的影响主要是通过各少数民族流动人口的不同生产和生活方式表现出来的。⑤ 例如，西北地区的回族、撒拉族等少数民族主要的谋生手段是开设清真餐饮店。这种服务性质的行业要求工作者与外部世界进行大量的接触，能够以核心或小规模的扩大家庭形式较快地适应现代城市生活。而从事生产制造业的少数民族群体，由于生产制造业本身具有的"工具理性"和流水线生产方式，兼之厂房往往聚集在工业园区等远离城市中心的郊区，少数民族工人难以获得与外部世界更为密切的联系和接触，其对城市生活的适应性相对较低。此外，民族传统文化、社会组织形式等社会文化特征也对融入产生影响。少数民族主要的社交网络是同族同乡亲朋好友，形成城市中的乡村"共同体"，在遇到少数民族特殊产品售卖、摆摊设点受阻、工厂企业里的劳务纠纷等问题，他们习惯召集"共同体"成员来解决问题，而不是通过正规法律渠道来解决，有时往往造成事态

---

① 何明，袁娥 . 佤族流动人口的文化适应研究：以云南省西盟县大马散村为例 ［J］. 西南民族大学学报（人文社科版），2009，30（12）：17-23；曾结珍 . 少数民族农民工的城市文化适应研究——基于广东省佛山市和深圳市的研究 ［D］. 武汉：华中科技大学，2008.

② 黎明泽 . 浅论城市融入过程中的社会认同"内卷化"：以沿海城市少数民族流动人口为例 ［J］. 广州社会主义学院学报，2010，8（4）：31-35.

③ 李伟梁 . 论少数民族流动人口的城市融入 ［J］. 黑龙江民族丛刊，2010（2）：35-40.

④ 李健 . 城市流动少数民族文化适应问题研究：以北京市海淀区为例 ［D］. 北京：中央民族大学，2011.

⑤ 盘小梅，汪鲸 . 城市少数民族流动人口的社会融入进程：广东珠三角城市为例 ［J］. 广西民族大学学报（哲学社会科学版），2014，36（1）：101-105.

扩大，不利于城市融入和市民化。这些都是少数民族农业转移人口市民化过程中"民族因素"带来的影响。

需要指出的是，关于"民族因素"影响少数民族流动人口融入城市社会的判断，主要是基于定性分析的结果。但定量分析得出了不同的结论，马戎（2009）对西部少数民族流动人口教育、就业等各方面进行了较为系统的研究，以收入为例，他对藏族、蒙古族、维吾尔族这三个有代表性的西部少数民族的实证研究结果显示，收入差距与"民族成分"无关，主要是与"受教育程度"有关。① 王振卯（2010）通过定量模型对少数民族流动人口融入城市的主要影响变量进行分析和研究发现，影响少数民族流动人口社会融入的因素是多元的，但收入水平、宗教信仰、民族类别等因素的影响在模型中均不显著。② 高向东等（2012）和李红娟等（2016）的实证研究也成功证明了"民族因素"不是最主要的影响因素，制度因素对少数民族流动人口城市融合影响最为显著。③ 当然，人力资本和社会网络支持同样也是影响少数民族农业转移人口市民化的重要因素。

在少数民族市民化程度测量指标体系构建方面，一些研究者希望纳入和设计更多反映"民族特性"的指标体系。例如，王增武（2018）从经济生活、政治参与、社会关系、文化接纳和心理认同等维度，尝试建立指标体系，但其对民族属性强调不足。④ 高向东等（2018）从经济适合、社会接纳、文化认可、心理归属四个维度出发，通过 17 个二级调查指标和 45 个三级调查指标，构建了少数民族流动人口城市融入程度评价指标体系。⑤ 并以上海为例，采用定量分析方法，对该指标体系进行检验并计算得出上海市少数民族流动人口城市融入水平及其中四个维度的融入水平，发现该群体的城市融入水平较高，但其中四个维度的融入水平不均衡。值得肯定的是该指标体系较为全面，且充分体现了少数民族流动人口市民化的民族特性。其中，体现民族特性的指标主要包括城市民族工作、民族语言、宗教信仰、风俗习惯、民族感情五个方面。目前该测

① 马戎. 关于当前中国城市民族关系的几点思考 [J]. 西北民族研究, 2009 (1): 6-19.
② 王振卯. 少数民族流动人口社会融入影响因素研究: 对江苏省的实证分析 [J]. 内蒙古社会科学 (汉文版), 2010, 31 (5): 72-77.
③ 高向东, 余运江, 黄祖宏. 少数民族流动人口城市适应研究: 基于民族因素与制度因素比较 [J]. 中南民族大学学报 (人文社会科学版), 2012, 32 (2): 44-49; 李红娟, 杨菊华. 少数民族流动人口融入意愿的族群差异 [J]. 民族论坛, 2016 (11): 34-39.
④ 王增武. 少数民族新生代农民工市民化测量指标体系的构建 [J]. 湖北民族学院学报 (哲学社会科学版), 2018, 36 (5): 33-37.
⑤ 高向东, 李芬. 大城市少数民族流动人口城市融入指标体系构建研究 [J]. 人口与社会, 2018, 34 (4): 33-41.

量体系影响力还较为有限，绝大多数研究者都采用普通问卷，或直接使用一些调查机构的数据，无法体现少数民族农业转移人口市民化过程的民族特征，以及各种民族因素的影响作用。本研究在设计调查问卷时，吸收了高向东等（2018）设计的指标体系中体现"民族属性"的相关内容。

　　总体来说，关于少数民族农业转移人口市民化方面的文献还不算多，尤其在实证研究结果方面意见分歧也比较大。但国内外相关研究比较丰富，研究脉络也比较清晰，具有很强的参考借鉴意义。从国外文献来看，关于移民研究可以明显区分为"移民迁移"和"移民融合（或同化）"两个先后不同的研究阶段。两个阶段在研究对象和研究内容甚至研究方法上都存在很大区别。第一个阶段关于移民研究的文献大约集中在1980年以前，西方发达国家研究的重点对象是城乡移民尤其是农村到城镇的移民，有的文献甚至以发展中国家的城乡移民现象作为研究对象。这一阶段可以称为"移民迁移"研究，研究内容主要是迁移的原因或动机、迁移过程或模式、迁移效应或影响。研究方法主要是模型演绎推理方法。比如二元经济模型、推拉理论、预期收入假说、工作搜寻模型等，都是对城乡移民迁移模式的总结。第二个阶段关于移民研究的文献是在1980年以后，研究的重点对象是国际移民。这一阶段可以称为"移民融合"研究，研究内容着重探讨国际移民对东道国带来的经济社会文化方面的影响，以及移民在东道国的融合过程和结果。研究方法主要是整理归纳法。比如有学者总结的同化主义模式和多元文化主义模式的区别，就是典型的代表。显然，第二阶段的研究文献对我国农业转移人口市民化具有更大的参考价值。

　　由于较少使用市民化（citizenization）一词，西方文献主要使用"同化""融合"等概念来表述我国语境中的"市民化"过程，重点研究了移民融入东道国或迁入社会的具体融入内容（涉及经济、社会、文化等内容）、融入模式（排他性模式、同化主义模式、多元文化模式等）、融入过程的影响因素（一般通过融入状态或结果进行分析）等方面。移民融入一般分为几个具体内容，经济同化或融合是最先被关注的一个方面。根据移民经济学家的说法，当移民获得与拥有相同特征的本土居民同样工资的时候，就实现了所谓的"经济融合"。① 此后，大多数研

---

① CHISWICK B R. The effect of americanization on the earnings of foreign-born men［M］. Journal of Political Economy，1978，86（5）：897-921；BORJAS G J. Assimilation，changes in cohort quality，and the earnings of immigrants［J］. Journal of Labor Economics，1985，3（4）：463-489.

究关注劳动力市场的移民就业表现和工资收入,[①] 但很多经济文献都把重点放在了移民对本国工人工资和就业的可能影响上,[②] 而忽略了移民本身的经济融合问题，即移民与本地居民的经济收入和机会平等问题。Dustmann（1996）因为不满于此而又重新提出社会同化（social assimilation）概念,[③] 对移民社会同化的决定因素进行了实证分析。结果表明，个人特征、国籍和家庭背景对移民融入都有影响，而劳动力市场变量对移民融入的影响不大。且经济同化和社会同化并不是相互依存的，而是平行的过程。

国际移民与东道国社会的融合程度取决于许多方面。获得新居住国国籍（公民身份）被认为是整个融合过程的一个重要组成部分,[④] 西方文献通常将公民身份作为社会融合的客观指标,[⑤] 通过给予移民与土著居民同样的地位和权利，公民身份正式缩小了新公民和原公民之间的差距，创造了他们之间的平等，这是融合过程的主要目标之一。我国城镇户籍对农业转移人口具有类似作用。Martinovic 等（2015）的一项纵向研究发现，种族间接触频率与居留

① HATTON T J. The immigrant assimilation puzzle in late nineteenth-century america [J]. The Journal of Economic History, 1997, 57 (1): 34-62; HATTON T J, LEIGH A. Immigrants assimilate as communities, not just as individuals [J]. Journal of Population Economics, 2011, 24 (2): 389-419; SARVIMÄKI M. Assimilation to a welfare state: labor market performance and use of social benefits by immigrants to finland [J]. The Scandinavian Journal of Economics, 2011, 113 (3): 665-688.

② GROSSMAN J B. The substitutability of natives and immigrants in production [J]. Review of Economic and Statistics, 1982, 64 (4): 596-603; RAZIN A, SADKA E. Unskilled Migration: A burden or a boon for the welfare state [J]. Foerder Institute for Economic Research Working Papets, 1999. KEMNITZ A. Can immigrant employment alleviate the demographic burden? The role of unioncentralization [J]. Econ Lett, 2008, 99 (1): 123-126; CHOJNICKI X, DOCQUIER F, RAGOT L. Should the US have locked heaven's door? Reassessing the benefits of postwar immigration [J]. Journal of Population Economics, 2011, 24 (1): 317-359.

③ 在 20 世纪初，西蒙斯（Sarah E. Simons, 1901）就开始使用了"社会同化"（social assimilation）这个词。到了 1964 年戈登使这一概念普及化。参见 SIMONS S E. Social Assimilation. I [J]. American Journal of Sociology, 1901, 6 (6): 790-822; GORDON M M. Assimilation in American life: The Role of Race [M]. New York: Oxford University Press, 1964.

④ FAVELL A. Integration nation: the nation state and research on immigrants in Western Europe [J]. Comparative Social Research, 2003, 22: 13-42.

⑤ YANG P Q. Explaining immigrant naturalization [J]. International Migration Review, 1994, 28 (3): 449-477.

意愿相关，决定永久留在东道国的移民比临时移民发展了更多的种族间关系。[①] 掌握东道国语言程度也是重要的影响因素，对于移民来说，东道国的语言熟练程度对于他们在劳动力市场上的表现很重要，[②] 对于他们与当地人建立联系也很重要，[③] 更有可能留下来的移民对东道国语言的熟练程度更高。[④] 移民对东道国媒体的消费也是移民融合的一个重要方面，[⑤] 通过媒体信息中反映的文化价值观和社会实践，接触东道国媒体可以增加移民对东道国社会的了解，更有利于移民融入。[⑥]

在融入模式研究上，Paparusso（2019）总结了西方文献中的四种融合模式：排他性模式、同化主义模式、多元文化或多元主义模式以及"新"移民国家模式或南欧模式。[⑦] 排外主义融合模式（德国和奥地利）主要认为移民是一种短期现象，特别是作为满足短期劳动力需求的一种手段。符合这种模式的国家相当反对永久定居、家庭团聚和移民归化。同化主义模式（法国和比利时）正好相反，它要求移民主要以个人身份融入东道国，要求他们真诚地接受新居住国的文化和价值观。由于公民身份是与主流社会平等的可识别标志（减少了差异），因此获得公民身份被视为新移民融入的重要标志。多元文化主义（英国、荷兰和瑞典）的核心理念是，少数民族的身份、文化、语言和宗教应该得到保护和加强。采取多元文化政策的国家往往会促进种族特殊主义，而不是通过同化将其吸收到多数群体中。"新"移民国家模式，或南欧模式（意大利、希腊、葡萄牙和西班牙）的特点是移民历史较短，采用这种模式的国家具有一些共同

① MARTINOVIC B, TUBERGEN F V, MAAS I. A longitudinal study of interethnic contacts in germany: estimates from a multilevel growth curve model [J]. Journal of Ethnic and Migration Studies, 2015, 41 (1): 83-100.

② CHISWICK B R, MILLER P W. Immigrant earnings: language skills, linguistic concentrations and the business cycle [J]. Journal of Population Economics, 2002, 15 (4): 31-57.

③ MARTINOVIC B, TUBERGEN F V, MAAS I. Changes in immigrants' social integration during the stay in the host country: the case of non-western immigrants in the netherlands [J]. Social Science Research, 2009, 38 (4): 870-882.

④ CHISWICK B R, MILLER P W. English language fluency among immigrants in the united states [J]. Research in Labor Economics, 1998, 17: 151-200.

⑤ LEE S K, SOBAL J, FRONGILLO E A. Comparison of models of acculturation the case of korean americans [J]. Journal of Cross-Cultural Psychology, 2003, 34 (3): 282-296.

⑥ MOON S J, PARK C Y. Media effects on acculturation and biculturalism: a case study of korean immigrants in Los Angeles' Koreatown [J]. Mass Communication and Society, 2007, 10 (3): 319-343.

⑦ PAPARUSSO A. Immigrant citizenship status in Europe: the role of individual characteristics and national policies [J]. Paparusso Genus, 2019, 75 (13): 2-23.

特征：缺乏有选择性的移民政策、吸引无证件移民的大型地下经济、劳动力市场的大量细分以及使用事后文书向移民提供法律地位，例如合法化、配额制度和流动法令。这四种模式归纳总结了国际移民融入东道国的主要途径和方式。

在融入过程的影响因素研究文献中，特别关注移民的个人特征（如性别、教育、到达的年龄和迁移的原因）、① 不同原籍国移民、② 定居意图、③ 目的地国家制度因素等对移民融合的影响。无论哪一类别的影响因素都没有形成定论，特别是东道国移民政策对移民融入的影响研究长期成为争论的焦点。什么样的政策制度能产生更有利的融合结果，在经验上仍存在争议，结果也不一致。Lutz（2017）介绍了西方文献中两种主要政策干预方法——同化和多元文化主义关于融合政策的优点和缺点的激烈辩论过程。④ 两种方法对融合过程有不同的理解：同化是一项以激励为基础的政策，主要旨在提高移民的愿望；而多元文化主义是一项以机会为基础的政策，主要旨在提高移民的能力。同化政策认为缺乏动力是政策问题，政策干预旨在增加民众的期望；而多元文化主义政策则认为缺乏机会是政策问题，政策干预的目的是提高移民的能力。

两种方法的具体融合策略也不一样：同化强调移民适应主流社会的重要性，要求移民抛弃自己的传统和习惯，学习东道国的语言和文化，了解东道国的历史，愿意努力工作，参与新家的公民生活；⑤ 多元文化主张移民在平等条件下的参与，同时保留他们的文化独特性。多元文化主义理论旨在通过创建"多民族国家"来容纳多样性和少数民族，承认移民群体与大多数人口的差异，承认移民拥有独特生活方式的权利和自由，在不放弃移民自身传统的情况下融入接受

① AMIT K. Determinants of life satisfaction among immigrants from western countries and from the FSU in Israel [J]. Social Indicators Research, 2010, 96 (3)：515-534.
② SARKAR D, COLLIER T C. Does host-country education mitigate immigrant inefficiency? Evidence from earnings of Australian university graduates [J]. Empirical Economics, 2019, 56 (1)：81-106.
③ WACHTER G G, FENELLA F. Settlement intentions and immigrant integration：the case of recently arrived eu-immigrants in the Netherlands [J]. International Migration, 2018, 56 (4)：154-171.
④ LUTZ P. Two logics of policy intervention in immigrant integration：an institutionalist framework based on capabilities and aspirations [J]. Comparative Migration Studies, 2017, 5 (1)：19.
⑤ KAZEMIPUR A, NAKHAIE M R. The economics of attachment：making a case for a relational approach to immigrants' integration in Canada [J]. Migration and Integration, 2014, 15 (4)：609-632.

国。① 从同化角度来看，移民被认为是有缺陷的，应该学习接受国的生活方式，使接收社会在移民过程中保持相对不变。这种"种族中心主义"的观点面临着尖锐的批评，因为它是片面的，制造了一个同质社会的假象，忽视了结构性的不平等。基于这个原因，长期以来，政策制定者和学者都在强调多元文化措施对促进移民融合的重要性。但 21 世纪初出现了对多元文化主义的强烈反对。反对的原因是，多元文化方法未能使移民融入东道国社会，鼓励自我隔离，阻碍移民融入主流社会。② 与此同时，其他学者提出了相反的观点，强调实行多元文化政策的国家在移民融合的几个方面比没有这种政策的国家表现得更好。③ 从实证研究结果来看，虽然一些学者发现多元文化主义政策产生了良好的融合结果，但也有学者认为同样的政策是融合失败的一个重要因素，并认为基于移民同化的政策更有效。④ 可见，关于融合政策对融合结果影响的实证结果不仅是混合的，而且是完全矛盾的。

在我国，农业转移人口市民化就是农业转移人口转变为城市市民的过程，实质是农业转移人口的生活方式以及价值观念等与城镇居民趋于一致的过程。⑤ 我国农业转移人口市民化的显性障碍首先是户籍制度。城乡二元制度以户籍制度为核心，是农业转移人口市民化最根本的制约因素，严重阻碍农村劳动力的正常转移及其市民化进程，同时也阻碍农业转移人口在社会认同、社会文化生

① LUTZ P. Two logics of policy intervention in immigrant integration：an institutionalist framework based on capabilities and aspirations ［J］. Comparative Migration Studies，2017，5（1）：19.

② KOOPMANS R. Does assimilation work？Sociocultural determinants of labour market participation of European Muslims ［J］. Journal of Ethnic and Migration Studies，2016，42（2）：197-216.

③ BERRY J W，PHINNEY J S，SAM D L，et al. Immigrant youth：acculturation，identity and adaptation ［J］. Applied Psychology：An International Review，2006，55（3）：303-332；WRIGHT M，BLOEMRAAD I. Is there a trade-off between multiculturalism and socio-political integration? Policy regimes and immigrant incorporation in comparative perspective ［J］. Perspectives on Politics，2012，10（1）：77-95.

④ KOOPMANS R. Tradeoffs between equality and difference：immigrant integration，multiculturalism and the welfare state in cross-national perspective ［J］. Journal of Ethnic and Migration Studies，2010，36（1）：1-26.

⑤ 吕炜，高飞. 城镇化、市民化与城乡收入差距：双重二元结构下市民化措施的比较与选择 ［J］. 财贸经济，2013（12）：38-46.

活、政治权利、经济等方面实现市民化。① 陈钊（2011）进一步指出，户籍制度对农民工的影响不只是用"难以市民化"可以概括的，实际上，户籍制度造成了城市内部的"二元社会"分割，这种城市居民与农民工的分割在城市内部的就业市场、居住区及居民心理层面上广泛存在。② 可见，城乡二元户籍制是影响农业转移人口市民化的最根本因素，现今我国很多大中小城市取消了外来人口落户的限制，如采取了积分制、居住证制、缴纳社保年限制度等，但对于农业转移人口市民化而言，不是取消二元户籍制就能根本解决问题，更重要的还体现在城市公共服务均等化方面。

公共服务均等化是农业转移人口真正实现市民化的重要体现，但由于农业转移人口的流动性、国家经济社会发展程度以及多方面的政策阻碍，农业转移人口在获得城市公共服务上难以实现均等化。相关学者的研究证据也反映了这样的事实。张翼（2011）认为，随着户籍制度改革和流动人口生存状况的不断改善，单纯的城市户口已不足以吸引流动人口长期定居、实现市民化，附着在户籍制度背后的城镇基本公共服务才是流动人口更为关心的福祉。③ 在缺乏城镇户籍的情况下，多数进城农民工难以享受到与城市居民等同的社会保障和公共服务，这也是该群体就业不稳定的重要制度因素。④ 农业转移人口不同程度地被排斥在城市的公共服务体系之外，其生存环境恶劣，普遍处于城市社会的边缘或最底层。⑤ 据统计，目前在城镇工作和生活的 2.5 亿多农民工需要承担子女教育、就业、医疗、住房等额外的市民化成本，难以享有和城镇户籍人口同等的公共服务。⑥

户籍制度的阻隔，农业转移人口的市民身份得不到承认，还会导致其城市生活面临诸多现实困难。主要体现在以下几方面：一是农业转移人口身份归属问题。一些农民工甚至不知道自己究竟属于城市还是属于农村，他们感觉自己

---

① 蔡昉. 中国经济改革效应分析：劳动力重新配置的视角 [J]. 经济研究, 2017, 52 (7)：4-17；陈斌开，林毅夫. 重工业优先发展战略、城市化和城乡工资差距 [J]. 南开经济研究, 2010 (1)：3-18；刘传江，程建林. 双重"户籍墙"对农民工市民化的影响 [J]. 经济学家, 2009 (10)：66-72.

② 陈钊. 中国城乡发展的政治经济学 [J]. 南方经济, 2011 (8)：3-20.

③ 张翼. 农民工"进城落户"意愿与中国近期城镇化道路的选择 [J]. 中国人口科学, 2011 (2)：14-26.

④ 蔡昉. 通过改革避免中等收入陷阱 [J]. 南京农业大学学报（社会科学版）, 2013, 13 (5)：1-10.

⑤ 李强. 户籍分层与农民工的社会地位 [J]. 中国党政干部论坛, 2002 (8)：16-19.

⑥ 郭芹，高兴民. 农民工半城镇化问题的多维审视 [J]. 西北农林科技大学学报（社会科学版）, 2018, 18 (3)：22-30.

成了农村和城市社会的"双重边缘人",这种矛盾心理使他们觉得没有受到尊重,因而也没有城市归属感。① 二是农业转移人口话语权问题。现实生活中,农业转移人口普遍缺失基本的话语权,缺少话语表达渠道、机会、能力,以致自己不敢说也不想说。② 长期下去就使得一些新生代农民工出现心理问题,例如,一些人会产生挫败感、自卑、孤独、苦闷、怨恨、仇视等心理。三是农业转移人口权利缺失问题。农业转移人口进入城市后,遭到政治发展权、经济发展权与社会发展权的全面缺失,无论是在制度构建、行为控制或是价值主导方面都无法成为自身利益的代言人,表达其价值观。③ 四是农业转移人口文化冲突问题。农民工被城市主流文化所排斥,从而整体表现出与城市居民格格不入的状态。④ 上述现实困境造成农业转移人口没有选举权和被选举权,无法融入城市社区的政治组织或社团组织。⑤ 他们在城市就业、子女教育、医疗保障等诸多方面都处于一种随时受到威胁的状态。⑥ 由于文化水平不高和职业技能的缺乏,在就业市场竞争中处弱势地位,只能从事强度高、报酬低的工作。⑦

有研究指出,农业转移人口的市民化意愿不是很强烈,原因有多方面。根据 2010 年 12 月国家卫健委的抽样调查,愿意长期居住在城市的农民工比例为 40.34%,愿意转为城市户口的农民工比例仅为 13.75%。⑧ 许抄军等(2015)对湛江市调查,发现有 45.83%的农民工愿意市民化,还有 24.58%的农民工具有

① 刘传江. 新生代农民工的特点、挑战与市民化 [J]. 人口研究,2010,34(2):34-39;何军. 代际差异视角下农民工城市融入的影响因素分析:基于分位数回归方法 [J]. 中国农村经济,2011(6):15-25.
② 徐建丽. 建构与选择:新生代农民工的话语权 [J]. 中国劳动关系学院学报,2012,26(6):61-65;邓玮. 话语赋权:新生代农民工城市融入的新路径 [J]. 中国行政管理,2016(3):109-115.
③ 谌新民,周文良. 农业转移人口市民化成本分担机制及政策涵义 [J]. 华南师范大学学报(社会科学版),2013(5):134-141.
④ 杨凤. 城市农民工社会排斥问题研究 [J]. 华东理工大学学报(社会科学版),2014,29(2):87-92.
⑤ 余思新,曹亚雄. 农民工市民化层次性解读及其现实启示 [J]. 西北农林科技大学学报(社会科学版),2014,14(1):25-29.
⑥ 李强,唐壮. 城市农民工与城市中的非正规就业 [J]. 社会学研究,2002(6):13-25.
⑦ 林娣. 新生代农民工市民化的人力资本困境 [J]. 东北师大学报(哲学社会科学版),2014(2):215-217.
⑧ 秦立建,童莹,王震. 农地收益、社会保障与农民工市民化意愿 [J]. 农村经济,2017(1):79-85.

潜在的市民化意愿。[1] 杨传开等（2017）利用 CGSS2010 数据发现中国农民的城镇化意愿不足 10%。[2] 刘涛等（2019）以珠三角地区为例，利用 2017 年流动人口动态监测调查数据对流动人口的居留落户意愿进行比较研究，发现珠三角地区流动人口的落户意愿远低于居留意愿。[3] 诚然，由于地区不同，农业转移人口市民化意愿的程度也不尽相同，但从收集到的相关定量研究成果来看，农业转移人口市民化意愿偏低。市民化意愿不高，进而也会影响市民化水平。刘传江和程建林（2008）用问卷调查数据构建农民工市民化进程测度指标体系，对第二代农民工市民化现状进行分析，发现第二代农民工处于中市民化阶段。[4] 王桂新等（2008）以上海为例考察中国城市化进程中农民工的市民化水平，发现城市农民工总体上已达到 54% 的市民化水平。[5] 魏后凯和苏红键（2013）从多方面测算出 2011 年中国农业转移人口市民化的综合程度为 39.56%。[6] 这几项研究表明我国农业转移人口市民化水平还没有达到及格分数。

农业转移人口市民化受阻，引起一些学者对市民化出路的关注。有的学者认为，农业转移人口市民化的出路在于外部"赋能""赋权"与自身"增能"三方面提高农民的城市适应能力，最终成为合格的城市市民。[7] 这三方面从农业转移人口内外因素概括了农业转移人口市民化的现实需要。农业转移人口外部"赋能"方面，强调建立教育培训机制，强化农业转移人口的技能培训，提高其职业技能，增强其就业能力，适应城市生活，改善其生存状况。[8] 农业转移人口

① 许抄军，陈四辉，王亚新. 非正式制度视角的农民工市民化意愿及障碍：以湛江市为例 [J]. 经济地理，2015，35（12）：84-89.

② 杨传开，刘晔，徐伟. 中国农民进城定居的意愿与影响因素：基于 CGSS2010 的分析 [J]. 地理研究，2017，36（12）：2369-2382.

③ 刘涛，陈思创，曹广忠. 流动人口的居留和落户意愿及其影响因素 [J]. 中国人口科学，2019，192（3）：80-91.

④ 刘传江，程建林. 第二代农民工市民化：现状分析与进程测度 [J]. 人口研究，2008（5）：48-57.

⑤ 王桂新，沈建法，刘建波. 中国城市农民工市民化研究：以上海为例 [J]. 人口与发展，2008（1）：3-23.

⑥ 魏后凯，苏红键. 中国农业转移人口市民化进程研究 [J]. 中国人口科学，2013（5）：21-29.

⑦ 刘爱玉. 城市化过程中的农民工市民化问题 [J]. 中国行政管理，2012（1）：112-118；郭忠华，谢涵冰. 农民如何变成新市民？：基于农民市民化研究的文献评估 [J]. 探索与争鸣，2017（9）：93-100.

⑧ 王玉峰. 新生代农民工市民化的现实困境与政策分析 [J]. 江淮论坛，2015（2）：132-140；刘巧红，范晓非. 中国农业转移人口市民化的路径选择 [J]. 东北财经大学学报，2018（3）：22-29.

外部"赋权"方面,即通过全面赋权,保障农业转移人口在经济、政治、社会和文化等方面的权益。吕庆春和徐彦(2018)指出,各种社会福利与社会保障遵循国民平等的原则,所有的社会福利和社会保障不应该是少数人的专利,更不应是有城镇户口的人的权利,只要是公民都应有权享受公共福利与保障。① 农业转移人口自身"增能"方面,强调应提升农业转移人口的素质和能力,实现其社会认同感和归属感,从而更好地推进农业转移人口市民化进程。②

二、农业转移人口社会福利研究

关于少数民族农业转移人口市民化过程中的社会福利问题,目前相关文献并不多,但基本结论比较一致。有研究指出,由于文化背景、生活习惯、宗教信仰和教育程度的差异,加上自身流动性大,文化水平低,生活方式与城市生活方式存在着冲突,城市少数民族群众的合法权益没有得到有效保护,在社会融入过程中往往遭受到严重的社会排斥。③ 现阶段,少数民族流动人口对权益的重要性和迫切性存在着差异性认知,相比市民权益,他们更重视劳动权益。工资、子女教育、社会保险与福利、住房既是高度重要性权益,也是迫切需要政府加以保障的权益。工资又是劳动权益关注的重心。④ 虽然大多数少数民族流动人口在城市中获得了相对稳定的工作,收入水平较流动前大幅度提高,经济地位得到了提升。但少数民族流动人口集中于次级劳动力市场,就业层次较低,难以获得社会保障和福利待遇。⑤ 加上户籍制度的限制和现行政策的不完善,城市少数民族流动人口在就业、教育、医疗、住房等领域缺乏必要的社会保障。⑥当前少数民族流动人口进入城市之后,包括失业保险、医疗保险、工伤保险、

---

① 吕庆春,徐彦.制度供给滞后与排斥状态下的农民工市民化及社会风险[J].社会科学辑刊,2015(4):39-44.
② 齐红倩,席旭文.分类市民化:破解农业转移人口市民化困境的关键[J].经济学家,2016(6):66-75.
③ 陆平辉,张婷婷.流动少数民族社会融入的权利逻辑[J].贵州民族研究,2012,33(5):17-23.
④ 朱军.新型城镇化中少数民族流动人口的权益需求及影响因素分析:基于8个城市的问卷调查[J].西南民族大学学报(人文社科版),2020,41(6):15-22.
⑤ 李辉.少数民族流动人口的经济地位获得及其决定因素[J].西北民族研究,2020(3):121-127.
⑥ 王泽群,于扬铭.论城市少数民族流动人口的社会保障问题[J].西北人口,2009,30(3):106-109.

社会福利、社会优抚等社会保障权利常常得不到实现。① 孟颖颖（2018）和赵玉峰等（2019）基于2014年流动人口动态监测的实证研究也发现：少数民族流动人口在养老保险等制度性参与方面要显著低于汉族。②

从现有相关文献来看，将少数民族农业转移人口市民化过程中的社会福利问题作为研究对象的文献并不多，而且实证研究主要集中在社会福利的狭窄领域即社会保障，没有从广义上来分析少数民族农业转移人口在市民化过程中的福利变化情况，更没有考虑他们的主观福利状况。下文我们对国内外相关研究进行综述，便于在本研究中借鉴使用。

从广义来看，移民的福利包括客观福利和主观福利，客观福利是移民经济学家重点关注的领域，这方面的文献非常丰富，而主观福利则仅仅是最近十年才逐渐丰富起来。西方文献关于移民客观福利方面的研究，最先关注的也是最重要的当然是收入。移民作为理性行为人，其迁移目的必然是为了改善自己和后代的福祉，首先是增加经济收入。因此，移民后的收入高于移民前的收入，也高于原国籍类似特征人口的收入。这在早期的移民经济学文献中已被证明，早已是不言自明的基本前提和逻辑起点。后来的大多数文献都重点探讨国际移民与东道国居民的收入比较（许多文献也称为"收入同化"或"经济同化"），而且，仅仅描述和论证经济收入高低并不足以刻画出移民群体的内部差异，以及移民与其他群体（如本地居民、原国籍居民）的收入差距。

一些作者率先发现，移民在前几年里，其收入通常低于本土出生的人。当他们获得了东道国的经验，掌握了有用的语言技能，并学习了当地劳动力市场的风俗习惯，他们的相对收入在迁移后逐年增加，逐渐缩小与本土居民的收入差距，甚至超过本地人收入。③ 在移民进入美国的前20年里，移民与本土居民的收入差距缩小了10%～15%。④ 在加拿大，20世纪70年代末进入加拿大的移

① 王允武，王莹．城市流动少数民族人口的社会保障权及其实现［J］．民族学刊，2011，2（1）：59-65.
② 孟颖颖．城市少数民族流动人口养老保险参保现状及影响因素研究：基于2014年全国流动人口卫生计生动态监测调查数据［J］．社会保障研究，2018（5）：3-10；赵玉峰，扈新强．流动人口社会参与的民族差异：基于2014年流动人口动态监测的实证研究［J］．西北人口，2019，40（2）：25-35.
③ CHISWICK B R. The effect of americanization on the earnings of foreign - born men［J］. Journal of Political Economy，1978，86（5）：897-921；MENG R. The earnings of Canadian immigrant and native-born males［J］. Applied Economics，1987，19（8）：1107-1119.
④ LUBOTSKY D. Chutes or ladders? A Longitudinal Analysis Of Immigrant Earnings［J］. Journal of Political Economy，2007，115（5）：820-867.

民在移民后的前 5 年里获得了本国出生移民收入的 85%，在加拿大生活 11～15 年后，他们获得了本国出生移民收入的 92%。[①] 当然也有反对意见，Borjas[②] 认为移民并没有缩小与本地居民的收入差距，特别是新移民（由于质量下降）相对于老移民更难追上本地人的收入。移民的相对入门工资在 20 世纪 70 年代下降了 9%，在 20 世纪 80 年代又下降了 6%。尽管移民的相对工资在抵达后的前 20 年里增长了 10%，但新移民在他们工作生涯的大部分时间里，收入比本国人低 15%～20%。这可能还存在国别差异，Kaushal 等（2016）发现，与出生在加拿大的男性相比，加拿大的男性移民在就业、工作时间和实际工资这三种结果上没有任何相对增长。[③] 在美国却有不同的结果，与美国出生的男性相比，美国的男性移民在这三个方面每年都在增长。此外，澳大利亚移民的收入同化慢于美国和加拿大。[④] 无论如何，移民的经济融入可能并不那么顺利，但这并不影响移民在迁移后相对于迁移前的收入提高。同时，Chiswick 等（2005）还证明了移民的经济流动性也得到了改善。[⑤]

移民的客观福利还包括教育、职业、语言习得等，因为这些其实都是影响移民收入的客观因素。Ferrer 和 Riddell（2008）发现，对移民来说，完成教育项目所带来的收入增长通常要高于与之相当的本国人。[⑥] Luthra 和 Soehl（2015）发现，在移民家庭中，父母与子女之间的教育传递过程要比在土著家庭中弱得多。不同来源国的移民在这方面存在差异，来自越南、韩国和中国的家庭，虽

① FRENETTE M, MORISSETE. R. Will they ever converge? Earnings of immigrant and Canadian-born workers over the last two decades [J]. International Migration Review, 2005, 39 (1): 228-257.

② BORJAS G J. Assimilation, changes in cohort quality, and the earnings of immigrants [J]. Journal of Labor Economics, 1985, 3 (4): 463-489; BORJAS G J. Assimilation and changes in cohort quality revisited: what happened to immigrant earnings in the 1980s? [J]. Journal of Labor Economics, 1995, 13 (2): 201-245.

③ KAUSHAL N, LU Y, DENIER N, et al. Immigrant employment and earnings growth in Canada and the USA: evidence from longitudinal data [J]. Journal of Population Economics, 2016, 29 (4): 1249-1277.

④ ANTECOL H, KUHN P, TREJO S J. Assimilation via prices or quantities? sources of immigrant earnings growth in Australia, Canada, and the United States [J]. The Journal of Human Resources, 2006, 41 (4): 821-840.

⑤ CHISWICK B R, LEE Y L, MILLER P W. Immigrant earnings: a longitudinal analysis [J]. Review of Income and Wealth, 2005, 51 (4): 485-503.

⑥ FERRER A, RIDDELL W C. Education, credentials, and immigrant earnings [J]. The Canadian Journal of Economics, 2008, 41 (1): 186-216.

然父母教育程度较低，但其子女的教育进步很快。① Feliciano 和 Lanuza（2017）甚至发现，在美国教育体系中，移民家庭的孩子比父母都是美国人的孩子表现得更好。一方面是说，在移民家庭中，父母的教育程度高低并不那么重要。② 另一方面表明，移民家庭至少在下一代的教育上得到了很大提升。③ 移民在职业成就上也得到了很大改善。Grossman（1984）发现，在瑞典，虽然第一代妇女移民与本国妇女在职业成就上存在很大差异，但在第二代则不存在这样的差异了。④ Obućina（2013）发现在欧洲的塞内加尔移民的职业流动呈 U 型：这一群体的平均职业地位在刚抵达欧洲后就开始下降，然后随着停留时间的延长而缓慢提高。⑤ Simón 等（2014）发现移民在西班牙劳动力市场上的职业地位总体上比其原籍国差得多，但移民所经历的职业地位也呈 U 型演变。⑥ 正如许多作者指出的那样，移民往往把移居国外视为对自己和子女未来的投资。他们可能有理由期待面对最初的挑战，如适应新的文化，学习一门新的语言，找到他们想要的工作，建立一个新的社会生活，但克服这些困难通常被期望在长期内改善福祉。值得高兴的是，实证文献普遍证实，移民及其后代的平均水平在许多重要的客观福利领域取得了不错的进展。总体而言，在发达国家，移民的客观福利状况往往会随着时间的推移和代际的进一步发展而呈"直线"改善。⑦

相比较而言，移民在主观福利（通常译为主观幸福感）上的进步则没有这么乐观。在伊斯特林（Easterlin，1974）的开创性工作中，他发现（与正统的新古典主义范式的假设相反）：一个社会的经济发展与其平均幸福水平之间没有必

① LUTHRA R R, SOEHL T. From parent to child? Transmission of educational attainment within immigrant families：methodological considerations ［J］. Demography, 2015, 52 (2)：543-567.

② FELICIANO C, LANUZA Y R. An immigrant paradox? Contextual attainment and intergenerational educational mobility ［J］. American Sociological Review, 2017, 82 (1)：211-241.

③ ZUCCOTTI C V, GANZEBOOM H B, GUVELI A. Has migration been beneficial for migrants and their children? ［J］. International Migration Review, 2017, 51 (1)：97-126.

④ GROSSMAN J B. The occupational attainment of immigrant women in sweden ［J］. The Scandinavian Journal of Economics, 1984, 86 (3)：337-351.

⑤ OBUĆINA O. Occupational trajectories and occupational cost among Senegalese immigrants in Europe ［J］. Demographic Research, 2013, 28：547-580.

⑥ SIMÓN H, RAMOS R, SANROMÁ E. Immigrant occupational mobility：longitudinal evidence from Spain ［J］. European Journal of Population, 2014, 30 (2)：223-255.

⑦ ALBA R, NEE V. Rethinking assimilation theory for a new era of immigration ［J］. International Migration Review, 1997, 31 (4)：826-874.

然联系。① 也可以理解为，一个国家实际国内生产总值（GDP）的增长并不伴随着幸福感的增长。这一发现被称为"伊斯特林悖论"。Diener（1984）认为主观幸福感有三个特点：首先，主观幸福感是主观的——它存在于个人的经验之中。其次，它不仅是消极因素的缺失，还包括积极措施。最后，它包括一个全局的评估，而不是一个狭窄的生活领域的评估。② 主观幸福感包括人们的长期愉快情绪水平、不愉快情绪水平和生活满意度。它表现出相当高的跨情境一致性和时间稳定性。因此，主观幸福感的自我报告测量具有良好的效度、信度、因素不变性和对变化的敏感性。绝大多数关于主观幸福感的研究都是基于自我报告评估。其隐含的理论含义如下，人类不仅能够评价事件、生活环境和自己，而且还会不断地做出这样的评价：用善恶来评价事物是人类的共性。③ 主观幸福感可能不会随着客观福利的改变而变化，但如果一个人的生活环境发生巨大变化，他的主观幸福感也会发生变化。比如，迁移可能就是验证这一观念的一个很好的事件。因为人们通常认为，迁移是改善一个人的生活状况和主观幸福感的一种有效策略。Bartram（2011）就曾对"伊斯特林悖论"提出质疑，他认为，收入增加不会带来更大的幸福感，这一发现可能只是一种普通效应（即针对普通人的普通事件）。在这方面，移民可能与众不同，他们从收入增加中获得的幸福感比大多数人都要大。他的分析结果发现，收入和幸福之间的关联对美国的移民来说确实比本地人更强——但即使对移民来说，这种关联也相对较弱。④ Safi（2010）的研究甚至发现，发达国家的国际迁移者的主观幸福感一般不会随着他们在东道国停留时间的延长而增加，且第二代移民的主观幸福感并不比移民父母高。⑤

Hendriks（2015）在一篇综述文章中指出，尽管关于移民主观幸福感的文献发展迅速，但很多学术关注都集中在迁移对个人生活满意度的影响上，方法是将移民与原籍国的留居者或接收国的本土人口进行比较。因此，他着重考察了两个问题：（1）移民是否变得更幸福了？（2）移民和所在国的本地人一样快乐

① EASTERLIN R. Does empirical growth improve the human lot? Some empirical evidence［J］. Nations and households in economic growth，1974：89-125.

② DIENER E. Subjective well-being［J］. Psychological Bulletin，1984，95（3）：542-575.

③ DIENER E. Assessing subjective well-being：progress and opportunities［J］. Social Indicators Research，1994，31（2）：103-157.

④ BARTRAM D. Economic migration and happiness：comparing immigrants'and natives'happiness gains from income［J］. Social Indicators Research，2011，103（1）：57-76.

⑤ SAFI M. Immigrants'life satisfaction in Europe：between assimilation and discrimination［J］. European Sociological Review，2010，26（2）：159-176.

吗？通过考察，他对第一个问题的回答是部分肯定的，移民可以通过迁移变得更幸福，但它强烈地依赖于特定的移民流。[①] 即与原籍国人口相比，大多数移民群体的生活满意度高于原籍国的移民群体。[②] 对于第二个问题的回答则是否定的，移民通常没有达到与当地人相似的幸福水平。这可能与移民的影响因素有关，Bak-Klimek 等（2015）的分析发现，社会支持和性格因素（如乐观、自尊）与移民的幸福感密切相关，而环境因素如收入或迁移时间与幸福感的关系较弱且不显著。[③] 东道国的特征可能也对移民的主观幸福感产生重要影响。Kogan 等（2019）利用 18 个欧洲国家的数据，从移民接受环境、公共产品提供程度和经济不平等程度三个方面，考察了东道国的国家层面特征对移民生活满意度的影响。研究结果表明，移民在社会环境更友好的国家更容易感到满意。[④] 这说明影响移民主观幸福感的因素可能比较复杂。但无论如何，主观幸福感同化的缺乏是不可取的，不仅对移民本身，对他们的东道国也是如此。对移民来说，他们觉得自己的生活条件不如本地人，在实现自己的愿望方面进展有限，这可能是他们不满和沮丧的根源。在迅速全球化的世界中，移民人口不断增加，鉴于有限的主观幸福感同化可能带来的负面后果，理解为什么移民不认为他们的生活随着时间的推移而改善是很重要的。

在我国，农业转移人口的福利与户籍有着千丝万缕的联系，现有的大量研究也反映了户籍对农业转移人口福利的重要影响。二元户籍制度不仅影响到农业转移人口的客观福利，也影响到农业转移人口的主观福利。王美艳和蔡昉（2008）认为，通常情况下，户籍制度只是政府对其居民的基本状况进行登记和相关管理的一项国家行政管理制度。[⑤] 但在中国，城乡二元户籍制度被赋予了与其他国家居住登记制度不同的含义，其建立的目的主要是把城乡人口的分布和劳动力配置固定。在这种情况下，户籍成了居民"身份"的标志，有了某地的

① HENDRIKS M. The happiness of international migrants：a review of research findings ［J］. Migration Studies, 2015, 3（3）：343-369.
② FRANK K, HOU F, SCHELLENBERG G. Life satisfaction among recent immigrants in canada：comparisons to source - country and host - country populations ［J］. Journal of Happiness Study, 2016, 17（4）：1659-1680.
③ BAK-KLIMEK A, KARATZIAS T, ELLIOTT L, et al. The determinants of well-being among international economic immigrants：a systematic literature review and meta-analysis ［J］. Applied Research in Quality of Life, 2015, 10：161-188.
④ KOGAN I, SHEN J, SIEGERT M. What makes a satisfied immigrant? host-country characteristics and immigrants' life satisfaction in eighteen european countries ［J］. Journal of Happiness Study, 2019, 19（6）：1783-1809.
⑤ 王美艳，蔡昉. 户籍制度改革的历程与展望 ［J］. 广东社会科学, 2008（6）：19-26.

户籍，就意味着能够享受本地政府提供的福利待遇。农民工只要没有城市户籍，就会被剥夺在就业、教育、社会保障等方面的权益，就会被排斥在住房津贴、子女义务教育等福利项目之外。① 针对农业转移人口身份转换难的问题，2014年7月30日，国务院发布《关于进一步推进户籍制度改革的意见》，明确全面建立居住证制度，使居住证持有人享有与当地户籍人口同等的基本公共服务。袁方等（2016）通过研究发现，居住证显著改善了农民工的总福利水平，就具体功能性活动而言，居住证对农民工的生活状况与防护性保障改善最为显著，而在工作就业和经济状况方面则不存在明显改善效果。② 从城市发展和竞争择优的角度看，居住证似乎合情合理，实际上却仍隐含着较大的不公。

农业转移人口客观福利方面，目前相关研究认为受到二元户籍制度影响较大，同时城市社会对农业转移人口的拒入，造成的机会不平等较为明显，从而使得农业转移人口游离于城市福利之外。刘家鑫（2002）在研究中指出：进城农民工面临着"经济接纳，社会拒入"的社会问题，一个表现就是农民工群体社会福利保障的缺失；这种缺失尤其表现在失业保障、医疗保障、劳动时间、住房等维度，反映了农民工群体面临的与城市居民不平等的福利待遇。③ 由于二元化的社会福利制度短期内难以消除，农业转移人口游离于城市社会保障体系之外，无法享受单位的各种补贴和福利，如探亲假、工会福利、交通和午餐补助。在此基础上，张贡生（2016）进一步指出，机会不平等是农业转移人口融入城市的"社会壁垒"，表现在"农民工"与"市民"相比较而言，在社会福利、子女教育、职业培训、医疗、就业等领域存在着严重的机会不均等现象。④ 农业转移人口就业是其在城市立足的根本保证，众所周知，农业转移人口在城市是弱势群体，从事着较为低下的工作，从而收入较低。梁海兵（2015）认为，制度性约束使得农民工一直被排斥在城市福利之外。⑤ 考虑到城乡二元结构的制度性约束，农民工留城预期与其福利缺失存在显著性矛盾，若不能有效改善其客观福利，将有可能引发愈加复杂的社会问题。

农业转移人口主观福利方面，无论是城市居民，还是农业转移人口，公平

① 樊晓燕. 农民工社会保障制度的困境与出路［J］. 现代经济探讨, 2015（2）: 58-62.
② 袁方, 史清华, 晋洪涛. 居住证制度会改善农民工福利吗?: 以上海为例［J］. 公共管理学报, 2016, 13（1）: 105-116.
③ 刘家鑫. 城市农民工权益保障问题初探［J］. 长江论坛, 2002（4）: 28-31.
④ 张贡生. 农民工市民化: 权利的缺失及其矫正［J］. 经济问题, 2016（7）: 59-64.
⑤ 梁海兵. 福利缺失视角下农民工城市就业生命历程分析［J］. 农业经济问题, 2015, 36（11）: 24-31.

的社会机会、幸福的心灵感受、安全的工作环境和舒服的生活环境都显得非常重要。① 由于农业转移人口是城市中的弱势群体，上述方面的主观感受显得尤为重要，是主观福利的重要体现。由于户籍制度导致农业转移人口无法享受城镇福利待遇，进而阻碍其幸福感提升。一些作者发现，户籍身份转换（农转非）确实能显著提升"农转非"群体的主观幸福感水平。② 平均而言，获得城市户籍的农业转移人口比未获得城市户籍的农业转移人口生活满意度高大约 3%。③ 但也有研究发现，农村人口流入城市，个体收入明显增加，但其幸福感与流动之前并无明显变化。④ 许多农民工实际上是在以牺牲幸福换取经济收入。⑤ 然而，无论主观福利受何种因素影响，加强不确定性防范措施（参与城市社会保障）能够显著提高城市务工人员的主观幸福感。⑥

通过上述分析，在二元户籍制背景下，农业转移人口主客观福利受到客观存在的影响，虽然现在国内大部分城市取消了户籍限制，但事实上农业转移人口并未完全获得城市福利。因此，为了实现农业转移人口真正意义上获得城市各种福利，相关政策制度改革非常重要。刘巧红和范晓非（2018）认为，户籍、土地和福利是影响中国农业转移人口市民化的关键制度因素，其中户籍改革的本质在于提升中国农业转移人口的城市福利水平。⑦ 因此，必须打破城乡二元体制和城市内部的"二元结构"壁垒，给农民工与城市居民"在户籍、就业、工资待遇、福利、住房、社会保险等方面的同等权利"。⑧ 刘轩和瞿晓理（2018）认为，通过强化职业培训和市民化教育等手段来增强新生代农民工政治能力、

---

① 朱雅玲，李英东. 城乡福利差异对农民工市民化影响实证［J］. 西安交通大学学报（社会科学版），2016，36（1）：45-53.

② 付小鹏，许岩，梁平. 市民化让农业转移人口更幸福吗？［J］. 人口与经济，2019（6）：28-41；温兴祥，郑凯. 户籍身份转换如何影响农村移民的主观福利：基于 CLDS 微观数据的实证研究［J］. 财经研究，2019，45（5）：58-71.

③ 吕炜，杨沫，王岩. 市民化的福利效应分析：基于农业转移人口生活满意度视角［J］. 经济科学，2017（4）：22-34.

④ 祝瑜晗，吕光明. 城镇化进程中人口流动的主观福利效应考察［J］. 统计研究，2020，37（9）：115-128.

⑤ 曾迪洋，洪岩璧. 城镇化背景下劳动力迁移对农民工幸福感的影响［J］. 南京农业大学学报（社会科学版），2016，16（6）：49-60.

⑥ 李后建. 不确定性防范与城市务工人员主观幸福感：基于反事实框架的研究［J］. 社会，2014，34（2）：140-165.

⑦ 刘巧红，范晓非. 中国农业转移人口市民化的路径选择［J］. 东北财经大学学报，2018（3）：22-29.

⑧ 陆林. 融入与排斥的两难：农民工入城的困境分析［J］. 西南大学学报（社会科学版），2007（6）：97-103.

就业能力、社会能力以及心理能力，是提升其城市生活福利水平的有效路径。[①]
孙远太（2015）从文化建设上指出农业转移人口参与社区治理的重要性，认为
通过文化建设，提高农民工的城市认同感，消除不同群体之间的心理距离，形
成与城市生活相适应的新文化。[②] 许月恒和任栋（2018）指出通过构建长效机
制切实保障农业转移人口在城市的权利平等和机会平等，才能解决农业转移人
口的后顾之忧，高质量推进新型城镇化进程。[③] 在具体的政策措施方面，宁光杰
和刘丽丽（2018）认为：一是政府应积极引导农业转移人口产生市民化意愿；
二是结合"户籍化市民化"，重点推行"常住化市民化"，降低市民化过程中的
利益团体阻碍；三是政府应逐步完善住房制度；四是提高教育和医疗等公共服
务质量，满足人们日益增长的消费需求和对美好生活的追求。[④] 齐红倩等
（2018）建议：一方面，继续完善居住证制度，逐步剥离与户籍绑定的福利制
度，实现城市基本公共服务和福利待遇对城市常住人口的全覆盖；另一方面，
应针对重点福利诉求和群体制定倾斜性政策，重点解决职业培训和子女上学等
问题，优先满足高收入和低龄化农业转移人口享有城市福利的诉求。[⑤]

　　总而言之，要推进农业转移人口市民化，必须实现我国城乡居民福利均等
化，通过实现城乡福利均等化来促进农业转移人口市民化。[⑥] 要更好地吸引农业
转移人口，关键还是要满足其物质需求，给予他们实实在在的经济利益。例如
企业要提供较高的工资水平和良好的工作福利，城镇相关部门要提供较完善的
社会保障并关注他们在城镇的生活支出和成本问题等。满意的经济收入，良好
的城镇生存状态，公平的城镇就业环境，将促进农民工有序、平稳、持续地向
城镇转移，最终从根本上解决中国农民工从"候鸟式"转移到"生根式"迁移

---

① 刘轩，瞿晓理. 基于可行能力理论的新生代农民工城市融入能力培养的实证分析［J］.
　成人教育，2018，38（2）：52-57.
② 孙远太. 基于福利获得的城市农民工幸福感研究：以河南875个样本为例［J］. 西北人
　口，2015，36（3）：43-46.
③ 许月恒，任栋. 山东省农业转移人口市民化问题研究［J］. 宏观经济研究，2018（4）：
　86-92.
④ 宁光杰，刘丽丽. 市民化意愿对农业转移人口消费行为的影响研究［J］. 中国人口科
　学，2018（6）：55-68.
⑤ 齐红倩，席旭文，刘岩. 福利约束与农业转移人口逆城镇化倾向［J］. 中国人口·资源
　与环境，2018，28（1）：16-25.
⑥ 朱雅玲，李英东. 城乡福利差异对农民工市民化影响实证［J］. 西安交通大学学报（社
　会科学版），2016，36（1）：45-53.

的本质性转变。①

三、农业转移人口市民化对社会福利的影响研究

在我们收集到的研究文献中，几乎没有直接将少数民族农业转移人口市民化对其社会福利变化的影响作为研究主题的相关文献。但公共服务对少数民族农业转移人口市民化的影响，这一研究主题已经进入了少数研究者的视野。例如，陈卓君（2013）研究了大城市中少数民族的社会福利与社会认同（市民化的一个重要方面）的关系，得到的结论是：社会福利是建构城市中社会认同的一种支撑性结构，少数民族流动人口的社会认同与政府提供给少数民族的福利产品有关。同时，还提出在社会福利产品的提供上，一味遵循以市场为主导、政府监管为辅助的结构存在一定制度性排斥因素，对形成少数民族流动人口的社会认同并未起到预期效果。② 高爽（2015）对北京市的调查发现，少数民族流动人口在教育领域、社会保障领域、公共文化领域仍受到不同程度的阻碍。原因包括政策制度和政策执行环节没有充分考虑少数民族的特殊性，也有少数民族人口自身原因。③ 汤夺先和陈艳（2020）认为，城市少数民族流动人口在公共资源供给方面呈现出基础教育资源薄弱、就业服务资源缺乏、共有文化资源不足、社会保障资源缺位等问题，成为制约少数民族城市融合的重要因素。④ 姚建伟和梁立新（2020）指出，城市少数民族流动人口与城市社会之间的身份区隔、供给主体的单一性与文化需求多样性之间的矛盾，以及城市少数民族流动人口的文化参与能力不足等，导致少数民族流动人口难以享有城市基本公共文化服务。⑤ 为此，他们提出，提升城市少数民族流动人口公共文化服务供给效能，需要建立以政府为主导，企业、社区与社会组织协同推进，少数民族流动人口积极参与的多元共治的运行格局。可以说，这些研究成果都触及了少数民族市民化与社会福利研究的论题，但都是论述和分析公共服务（资源）的供给

---

① 程名望，史清华，潘烜. 劳动保护、工作福利、社会保障与农民工城镇就业 [J]. 统计研究，2012，29（10）：73-78.
② 陈卓君. 大都市社会福利制度与外来少数民族流动人口的社会认同：以上海为例 [D]. 上海：复旦大学，2013.
③ 高爽. 北京市少数民族流动人口的公共服务与管理研究 [D]. 北京：中央民族大学，2015.
④ 汤夺先，陈艳. 城市少数民族流动人口的公共资源供给问题与路径优化 [J]. 重庆三峡学院学报，2020，36（5）：18-26.
⑤ 姚建伟，梁立新. 城市少数民族流动人口公共文化服务研究 [J]. 哈尔滨师范大学社会科学学报，2020，11（1）：46-51.

或分配如何影响市民化或社会融入程度的，公共服务是因，市民化是果，这一思路与本研究的分析思路刚好相反。本研究着重探讨少数民族市民化程度对其社会福利变化的影响，市民化是因，社会福利变化是果。为了建立完整的分析框架，我们需要借助国内外相关研究成果，下文对这一研究主题的相关文献进行介绍。

在发达国家，关于移民的社会福利参与行为如何随着其在东道国的同化（或融合）而演变，即一个移民家庭在东道国生活的时间越长，获得福利项目支持的可能性是否就越大。这个研究领域是国际移民研究的一个重点，目前也积累了相当多的文献。这方面文献包括两个重要研究方向：一是移民对东道国财政福利体系的冲击；二是移民对本国居民福利的影响，尤其体现在劳动力市场竞争和财政福利占用两个方面。而真正关心移民自身获得东道国福利的多少以及移民社会福利的改善等方面的文献，则较少形成独立的研究主题。这可能与研究者的立场有很大关系，西方大多数研究者都是站在本国居民的利益上来看待这一问题，至于外来移民是否因为迁移行为而改善了自身福利状况则较少顾及。

移民对东道国财政福利体系和本国居民福利的影响研究，兴起于西方国家在 20 世纪 60 年代的高福利政策遭遇经济滞胀，移民浪潮的冲击，以及移民构成发生变化等几个原因。在移民对财政福利体系影响研究方面，Chiswick（1978）里程碑式的论文，拉开了研究移民对东道国财政福利如何产生影响的帷幕。他的分析结论是：白人男性移民不会成为东道国的财政负担。继 Chiswick 的研究之后，出现了许多借鉴其理论框架和实证方法的文献，但这些文献均以移民亚群体为研究对象，且分析框架并不完整，[①] 无法系统评价移民对东道国财政的整体影响。此后，Simon（1981；1984）和 Blau（1984）不断改进计算方法，他们的分析结果也证明了移民并没有给东道国财政转移系统带来不适当的负担，甚至总体上能够使土生土长的人受益。反对的观点主要来自 Borjas（1985；1987），他重新审视了 Chiswick（1978）的研究，发现来自欠发达国家的移民在美国劳动力市场表现不佳，普遍出现收入下降（相对于他们衡量的技能）的情况。进一步推论是，移民相对于本地人收入更低，社会福利占用更多，

---

① 估算移民或移民亚群体的财政影响，需要同时估算他们的财政收入和支出。仅仅计算福利支出并不能证明移民对福利体系造成负担，相反，如果只是计入移民财政收入也不能体现移民的积极贡献。移民的财政收入与其支出构成一个完整的平衡等式，仅考虑等式的左边或者右边，都不完整。参见 ROTHMAN E S，ESPENSHADE T J. Fiscal impacts of immigration to the United States［J］. Population Index，1992，58（3）：381-415.

这无疑增加了财政负担。Rothman 和 Espenshade（1992）曾经总结当时人们的普遍观点：移民通常从事工资较低的职业，有时还降低了某些职业的整体工资水平；移民比本地人更有可能获得福利，他们使用的社会服务比他们支付的税收要多。① 实际上，Borjas（1991；1994；1995；1995；1996）及其他作者在 20 世纪 90 年代的一系列代表性研究成果都坚持认为移民是东道国财政福利体系的负担。② Borjas 的批判性研究源于他所观察到的移民质量下降的证据。

相比之下，Razin 和 Sadka（1995；1996）的研究结论则更加谨慎，他们认为，如果劳动力市场运行良好，而福利项目又不那么全面，移民就会对本土人口更有利。③ Smith 和 Edmonston（1997）则发现，移民的总体财政效应是积极的，移民在联邦政府层面上做出了积极的贡献，但对州和地方一级的影响是消极的，这取决于从哪个层面来看问题。④ Storesletten（2000）的研究显示，只有中年、高技能和中等技能的移民对维持当前财政政策的可持续性，最大限度地提高每个移民的公共收入有利。⑤ Lee 和 Miller（2000）的研究结果也表明，只接纳处于年轻工作年龄的高学历移民的政策对财政非常有利。因此，各国应该将高技能和中等技能的工作年龄移民视为一种有吸引力的资源。⑥ 此时，各种观点和研究方法大量涌现，特别是，Razin 和 Sadka（2000）认为移民通常是净受益者的观点，主要是在一个静态环境中分析出来的，这一结果可能不适用于包

① ROTHMAN E S, ESPENSHADE T J. Fiscal impacts of immigration to the United States [J]. Population Index, 1992, 58 (3): 381-415.
② BORJAS G J, TREJO S J. Immigrant participation in the welfare system [J]. ILR Review, 1991, 44 (2): 195-211; BORJAS G J. The economics of immigration [J]. Journal of Economic Literature, 1994, 32 (4): 1667-1717; BORJAS G J. The economic benefits from Immigration [J]. The Journal of Economic Perspectives, 1995, 9 (2): 3-22; BORJAS G J. Assimilation and changes in cohort quality revisited: what happened to immigrant earnings in the 1980s? [J]. Journal of Labor Economics, 1995, 13 (2): 201-245; BORJAS G J, HILTON L. Immigration and the welfare state: immigrant participation in means-tested entitlement programs [J]. The Quarterly Journal of Economics, 1996, 111 (2): 575-604.
③ RAZIN A F, SADKA E. Resisting migration: wage rigidity and income distribution [J]. The American Economic Review, 1995, 85 (2). RAZIN A F, SADKA E. Suppressing Resistance to Low-Skill Migration [J]. International Tax and Public Finance, 1996, 3 (3): 413-424.
④ SMITH J P, EDMONSTON B, ISBISTER J. The New Americans: Economic, Demographic and Fiscal Effects of Immigration [M]. Washington D. C.: National Academy Press, 1997.
⑤ STORESLETTEN K. Sustaining fiscal policy through immigration [J]. Journal of Political Economy, 2000, 108 (2): 300-323.
⑥ LEE R, MILLER T. Immigration, social security and broader fiscal impacts [J]. The American Economic Review, 2000, 90 (2): 350-354.

括现收现付养老金制度（西方福利国家的典型特征）在内的动态设置中。① 于是，Razin 和 Sadka（1999）在一个有两个时期重叠的代际动态模型中成功证明，即使移民可能是低技能和养老金制度的净受益者，所有生活在移民到来时的群体都将受益。这一论点引起了激烈争论。后来的研究者批判继承了他们的观点和方法，逐渐放宽模型限制②或发展新的研究方法，③ 探讨了短期影响和长期影响可能存在的差别。④ 但得出的结论总体而言更加谨慎，这也是目前仍无法形成一致结论的原因。

在移民对本国居民福利的影响研究方面，Blau（1984）最先指出，移民家庭参与福利系统的可能性比人口统计学上可比较的土著家庭要小。⑤ 也就是说，移民并没有挤占本土人口的社会福利。Razin 和 Sadka（1995）甚至认为移民为本土人口支付了必要的福利成本。他们后来的研究进一步表明，即使移民为非熟练工人，他们也与本土出生的、处于工作年龄的人口一起，为养老金体系做出贡献。当他们老了，他们增加了领取救济金的人数；然而，他们的子女将为养老金体系做出贡献（并恢复最初的平衡）。他们的结论是：在作为任何福利国家重要支柱的养老金制度的动态设置中，当经济能够很好地进入国际资本市场时，移民对所有收入（高和低）和所有年龄（年老和年轻）群体都是有益的（Razin and Sadka，1999；2000）。然而，另一些研究提供了相反的证据，根据 Borjas 和 Hilton（1996）的计算，21%的移民家庭获得了某种类型的社会援助，而只有14%的本土家庭获得了这种援助。⑥ 之后几年，Soss 等（2001）也发现，

---

① RAZIN A，SADKA E. Unskilled migration：a burden or a boon for the welfare state？［J］．The Scandinavian Journal of Economics，2000，102（3）：463-479.

② ASLANYAN G. The migration challenge for PAYG［J］．Journal of Population Economics，2014，27（4）：1023-1038.

③ CHOJNICKI X，DOCQUIER F，RAGOT L. Should the US have locked heaven's door？Reassessing the benefits of postwar immigration［J］．Journal of Population Economics，2011，24（1）：317-359.

④ RUIST J. Free immigration and welfare access：the Swedish experience［J］．Fiscal Studies，2014，35（1）：19-39；RUIST J. The fiscal aspect of the refugee crisis［J］．International Tax and Public Finance，2020，27（2）：478-492.

⑤ BLAU F D. The use of transfer payments by immigrants［J］．Industrial and Labor Relations Review，1984，37（2）：222-239.

⑥ BORJAS G J，HILTON L. Immigration and the welfare state：immigrant participation in means-tested entitlement programs［J］．The Quarterly Journal of Economics，1996，111（2）：575-604.

非裔、拉美裔美国人的福利领取者比例较高。① Fellowes 和 Rowe（2004）同样发现了非裔人口、拉美裔人口、黑人人口在福利受惠者中占有较高的比例。② Hansen 和 Lofstrom（2003）分析了瑞典移民和本国人在福利利用方面的差异，发现移民对福利的利用程度比本地人要大，但福利参与率随着他们在瑞典的时间而降低。到 20 世纪 90 年代中期，尽管移民仅占总人口的 10%～11%，但移民在社会援助方面的支出与本地人相当。③ 这说明，与本地人相比，移民占用了更多福利资源。

需要注意的是，以上研究结论是通过简单的比较分析方法得出的，Whiteford（1991）曾批评这种比较方法过于简单，可能产生误导性结论。④ 他打比方说，如果在澳大利亚出生的人口中有 5%领取失业救济金，而在其他一些出生地的人口中有 10%领取失业救济金，那么显然可以得出这样的结论：在失业救济金中，移民群体的比例过高。他认为这类统计比较的基本问题是，它们不是同类之间的比较。正确的做法应该是，与本国居民的类似个人相比，移民个人获得福利的可能性是更大还是更小，即考虑概率问题。这需要某种形式的多元统计分析，因为，可能有大量的个人特征与获得福利的可能性相关，包括年龄、性别、家庭状况、教育状况、工作经历和财富。后来，Ostrovsky（2012）分析了加拿大1993—2007 年期间的管理数据，他的研究没有发现移民参与就业保险人数上升的证据，也没有发现移民参与社会救助人数上升的证据，无论是在最近的移民群体中还是在加拿大居住多年的移民群体中，结果似乎都是一样的。⑤ 随后，2013年几篇同时刊登在《国际人类资源期刊》（*International Journal of Manpower*）上的文章特别引人注目，尽管它们得到的结论并不一致，但大多数研究结论认为移民比本地人利用了更多福利。例如，Zorlu（2013）对荷兰、Rodríguez-Planas

---

① SOSS J, SANFORD S, THOMAS V, et al. Setting the terms of relief：explaining state policy choices in the devolution revolution［J］. American Journal of Political Science，2001，45（2）：378-395.

② FELLOWES M C, ROWE G. Politics and the new American welfare state［J］. American Journal of Political Science，2004，48（2）：362-373.

③ HANSEN J, LOFSTROM M. Immigrant assimilation and welfare participation：do immigrants assimilate into or out of welfare?［J］. The Journal of Human Resources，2003，38（1）：74-98.

④ WHITEFORD P. Are immigrants overrepresented in the australian social security system?［J］. Journal of the Australian Population Association. 1991，8（2）：93-109.

⑤ OSTROVSKY Y. The dynamics of immigrant participation in entitlement programs：evidence from Canada，1993-2007［J］. The Canadian Journal of Economics，2012，45（1）：107-136.

（2013）对西班牙、Gustafsson（2013）对瑞典、Pellizzari（2013）对意大利、Riphahn 等（2013）对德国的研究，这些研究大多采用某种复杂的回归分析技术，也都发现移民获得福利项目的可能性更高。但他们的解释存在很大差异，有的认为这一结果与移民政策有关，有的认为与劳动力市场竞争有关，有的认为与移民居住的地理位置有关。① 总体而言，移民是否比本地人占用更多的福利资源，这一论题仍然存在较多争论，需要通过更复杂的统计技术方法和更多证据支持。

城乡二元户籍制是我国特有的现象，这一制度是影响我国农业转移人口市民化社会福利改善的重要因素。城镇户籍不仅是一种身份识别，更重要的是其身上捆绑着的一系列社会福利制度。由于二元户籍制度的存在，农业转移人口无法享受城市的一些社会福利待遇。② 金宏平等（2016）进一步指出，与其他国家相比，中国的户籍制度除了发挥登记人口信息为社会管理提供重要依据的作用外，更重要的是它还与就业、教育、医疗、住房等社会福利待遇紧密相关。③ 农业转移人口与城镇居民的社会福利差距是阻碍深度城市化的内在根源。王伟同（2011）曾经指出由于我国城镇化道路与民生福利相脱节，城镇化进程并没有带来居民社会福利水平的提高，相反甚至出现了阻碍居民福利改善的现象。④ 但一些实证研究结论并不支持这一观点，例如，徐丽和张红丽（2016）对城镇化的福利效应进行了评估，陈阳和逯进（2018）计算并分析比较了城镇化指数和社会福利指数，两项结果都显示城镇化有助于提升农业转移人口的社

① ZORLU A. Welfare use of migrants in the Netherlands [J]. International Journal of Manpower, 2013, 34（1）：83-95；BARRETT A, RODRIGUEZ-PLANAS N. Determinants of immigrants' cash-welfare benefits intake in Spain [J]. International Journal of Manpower, 2013, 34（2）：167-180；GUSTAFSSON B A. Social assistance among immigrants and natives in Sweden [J]. International Journal of Manpower, 2013, 34（2）：126-141；PELLIZZARI M. The use of welfare by migrants in Italy [J]. International Journal of Manpower, 2013, 34（2）：155-166；RIPHAHN R T, SANDER M, WUNDER C. The welfare use of immigrants and natives in Germany：the case of Turkish immigrants [J]. International Journal of Manpower, 2013, 34（1）：70-82.
② 江立华，谷玉良. 近郊农村居民户籍制度改革与市民化路径探索 [J]. 学习与实践, 2015（1）：85-93；杨丽莎，周亚. 包容性发展视角下农业转移人口市民化问题研究 [J]. 农场经济管理, 2019（3）：17-21.
③ 金宏平，朱雅玲，张倩肖. 户籍制度改革与深度城市化：社会福利差距的根源阻碍 [J]. 西北大学学报（哲学社会科学版）, 2016, 46（1）：129-133.
④ 王伟同. 城镇化进程与社会福利水平：关于中国城镇化道路的认知与反思 [J]. 经济社会体制比较, 2011（3）：169-176.

会福利水平。① 袁方等（2016）的研究也表明，居住证制度改革显著改善了农民工的总福利水平，且对生存较艰难的工业工人的福利改善更加明显。② 叶静怡和王琼（2014）对比了 2012 年和 2008 年进城务工人员的福利变化状况，发现社会保障、心理条件、社会资本等方面的福利状况均有所改善。③ 但也有不同的研究结论，王道勇（2015）的研究指出，农民工的身份转变与福利水平呈负相关关系，致使农民工的市民化有其形而无其实，无法公平地获取市民化红利。④ 这说明我国由于特殊的国情背景，农业转移人口市民化不一定能够增进其客观福利水平。

此外，在国内，失地农民在失地前后的福利变化也是研究者关注的一个重点领域。但从目前的研究结果来看，似乎只有某些福利方面得到改善，而另一些福利方面却出现了恶化的情况。比如，几项基于阿玛蒂亚·森的可行能力理论对于失地农民福利变化的研究均发现，除居住条件有所改善外，失地农民的经济状况、社会保障、社区生活、环境、农民心理状况等方面都有不同程度的恶化。⑤ 对于失地农民在失地前后的福利变化情况还很难得出统一结论。党的十九大报告把"加快农业转移人口市民化"作为新时代推进我国新型城镇化建设的核心任务。新型城镇化建设就是要不断促进"人的城镇化"，要促进"人的城镇化"，需要不断改善农业转移人口的社会福利。改革开放以来，大量农业转移人口进城就业，却不能享受城市社会福利与公民权利的现象，学者们称为"半

---

① 徐丽，张红丽 . 农户就地城镇化的影响因素及其福利影响：基于四省农户微观数据的实证分析 [J]. 社会科学家，2016（6）：72-77；陈阳，逯进 . 城市化、人口迁移与社会福利耦合系统的自组织演化 [J]. 现代财经（天津财经大学学报），2018，38（1）：13-25.

② 袁方，史清华，晋洪涛 . 居住证制度会改善农民工福利吗?：以上海为例 [J]. 公共管理学报，2016，13（1）：105-116.

③ 叶静怡，王琼 . 进城务工人员福利水平的一个评价：基于 Sen 的可行能力理论 [J]. 经济学（季刊），2014，13（4）：1323-1344.

④ 王道勇 . 农民工市民化：新型矛盾与政策调适 [J]. 广西师范大学学报（哲学社会科学版），2015，51（5）：83-89.

⑤ 高进云，乔荣锋，张安录 . 农地城市流转前后农户福利变化的模糊评价：基于森的可行能力理论 [J]. 管理世界，2007（6）：45-55；丁琳琳，吴群，李永乐 . 新型城镇化背景下失地农民福利变化研究 [J]. 中国人口·资源与环境，2017，27（3）：163-169；徐烽烽，李放，唐焱 . 苏南农户土地承包经营权置换城镇社会保障前后福利变化的模糊评价：基于森的可行能力视角 [J]. 中国农村经济，2010（8）：67-79；尹奇，马璐璐，王庆日 . 基于森的功能和能力福利理论的失地农民福利水平评价 [J]. 中国土地科学，2010，24（7）：41-46.

城市化"现象。① 随着社会福利的不断改善，劳动力通过向城市迁移获得更高的工资与更好的社会保障条件，中国城市化出现福利化转向。但这一福利化转向依然面临着诸多挑战，一方面，在有限的公共服务资源里，城市居民不愿意自身的社会福利受损，从而阻碍着城市公共服务均等化；另一方面，城市政府为了迎合城市主流社会意见，也不愿意为农业转移人口提供更多的社会福利。农业转移人口的地域分布、职业划分总是处在一种边缘化的境地，这一群体在福利分配体系中也处在边缘。② 实现农业转移人口与城镇居民的社会福利均等化目标还任重道远。

我国也有少数研究者关注市民化对主观福利的影响，他们的研究结论似乎证明二者之间存在积极影响。例如，孙远太（2015）的调研发现，城市农民工的社会保险和工作福利获得，能够提升他们的幸福感。但享有户籍地的医疗保险却在一定程度上会降低他们的幸福感。③ 这可能是由于参加户籍地医疗保险的农民工可能无法参加工作所在地的医疗保险，而当前医疗保险在适应流动性方面的改革仍未能满足其工作地就医结算的要求，从而导致其幸福感下降。另有研究发现，市民化能够提高农业转移人口的生活满意度。④ 但这些研究的共同缺陷在于，他们对农业转移人口的市民化和生活满意度的测量指标较为简单，比如仅以"农转非"（户籍改变）来测量市民化，同时以单个指标测量生活满意度。这种简单测量结果实际很难代表农业转移人口的真实市民化水平，进而影响了研究结论的普遍适用性。

一些学者还提出解决农业转移人口市民化和社会福利问题的政策措施，吴萨等（2013）认为，农业转移人口市民化的一个基本问题是如何实现基本公共服务均等化和社会福利均等化。⑤ 在农业转移人口市民化社会福利改善方面，可向其提供廉租房，就业、培训、子女教育等方面都和城镇居民享有同样的待遇，

---

① 王春光．农村流动人口的半城市化问题研究［J］．社会学研究，2006（5）：107-122；李英东．双轨制、半城市化现象与持续经济增长［J］．江汉论坛，2017（2）：17-21．

② 岳天明，朱志刚．我国农民工增能发展型社会福利服务供给研究［J］．学习与实践，2017（12）：106-113．

③ 孙远太．基于福利获得的城市农民工幸福感研究：以河南875个样本为例［J］．西北人口，2015，36（3）：43-46．

④ 吕炜，杨沫，王岩．市民化的福利效应分析：基于农业转移人口生活满意度视角［J］．经济科学，2017（4）：22-34；付小鹏，许岩，梁平．市民化让农业转移人口更幸福吗？［J］．人口与经济，2019（6）：28-41．

⑤ 吴萨，曾红颖，赵崇生．流动人口的基本公共服务需新的制度安排［J］．宏观经济管理，2013（4）：54-56．

使其迅速融入城市。① 此外，社会福利制度改革重点应着眼于农民工的住房保障和子女教育问题。住房保障首先应将已在城市居住达一定年限，与城市居民有同样住房需求的农民工，纳入公积金、经济适用房、廉租房等供应体系，让其享受相应优惠政策。② 总之，在农业转移人口社会福利改善方面，国内进行了一定研究，但相关研究仍不够全面和深入。

第三节　研究述评

综合国内外研究文献，我们发现：国外在移民（尤其是国际移民）的社会融合（社会同化）研究、客观福利变化、主观福利水平等几个领域均有深入探讨，积累了大量文献，但在外来移民是否因为迁移行为而改善了自身福利状况这一研究领域，国外文献相对较少。国内在农业转移人口市民化研究上，文献积累也相当丰富，但在市民化对社会福利变化的影响研究方面，大多数研究要么集中于户籍制度改革（市民化的一个方面）对农业转移人口社会福利的影响，要么集中于失地农民在失地前后的福利变化。研究内容不够全面，研究对象范围比较狭窄，测量指标单一，调查样本代表性不足。

本研究在参考和借鉴国内外相关研究文献的基础上，在以下几方面做了进一步延伸：

其一，将研究对象锁定为西部少数民族农业转移人口。虽然当前相关研究结果显示，市民化总体上能够改善农业转移人口的社会福利，但西部少数民族由于居住在较边远的地区，许多民族都有自己的语言文字和风俗习惯，人力资本和社会资本较为缺乏，当他们进入以汉族为主体的城镇就业和生活时，其社会福利能否得到提高，是否达到同样迁移的汉族同胞的水平，这在大量少数民族进入城镇就业和生活的今天，通过调查研究来回答这些问题显得尤为必要和迫切。

其二，重点考察农业转移人口市民化对其社会福利变化的影响。目前我国在农业转移人口市民化对社会福利变化方面的研究较少，尤其是利用微观层面数据分析市民化对福利变化影响方面的研究更少，而且大多数研究都是定性解

---

① 石宏伟，孙万玉. 新生代农民工社会保障制度建设的现状与对策［J］. 湖北农业科学，2014，53（14）：3438-3442.

② 谢垚凡，申鹏. 基于流动视角的农民工社会保障问题研究［J］. 广东农业科学，2014，41（1）：201-205.

释或描述性分析。这些研究难以区分农业转移人口中不同群体的福利变化,更无法知道哪些因素影响了他们的福利变化以及影响程度。众所周知,农业转移人口是一个异质性群体,而我国的城镇化不仅是人口城镇化,还有土地城镇化、主动城镇化和被动城镇化,使得不同群体在城镇化、市民化过程中的福利变化出现差异。因此,就本研究而言,我们想知道,西部少数民族农业转移人口的市民化水平变化是否会引起其客观福利和主观福利的变化,变化方向和强度怎样,以及少数民族农业转移人口的不同群体是否存在差异,等等,这对于制定相关市民化政策具有重要的参考价值。

其三,构建更完整的测量指标体系,对市民化和社会福利概念进行全面测量。尽管户籍转换是市民化的一个重要内容,但市民化内涵远比获得城镇户籍丰富得多。本研究从政治参与、经济地位、社会适应、文化融入、心理认同和公共服务六个方面来建构市民化水平测量维度,每个维度又包括三个以上的测量指标。在客观福利改善和主观福利水平两个概念的测量上也都采用复合指标,这使得本研究对福利的测量相比现有研究更加系统和全面。而且由于本研究是针对农业转移人口的专门调查,因而也能够在分析模型中纳入更多的影响因素,增加更多的控制变量,使得模型分析结果更加准确。

第三章

西部少数民族农业转移人口基本特征

少数民族农业转移人口是农业转移人口大军的重要组成部分，农业人口迁移流动是一种社会经济现象，是这一人群在一定的生产方式和地理条件制约下的有意识、有目的的行为。个体的经济地位、职能、生理状况以及所处的地理环境的差异，加上我国各地的就业机会和迁移政策差异，决定了西部少数民族农业转移人口不可能拥有相同的迁移意识和迁移动机，也决定了他们不可能拥有相同的实施迁移、适应迁移的能力。简言之，人口的迁移流动有明显的选择性，表现为一部分人群较另一部分人群有更大的迁移倾向，而移民内部也会存在群体差异性。因此，本章关注少数民族农业转移人口的基本特征，有助于对不同人群市民化程度和社会福利差异的探讨。

第一节　个体家庭特征

一、个体特征

（一）年龄性别

人口迁移流动并不是均衡地分布在人的生命周期中，而是在某些年龄段呈现出明显的集中趋势。本次调查，西部少数民族农业转移人口样本中，从年龄代际来看，以新一代（1980年以后生）为主，比重达到71.9%，性别上男性具有优势（57.6%）。

从年龄分段来看，由图3-1（左）西部少数民族农业转移人口年龄性别构成可知，少数民族农业人口的迁移流动年龄集中在20~49岁之间，这一年龄段所占比例高达91.1%，其中又高度集中在20~39岁的年龄段（占66.7%）。15~19岁的人群发生迁移流动的比例较低（2.8%），这表明现阶段西部少数民族青少年并没有急于"读完初中就去打工"而选择了继续学习,加大了教育投入。50岁以上少数民族农业转移人口占比也不大(5.5%),可能是随着年龄渐长,身体大不如前,劳动技能落后,收入不高而选择回乡照看孙辈,也可能与年长者对故土的眷恋心理有关。

就迁移人口的性别构成而言,少数民族农业转移人口的平均性别比为136.7,表明参与人口迁移流动的男性多于女性,这与以往认识相符。分年龄段来看,大多年龄段都是男多女少,且男性迁移高峰跨度较长,25~49岁之间各年龄段均有较高的迁移强度。而女性则在20~24岁年龄段到达峰值,且迁移强度超过男性。尔后,开始向塔顶收缩,所占比重不断减少。这可能受女性迁移动因、生理原因和习俗等方面的影响,而出现了少数民族女性婚前几年迁移行为的"黄金时期"。少数民族女性在婚后更容易成为留守妇女,留在家乡照顾孩子和老人。

从少数民族农业转移人口与汉族比较来看,图3-1(左与右)显示,少数民族农业转移人口与汉族农业转移人口在年龄和性别结构上,两者的年龄结构差异不大,但性别结构差异显著。在年龄结构上,少数民族与汉族农业转移人口均以青壮年为主,主要分布在20~49岁之间,同样在30~34岁年龄段上达到峰值,19岁及以下和50岁及以上人群也同样没有明显的迁移流动。从平均年龄来看,少数民族与汉族农业转移人口分别为33.2岁和34.1岁,两者差距还不到1岁。在性别结构上,少数民族农业转移人口年龄性别金字塔女性一方从35岁以后开始出现明显的收缩,而汉族的女性一方则推迟到40岁以上才出现这一现象。此外,少数民族农业转移人口的女性迁移流动在20~24岁年龄之间即到达峰值,而汉族农业转移人口的女性迁移流动则在30~34岁之间才到达峰值,整整晚于少数民族10年。从性别比来看,少数民族农业转移人口平均性别比为136.7,而汉族为116.6,两者差距达到20个百分点,汉族农业转移人口男女比例较之少数民族更均衡。

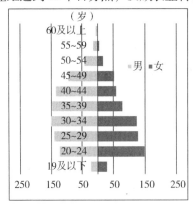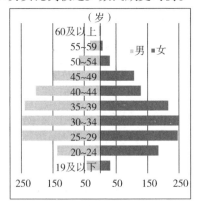

图3-1 西部少数民族(左)与汉族(右)农业转移人口金字塔

　　总体来看，西部少数民族农业转移人口男性的迁移活性明显大于女性，迁移高峰年龄段跨度也较女性更大，主要原因在于女性到了一定年龄就得结婚、生育，并担负起哺育下一代和照顾家庭的重任，就业迁移明显减少；而男性则担负其家庭的经济重任，得谋求更好的发展，因此就业迁移不会减少。这一现象反映了家庭和社会对男性和女性所赋予的角色不同，分工和定位也不同，反映在农业人口迁移上，就出现了男多女少的现象。

　　从各个少数民族的农业转移人口之间的对比来看，不同的少数民族，年龄性别结构也不同。由表3-1各个少数民族的年龄构成可见，在年龄结构上，回族、彝族和土家族年龄结构相对年轻，农业转移人口主要集中在20~29岁之间，这三个少数民族农业转移人口在该年龄段分别占到了58.0%、47.7%和47.3%，其平均年龄分别为29.9岁、31.2岁和30.5岁。而壮族农业转移人口年龄相对偏大，主要集中在40~49岁年龄段上，该段年龄比例达到36.6%，甚至50岁及以上的比例还达到12.0%，其平均年龄为37.9岁，在各个少数民族农业转移人口中是平均年龄最大的一个少数民族。在性别结构上，除了壮族以外，其他各个少数民族的农业转移人口都是男性多于女性，人口性别比高的少数民族有苗族、侗族和布依族。

表3-1　西部少数民族农业转移人口年龄构成

民族	年龄构成/%						平均年龄	性别比
	19岁及以下	20~29岁	30~39岁	40~49岁	50岁及以上	合计		
壮族	4.4	14.8	32.2	36.6	12.0	100.0	37.9	87.76
回族	1.7	58.0	23.5	10.9	5.9	100.0	29.9	108.77
苗族	1.1	36.2	37.1	21.5	4.1	100.0	33.2	220.75
彝族	4.5	47.7	24.8	14.7	8.3	100.0	31.2	118.00
土家族	3.2	47.3	31.9	16.5	1.1	100.0	30.5	116.28
侗族	2.9	33.0	33.0	29.2	1.9	100.0	33.9	164.10
布依族	4.8	29.0	36.2	25.7	4.3	100.0	33.7	142.21
白族	8.0	33.3	28.0	20.0	10.7	100.0	33.6	105.41
其他	2.3	45.7	34.1	14.0	3.9	100.0	31.4	113.11

（二）受教育程度

　　西部少数民族农业转移人口的受教育程度总体上与汉族差异不大。如

表 3-2 所示，少数民族农业转移人口平均受教育年限为 10.78 年，各学历阶段分布以初中学历比重最高（32.0%），小学学历（16.3%）、高中学历（19.6%）、大学大专学历（14.6%）和大学本科及以上学历（14.4%）也占一定的比例且各自差异不大。与汉族农业转移人口比较，两者平均受教育年限相差仅为 0.37 年，就受教育年限而言，少数民族农业转移人口紧跟汉族农业转移人口。在各学历层次上两者略有差异，主要体现在小学学历和高中学历所占比重上，少数民族农业转移人口的高中学历所占比重低于汉族 4.4 个百分点，而在小学学历上则高于汉族 4 个百分点；其他各学历层次，少数民族与汉族的差异已不明显。

分民族来看（表 3-2），除了少数个别民族外，大多数少数民族农业转移人口受教育程度也较为一致。其中，回族农业转移人口受教育程度最高，平均受教育年限达到 12.82 年，平均受教育年限超过了高中学历阶段的教育层次，大学本科及以上学历就高达 28.6%，与此同时，小学学历比重较低（5.0%），这可能与回族农业转移人口年龄结构相对年轻有关；而布依族农业转移人口受教育程度最低，平均受教育年限仅为 9.02 年，也就是刚好完成九年义务教育阶段学习，这主要是布依族农业转移人口小学学历的比例近三分之一，大学本科及以上的比例却仅为 4.5%；其他各个少数民族农业转移人口受教育程度不管是受教育年限，还是各学历段的分布均差异不大，基本接近高中学历阶段的层次。

表 3-2　西部少数民族农业转移人口受教育程度构成

民族	受教育程度构成/%							受教育年限/年
	未上过学	小学	初中	高中	大学专科	本科及以上	合计	
总体样本	2.5	13.8	31.5	22.5	15.2	14.5	100.0	11.01
汉族样本	2.3	12.3	31.2	24.0	15.6	14.6	100.0	11.15
少数民族	2.9	16.3	32.2	19.6	14.6	14.4	100.0	10.78
壮族	0.0	13.6	50.0	14.7	11.4	10.3	100.0	10.44
回族	1.7	5.0	18.5	22.7	23.5	28.6	100.0	12.82
苗族	2.4	12.1	27.1	29.0	14.7	14.7	100.0	11.26
彝族	7.3	13.8	22.9	16.6	17.4	22.0	100.0	11.16
土家族	2.2	4.3	38.7	22.6	14.0	18.2	100.0	11.52
侗族	1.0	7.8	30.1	28.2	18.4	14.5	100.0	11.67
布依族	4.2	31.7	37.6	12.2	9.8	4.5	100.0	9.02

民族	受教育程度构成/%							受教育年限/年
	未上过学	小学	初中	高中	大学专科	本科及以上	合计	
白族	6.6	21.1	27.6	14.5	11.8	18.4	100.0	10.34
其他	2.3	11.5	23.1	17.7	21.5	23.9	100.0	11.98

从代际来看，对比表3-3不同代际西部少数民族农业转移人口的受教育程度发现，新老两代农业转移人口受教育程度代际差异较大。新一代（1980年及以后出生）少数民族农业转移人口平均受教育年限为11.59年，高于老一代（1980年前出生）3年。从各学历分布来说，新老两代少数民族农业转移人口均以初中学历比重为主，但在高学历和低学历两端分布差异明显。其中，在高学历中，新一代少数民族农业转移人口大学专科及以上比例高达36.7%，而老一代少数民族转移人口这一比例仅为9.4%，两者差距异常明显；在低学历中，新一代农业转移人口小学学历及以下的仅为12.1%，而老一代少数民族农业转移人口这一比重则高达37.3%，同样差距十分显著。新老两代少数民族农业转移人口的教育程度存在显著差异，这与新一代少数民族农业转移人口，尤其是20世纪90年代后出生的人口，绝大多数是赶上我国九年义务教育的实施有关，较早外出务工者也是初中毕业以后才开始。这也与就业变得更加困难有关，就业不再大量需要简单的体力劳动者，转而要求劳动力具备良好的科学素养、掌握现代化生产技术，人们不得不加大培养成本，以更好地适应社会竞争。

表3-3　西部少数民族农业转移人口不同代际受教育程度

代际	受教育程度构成/%							受教育年限/年
	未上过学	小学	初中	高中	大学专科	本科及以上	合计	
新一代	1.4	10.7	30.8	20.4	17.9	18.8	100.0	11.59
老一代	6.6	30.7	35.6	17.7	6.1	3.3	100.0	8.75
合计	2.9	16.3	32.0	19.8	14.6	14.4	100.0	10.78

注：新一代是指1980年及以后出生的人群，而老一代是指1980年之前出生的人群。以下表同。

西部少数民族农业转移人口的受教育程度差异在流动范围上也有一定差别。如表3-4所示，省内迁移流动的少数民族农业转移人口受教育程度明显高于省际迁移流动人口。省际迁移流动的少数民族农业转移人口受教育水平总体上以初中学历为主（占41.0%），小学学历（28.2%）所占比例也不少，而高中学历（12.6%）所占比例就开始出现了明显下滑，成为这一人口受教育程度所占比例的分水岭，尔后大学专科学历（7.5%）和本科及以上学历（6.7%）占的比例就更少了。与省内迁移流动人口比较，不管是县市内流动，还是省内跨市流动，其受教育程度均高于省际迁移流动。县市内迁移流动人口虽然也是以初中学历为主（31.2%），但高中以上学历明显高于省际迁移流动的农业转移人口。省内跨市迁移流动的少数民族农业转移人口受教育程度最高，平均受教育年限达到12.17年，在各学历层次的分布以高中为主，大学专科及以上的超过四成，未上过学和小学学历的占比非常低。

总体上看，少数民族农业转移人口省际和省内迁移的教育水平表现出两个特点：一是在省际迁移人口中，初中学历占绝对优势，远远超过其他学历所占比重，而在省内的迁移人口中，学历分布比较平均，初中、高中及大学专科以上的差距不大；二是高学历人群在省内表现得更为突出，长距离的省际迁移反倒表现得不突出。这可能与高学历者能够在省内找到理想工作的可能性更高有关。而低学历者，往往只能到就业机会比较多的发达地区寻找机会，但从事的大多也是对学历要求不高的低端职业。此外，西部各省份工业企业不发达，服务业又由于人口大量流出，工资水平较低，对劳动力的吸纳能力非常有限，造成大量劳动力外流。

表3-4　西部少数民族农业转移人口不同流动跨度的受教育程度

流动跨度	受教育程度构成/%							受教育年限/年
	未上过学	小学	初中	高中	大学专科	本科及以上	合计	
县市内流动	2.8	13.0	31.2	20.1	12.8	20.1	100.0	11.20
省内跨市流动	1.8	6.5	22.4	27.5	25.6	16.2	100.0	12.17
省际流动	4.0	28.2	41.0	12.6	7.5	6.7	100.0	9.17
合计	2.9	16.3	32.2	19.6	14.6	14.4	100.0	10.78

（三）婚姻状况

图3-2是西部少数民族农业转移人口与汉族农业转移人口不同年龄的婚姻模式的比较。总体上，西部少数民族农业转移人口未婚比重较高，占32.5%，

而汉族农业转移人口的未婚比重为 26.4%，少数民族高出 6 个百分点，这可能与少数民族农业转移人口相对年轻有关。为了消除年龄结构差异产生的影响，我们将不同年龄段的少数民族农业转移人口的婚姻状况与汉族样本进行比较。图 3-2 显示，少数民族与汉族农业转移人口婚姻状况的差异主要体现在未婚比重上，特别是 30~34 岁年龄段，少数民族农业转移人口未婚比重为 17.2%，比汉族农业转移人口高出 7.4 个百分点；其次是 20~24 岁，未婚比重仍比汉族高出 6 个百分点。这说明对于适婚年龄人口来说，少数民族农业转移人口在一定程度上抑制或者推迟了结婚行为。在 50 岁以后一端，少数民族农业转移人口未婚状况出现小幅增长，汉族农业转移人口也有类似的情况，只是年龄要推后五年才出现。少数民族与汉族农业转移人口的离婚比例差异不大，但发生离婚的年龄有所差异，少数民族的离婚年龄主要出现在 50 岁以前，但汉族农业转移人口在 55~60 岁出现了一个高峰，出现了 10.8% 的离婚率。少数民族和汉族农业转移人口丧偶都主要发生在 50~54 岁年龄段，但少数民族农业转移人口这一年龄段的丧偶比重明显高于汉族农业转移人口。

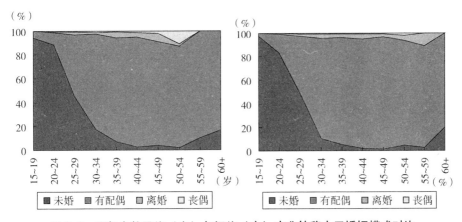

图 3-2 西部少数民族（左）与汉族（右）农业转移人口婚姻模式对比

从各个少数民族农业转移人口来看，婚姻状况的差异主要体现在未婚上，离婚和丧偶各少数民族差异不大。为了进一步讨论各少数民族之间的未婚情况，考虑到年龄对婚姻的影响，我们选取了 25~34 岁年龄段来考察各民族未婚情况。由图 3-3 来看，在 25~34 岁年龄段中，苗族农业转移人口的未婚比重最高，接近 45%；其次是回族，未婚比重也接近 35%；再次是彝族、土家族、侗族和布依族，未婚比例均在 25% 左右；壮族在这一年龄段的未婚比重最低，但也超过15%。造成各少数民族农业转移人口在 25~34 年龄段未婚比例的差距主要来自两方面的因素。一是男性未婚比例偏大，而各少数民族不同的人口性别比影响了总体未婚的比重。在 25～34 岁年龄段中，苗族和回族农业转移人口性别比分别为 206.8 和 160.0，男性未婚比重分别 50.5% 和 43.8%，由于男性未婚比重大，所以提高了整体的未婚比重。相反，壮族在该年龄段人口性别比较低，因此整体上未婚比重也比较低。由此，我们初步得出，少数民族农业转移人口的"通婚圈"并没有随人口的迁移流动而发生根本性的变化，而可能在新的区域出现了"内卷化"。二是各民族受教育程度差异所致。在 25～34 岁年龄段中，未婚比重随学历的升高而近乎直线上升。大学本科及以上人口中未婚比重高达 65.9%；其次为大专或高职学历，未婚比重为 45.5%；未婚比重最低的也处在学历最低一端，仅为 24.3%，与高学历比较相差甚大。这可能与高学历人口在校时间延长而推迟结婚有关，也可能有部分高学历人群难以找到合适的婚配对象或不愿意结婚。

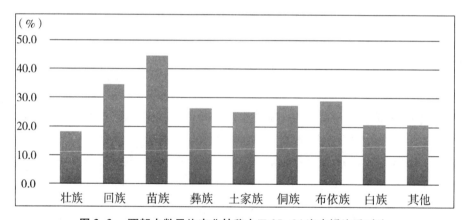

图 3-3　西部少数民族农业转移人口 25～34 岁未婚比重对比

二、家庭特征

(一) 迁移模式

西部少数民族农业转移人口的迁移模式以家庭化迁移为主，其家庭化程度与汉族差异不大，但不同的流动范围有着明显的差距。图 3-4 是少数民族农业转移人口总体和不同流动范围的家庭化程度与汉族的比较。总体来看，少数民族农业转移人口家庭化迁移比重达到了 65.1%，远远超过了单身迁移，并且家庭化迁移中绝大多数是跟配偶和子女一起迁移（72.4%），只有少数家庭是夫妻一起迁移（27.6%）。对比汉族农业转移人口，少数民族农业转移人口家庭化迁移程度低于汉族不到 3 个百分点，两者总体上差距不大。但不同的流动范围，家庭化程度有着明显的差距。少数民族农业转移人口县市内迁移的家庭化程度高达 78.1%；其次是省际迁移流动，家庭化迁移比重为 62.0%；家庭化迁移比重最低的是省内跨市迁移流动，仅为 51.9%。汉族农业转移人口在县市也出现类似的特点，只是省内跨市迁移流动的家庭化程度没有出现大幅度减少，而是与省际迁移流动具有相当的家庭化迁移程度。

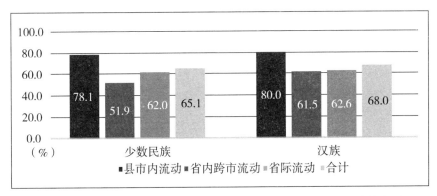

图 3-4　西部少数民族与汉族农业转移人口不同迁移范围的家庭化比重

从各个民族来看（表 3-5），许多少数民族的家庭化迁移程度在六成左右，较高的为壮族，家庭化迁移程度达到八成以上，布依族和侗族也接近七成，较低的是回族，家庭化迁移程度不足五成。分流动范围来看（图 3-5），各个少数民族的县市内迁移流动的家庭化程度差异较大，壮族高达 93.0%，布依族和土家族也有着极高的家庭化迁移的比例，而白族和回族却不到五成；在省内迁移流动中，白族、彝族和壮族的家庭化迁移程度较高，土家族、布依族、苗族和回族的家庭化迁移相对低一些；在省际迁移流动中，壮族最高，家庭化迁移比例为 85.0%，白族、布依族和侗族的家庭化迁移比例也超过六成，回族的相对少一些，仅为 48.1%。就一个民族的不同流动范围而言，壮族在不同的迁移流动中均表现出了较高的家庭化迁移。而回族则相对较低，不管是哪一个流动范围，家庭化迁移均不到五成。这与回族样本未婚率高有关。

表 3-5　西部少数民族农业转移人口迁移模式　　　　　单位：%

民族	单身迁移	家庭化迁移	合计
总样本	33.1	66.9	100.0
汉族样本	32.0	68.0	100.0
少数民族	34.9	65.1	100.0
壮族	12.6	87.4	100.0
回族	52.6	47.4	100.0

续表

民族	单身迁移	家庭化迁移	合计
苗族	40.3	59.7	100.0
彝族	35.8	64.2	100.0
土家族	40.9	59.1	100.0
侗族	31.1	68.9	100.0
布依族	31.0	69.0	100.0
白族	36.8	63.2	100.0
其他	44.2	55.8	100.0

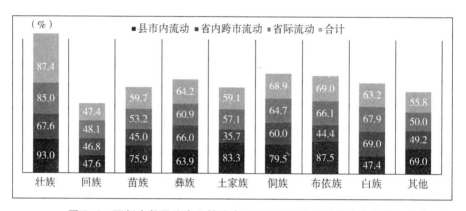

图 3-5　西部少数民族农业转移人口不同迁移范围的家庭化比重　单位:%

（二）家庭子女数量

少数民族农业转移人口无孩的比例高达 33.8%,高于汉族的这一比例 4.5 个百分点。这与少数民族农业转移人口未婚比例高有关。少数民族家庭三孩的比例高于汉族,而一孩、二孩的比例低于汉族。这在一定程度上与以前较为宽松的少数民族生育政策有关,也可能与少数民族的生存环境和养育成本密切相关。

从各个少数民族对比来看,家庭子女数量差异较大,这与样本年龄结构相关,比如,回族的无孩比例高达 52.1%,远远高于其他少数民族,这是因为回族样本以年轻人为主,且大多未婚配,而并非回族的生育意愿低。样本年龄结构也导致了不同少数民族农业转移家庭子女数量和比例存在差异,当然也有可能存在一定的生育观念和生育行为上的差异,但应该不是主要因素。

表 3-6　西部少数民族农业转移人口家庭子女数量　　　　单位:%

子女数量	无孩	一孩	二孩	三孩及以上	合计
总样本	31.0	26.2	33.5	9.3	100.0
汉族样本	29.3	27.5	34.4	8.8	100.0
少数民族	33.8	24.0	32.1	10.1	100.0
壮族	13.6	17.4	54.9	14.1	100.0
回族	52.1	22.3	20.5	5.1	100.0
苗族	36.6	27.1	24.7	11.6	100.0
彝族	43.0	20.6	21.4	15.0	100.0
土家族	45.7	22.8	22.8	8.7	100.0
侗族	32.0	35.0	30.1	2.9	100.0
布依族	28.3	23.6	37.1	11.0	100.0
白族	30.1	26.0	34.3	9.6	100.0
其他	41.5	21.5	30.8	6.2	100.0

(三) 家庭子女入学地

在家庭化迁移成为主流的迁移流动模式时，随迁子女的入学问题是影响家庭迁移决策的重要因素。从表 3-7 的结果来看，接近一半的少数民族农业转移人口和汉族农业转移人口将子女留在家乡接受教育，这是因为许多城市的流入地政府没有将农业转移人口的随迁子女教育问题纳入教育规划之中，没有为他们提供良好的教育设施和场所，或者流入地教育成本过高，导致大部分农业转移家庭只能将子女留在家乡接受教育。同时也应该看到，有相当比例的农业转移家庭随迁子女能够就读于流入地的公办或私立学校，而就读于流入地民工学校的比例仍然比较低，不过较之十年前已有很大改观。

从各个少数民族对比来看，除了土家族有 48.5%、侗族有 47.2% 的随迁子女能够就读流入地公办学校，彝族有 46.8% 的随迁子女就读于流入地私立学校以外，其他少数民族的多数农业转移家庭都只能将子女留在家乡接受教育。土家族和侗族出现这种情况，是因为我们在调查土家族分布较为集中的贵州铜仁市，以及侗族分布较为集中的贵州凯里市时发现，这两个地方通过建立经济开发区吸收当地的农业转移人口（包括汉族农业转移人口），并为他们建立新社区，配套建立公办学校等。彝族随迁子女就读于流入地私立学校的比例高，则是因为流入地政府没有提供公办学校资源。但无论哪个少数民族，随迁子女就读于民工学校的比例几乎都在 10% 以下，尽管其学习条件已有了很大改善。

表3-7　西部少数民族农业转移人口子女入学地　　　　单位:%

民族	流入地			流出地	合计
	公办学校	私立学校	民工学校		
总样本	31.7	17.3	3.9	47.1	100.0
汉族样本	32.4	18.1	3.3	46.2	100.0
少数民族	30.4	15.8	5.1	48.7	100.0
壮族	37.4	9.4	0.0	53.2	100.0
回族	22.7	27.3	6.8	43.2	100.0
苗族	29.5	15.1	3.6	51.8	100.0
彝族	23.4	46.8	2.1	27.7	100.0
土家族	48.5	3.0	6.1	42.4	100.0
侗族	47.2	3.8	1.9	47.1	100.0
布依族	25.3	11.5	8.8	54.4	100.0
白族	29.3	29.3	4.9	36.5	100.0
其他	23.1	23.1	10.8	43.0	100.0

第二节　社会经济特征

一、迁移特征

(一) 迁移距离

西部少数民族农业转移人口迁移流动距离具有明显的规律性。由图3-6可知，少数民族农业转移人口流动距离选择主要在10千米以下、100~499千米和1000千米及以上，这三个距离的少数民族农业转移人口比例合计达到了81.9%。其中，10千米以下比重最高（37.4%），其次是1000千米及以上的范围具有较强的吸引力（25.5%），100~499千米也出现了一个迁入高峰（19.0%）。距离作为一个基本的地理要素，一般来说，它对人口迁移具有摩擦作用，并且距离越远，人们之间的生活习惯、风土人情差距也越大，这也是人口迁移无形的障碍。此外距离也直接增加了人们的交通费用，从而加大了迁移成本。

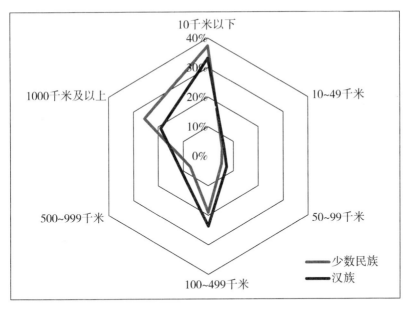

图 3-6　西部少数民族与汉族农业转移人口流动距离对比

　　总的来说，距离对少数民族农业转移人口迁移具有阻碍作用。在 10 千米范围内异常活跃，具有明显的"临近优先"特点，这与莱文斯坦（Ravenstein）揭示的人口迁移以近距离为主的规律相吻合。人口迁移还有相对集中的特点，100～499 千米范围往往是我国各省省会城市的所在地，自然对本省的农业转移人口的迁移流动有较强的吸引力。而 1000 千米以上产生的迁移活性，与区域发展和产业分布的不平衡有关。区域发展的不平衡致使在一个国家内部往往出现一个或者几个迁移辐合流场，如我国长三角、珠三角、京津唐和西部边陲吸引中西部地区所形成的迁移区域。少数民族农业转移人口 1000 千米以上的迁移流动正是流向这四个迁移圈，尤其是长三角和珠三角。

　　对比汉族农业转移人口，少数民族农业转移人口在距离 10 千米以下和 1000 千米及以上外的迁移流动比例超过汉族，尤其是在 1000 千米及以上超过了汉族 6.5 个百分点。长距离迁移流动可能增加了就业工作机会，但同时也加大了迁移成本，从这个意义上来说，少数民族农业转移人口市民化的成本更高。

　　从各少数民族来看，由表 3-8 可知，壮族农业转移人口在 10 千米以下距离迁移流动的强度大，比重高达 70.7%，除此之外，100～499 千米范围内占一定的比例，其他各个距离所占比例都非常小。与壮族成鲜明对比的是布依族，其农业转移人口则以 1000 千米及以上和 10 千米以下为主要迁移流动距离，这两个距离的比例合计达到 81.9%。苗族、回族、彝族和侗族农业转移人口在 10 千米范围内的迁移流动所占比例最大，但在100~499千米和1000千米以上也占了不少比例。白族和土家族农业转移人口的迁移流动距离相对均衡。

表3-8　西部少数民族农业转移人口流动距离比较　　　　单位：%

民族	10千米以下	10~49千米	50~99千米	100~499千米	500~999千米	1000千米及以上	合计
壮族	70.7	1.6	2.2	15.7	7.1	2.7	100.0
回族	37.0	10.1	6.7	29.4	5.0	11.8	100.0
苗族	40.6	6.1	11.5	18.5	7.4	15.9	100.0
彝族	34.9	6.4	4.6	29.4	4.5	20.2	100.0
土家族	32.2	5.4	3.2	23.7	15.1	20.4	100.0
侗族	37.9	4.9	6.8	18.4	12.6	19.4	100.0
布依族	24.2	4.5	1.4	8.2	4.0	57.7	100.0
白族	26.3	2.7	1.3	28.9	13.2	27.6	100.0
其他	32.8	10.2	7.0	29.7	7.0	13.3	100.0

（二）流动范围

少数民族农业转移人口的流动范围在县市省跨度上呈现出"三足鼎立"的态势，并且已向纵深化、均衡化方向发展。如图3-7所示，少数民族农业转移人口省际流动的比例为三分之一，县市内流动为37.7%，略大于跨市的比例，省内跨市迁移已经超出了省际迁移。与汉族农业转移人口对比，两者省际迁移所占比例基本相同，仅在跨市流动中，汉族比少数民族农业转移人口更具有一定的优势。随着国家区域经济发展战略和产业结构的调整，沿海地区的劳动密集型产业向中、西部转移，人口流向的区域进一步扩大。这为西部少数民族农业转移人口向省内跨市和县市内流动创造了条件。

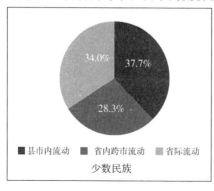
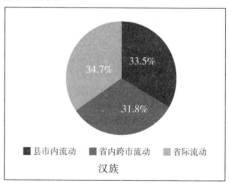

图3-7　西部少数民族与汉族农业转移人口流动范围对比

　　从各少数民族来看，由表 3-9 可知，大多少数民族农业转移人口迁移流动的比例相对均衡，只有极少的少数民族农业转移人口在一定范围内集中。比如，壮族有 70.7% 的转移人口在县市内流动，而布依族则有 62.4% 的转移人口为省际流动。出现这种情况跟我们采用线上"受访者驱动"的调查方法有关，因为这种方法虽然有利于挖掘出"隐藏人口"，但也可能会导致样本同质性高，一个民族的样本集中在某个年龄段，或者某一类群体身上。其他少数民族农业转移人口在县市内、省内跨市和省际迁移流动的比例相对平衡。

表 3-9　西部少数民族农业转移人口流动范围　　　　单位：%

民族	县市内流动	省内跨市流动	省际流动	合计
壮族	70.7	18.5	10.8	100.0
回族	37.8	39.5	22.7	100.0
苗族	40.3	32.1	27.6	100.0
彝族	34.9	43.1	22.0	100.0
土家族	32.3	30.1	37.6	100.0
侗族	37.9	29.1	33.0	100.0
布依族	25.4	12.2	62.4	100.0
白族	25.0	38.2	36.8	100.0
其他	33.1	48.5	18.4	100.0

（三）流入地区

　　从流入地来看，表 3-10 显示，少数民族农业转移人口流入西部的比例很高，远远超过汉族的这一比例，但流入中部的比例很低，也远远低于汉族的这一比例。这是因为我们调查的少数民族基本都是来自西部（我国少数民族也主要集中在西部地区），而中部缺少就业机会，因此流入比例非常低。汉族样本则相对均衡，因为汉族样本并不主要来自西部。

　　从不同少数民族对比来看，壮族留在西部的比例高达 90.8%，布依族流入东部地区的比例高达 59.5%，而回族流入中部的比例达 16.0%，此三者都远远高于其他少数民族农业转移人口的相应比例。这种不同的区域分布流动距离、流动范围、迁移模式等方面的族际差异，也会带来市民化水平和社会福利改善方面的族际差异。

表 3-10　西部少数民族农业转移人口流入地区差异　　　　单位:%

民族	东部	中部	西部	合计
总样本	25.3	20.8	53.9	100.0
汉族样本	23.4	31.5	45.1	100.0
少数民族	28.6	2.7	68.7	100.0
壮族	9.2	0.0	90.8	100.0
回族	11.7	16.0	72.3	100.0
苗族	20.3	1.8	77.9	100.0
彝族	17.4	0.0	82.6	100.0
土家族	28.0	2.1	69.9	100.0
侗族	29.1	1.0	69.9	100.0
布依族	59.5	0.6	39.9	100.0
白族	30.3	2.6	67.1	100.0
其他	11.5	7.7	80.8	100.0

　　根据少数民族农业转移人口流入地区的代际差异，我们可以粗略看出其未来的流动趋势。表 3-11 表明，西部少数民族新一代农业转移人口留在西部的比例高于老一代，而老一代流入东部的比例高于新一代。这种代际差异可能是西部承接东部产业转移产生的后果，也说明在西部和东部发展差距逐渐缩小的情况下，更多西部少数民族农业转移人口将选择留在西部，临近城镇化原则仍然发挥作用，这与转移成本有关，也与生活习惯、文化差异等有关。如果在近处能够找到就业机会，人们倾向于就近城镇化、市民化。

表 3-11　西部少数民族农业转移人口不同流入地代际差异　　　单位:%

流入地区	东部	中部	西部	合计
新一代	26.2	2.4	71.4	100.0
老一代	33.7	3.8	62.5	100.0
合计	28.3	2.8	68.9	100.0

（四）城市规模

　　表 3-12 显示，少数民族农业转移人口流入城市规模以中等城市为主，与汉族存在明显差异。西部少数民族农业转移人口在流向西部和东部地区的人群中，流入中等城市为主，小城市次之，大城市的比例较低；而在流入中部地区的人

群中，流入大城市占据绝对优势，流入小城市和中等城市的比例非常少。与少数民族农业转移人口城市规模选择偏好不同，汉族农业转移人口流入西部以大城市为主，流入中部以小城市为主，流入东部则大中小城市分布较为均衡。

从不同的少数民族来看，苗族、土家族、侗族集中在中等城市的比例都很高，远远高于其他少数民族，而居住在小城市的比例则很低。这是因为这三个民族的调查样本主要来自中等城市。壮族则以居住在小城市为主，其比例高达68.5%。布依族虽然省际迁移比重较大，但也以居住在小城市为主。受到教育程度限制，样本中教育程度较高的民族，居住在大城市居多，而教育程度较低的民族，即使实现省际迁移，也以居住在小城市居多。这与他们的职业竞争能力和产业分布有关。多数制造业企业、工厂都是在小城市，而大城市以服务业和高技术行业为主，进而导致了少数民族农业转移人口的不同分布状况。

表 3-12 西部少数民族农业转移人口流入城市规模差异　　　　单位:%

民族	小城市	中等城市	大城市	合计
总样本	33.3	31.7	35.0	100.0
汉族样本	34.2	24.1	41.7	100.0
少数民族	31.8	44.5	23.7	100.0
壮族	68.5	10.3	21.2	100.0
回族	29.4	31.1	39.5	100.0
苗族	9.7	71.2	19.1	100.0
彝族	37.6	19.3	43.1	100.0
土家族	6.5	80.6	12.9	100.0
侗族	5.8	76.7	17.5	100.0
布依族	49.5	36.8	13.7	100.0
白族	28.9	23.7	47.4	100.0
其他	24.6	39.2	36.2	100.0

从代际差异来看，表 3-13 表明，少数民族老一代农业转移人口在小城市居住的比例高于新一代，但新一代在中等城市和大城市居住的比例高于老一代，尤其在中等城市。一方面，小城市的就业机会、职业发展空间和娱乐设施都非常有限，难以满足年轻人的需求；另一方面，随着新一代年轻人职业竞争力增强，他们需要到更广阔的地方发挥才能。

表3-13　西部少数民族农业转移人口不同城市规模的代际差异　　单位:%

代际	小城市	中等城市	大城市	合计
新一代	28.1	47.2	24.7	100.0
老一代	41.5	37.5	21.0	100.0
合计	31.9	44.4	23.7	100.0

（五）迁移原因

总体上来看，表3-14反映西部少数民族农业转移人口的迁移原因以"赚钱"为主（占47.0%），"增长技能"（18.4%）和"开阔眼界"（15.8%）也占了一定的比例，其他原因占的比例都非常低。汉族农业转移人口也有类似的特点，只是"增长技能"和"开阔眼界"的程度略高于少数民族农业转移人口。此外，在"成为城市人"中汉族农业转移人口也比少数民族表现出稍微强烈的期望。

从各少数民族来看，各少数民族农业转移人口的迁移原因分布特点与少数民族总体情况差异不大，"赚钱"在各少数民族农业转移人口的迁移原因中占比都最高，一般达到四到五成，然后对于"增长技能"和"开阔眼界"，不同之处仍然是这两类原因的强弱程度。

进一步研究发现（表3-15），少数民族农业转移人口中，各类迁移原因性别差异不大但代际差异明显。新一代少数民族农业转移人口中虽然"赚钱"原因占比例最高（占44.4%），但是"增长技能""开阔眼界"和"希望成为城市人"的原因比重已明显高出老一代。说明新一代少数民族农业转移人口更加关注个人的未来发展，而不仅仅是眼前的收益高低。

表3-14　西部少数民族农业转移人口迁移原因分布　　单位:%

民族	赚钱	成为城市人	增长技能	开阔眼界	随大流	其他	合计
总样本	45.8	7.6	19.0	16.5	3.5	7.6	100.0
汉族样本	45.0	8.3	19.4	16.9	3.2	7.2	100.0
少数民族	47.0	6.5	18.4	15.8	3.9	8.4	100.0
壮族	46.7	8.6	15.2	12.1	3.4	14.0	100.0
回族	37.8	5.7	20.4	20.9	3.9	11.3	100.0
苗族	48.9	6.9	20.8	16.1	3.2	4.1	100.0

续表

民族	赚钱	成为城市人	增长技能	开阔眼界	随大流	其他	合计
彝族	43.6	5.9	18.6	19.1	1.1	11.7	100.0
土家族	56.0	5.0	18.4	14.2	1.4	5.0	100.0
侗族	44.5	6.3	20.4	18.3	4.2	6.3	100.0
布依族	51.9	4.6	16.3	12.0	5.7	9.5	100.0
白族	45.6	7.4	16.2	16.2	6.6	8.0	100.0
其他	40.2	9.1	18.7	19.9	3.7	8.4	100.0

表3-15　西部少数民族农业转移人口按性别和代际迁移原因分布　　单位：%

代际		赚钱	成为城市人	增长技能	开阔眼界	随大流	其他	合计
性别	男性	47.6	6.9	17.9	15.6	4.7	7.3	100.0
	女性	46.1	6.0	19.0	16.1	2.7	10.1	100.0
代际	新一代	44.4	6.8	19.9	16.9	3.6	8.4	100.0
	老一代	54.9	5.7	13.6	12.4	4.9	8.5	100.0

二、职业特征

（一）收入状况

西部少数民族农业转移人口收入水平呈现出总体上偏低，因流入地、性别不同而存在明显差异等特点。总体来看，西部少数民族农业转移人口月均收入为3683.8元。从各收入段来看（表3-16），4000元以下占到57.6%，其中，3000~3999元段的比例最大，达到27.1%；收入达到6000元以上的只占了一成，而达到8000元以上的仅剩下4.1%；尚有12.1%的少数民族农业转移人口月收入不到2000元，按照上一年度全国各地最低工资标准，其收入也就相当于最低工资。从流入地区来看（图3-8），少数民族农业转移人口流入中部的收入水平最高，主要从事专业技术工作，月均收入达到5468.2元；流入东部的收入水平次之，绝大多数从事生产运输设备操作工作，月均收入为4279.6元；流入西部也就是本地转移的农业人口，多以生产运输设备操作及商业服务为主,月均收入仅为3342.1元。可见,少数民族农业转移人口收入的区域差异比较明显。进一步分析发现,有92.7%的少数民族农业转移人口月均收入低于流入地在职职工的平均工资,且差额达到3110元。从性别来看,少数民族农业转移人口中,男性月平均收入为3865.3元,女性月平均收入为3432.2元。在4000元以下各收入段中,女性少数民族农业转移人口占65.1%,比男性少数民族农业转移人口这一比例高13个百分点。农业转移人口收入的性别差异显著。

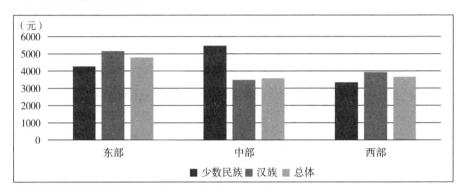

图3-8 西部少数民族与汉族农业转移人口不同流入地月均收入比较

与汉族农业转移人口比较,少数民族农业转移人口收入低于汉族。图3-9表明少数民族农业转移人口在5000元以下各收入段中,少数民族高于汉族;在5000元及以上收入段中,汉族高于少数民族。从流入地区来看,少数民族流入东部地区的月均收入低于汉族;流入中部地区的少数民族月均收入高于汉族,流入中部地区的少数民族农业转移人口主要从事专业技术工作,收入也比较高,但流入中部地区的样本量很少,只占少数民族样本的2.8%。

从各民族来看,表3-16显示了各少数民族农业转移人口之间存在显著差异。在月均收入不足2000元中,壮族已接近两成,苗族、布依族、彝族和白族也分别占到一成以上,而回族和土家族明显少一些;在4000元以下各收入段中,壮族和彝族分别超过或者接近七成,苗族、布依族、侗族和白族还分别不到六成,而回族和土家族还分别在五成以下;月均收入在6000元以上的,各少数民族所占比例差异不大。各少数民族在中低收入层次上的差异可能与职业分布差异有关,在非农劳动力市场中,各少数民族依据自身的先赋和自致的特征,被市场筛选进入不同的职业中,他们在职业分布上的差异接着又与其他有差异的特征一起决定群体之间的收入差异。

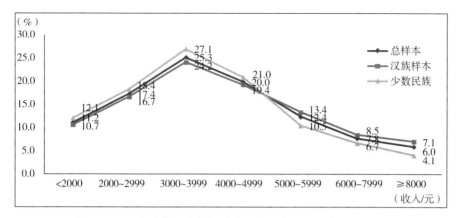

图 3-9　西部少数民族与汉族农业转移人口不同收入段分布

表 3-16　西部少数民族农业转移人口不同收入段分布　单位:%

民族	<2000 元	2000~2999 元	3000~3999 元	4000~4999 元	5000~5999 元	6000~7999 元	≥8000 元	合计
总样本	11.1	17.4	25.3	20.0	12.4	7.8	6.0	100.0
汉族样本	10.7	16.7	24.2	19.4	13.4	8.5	7.1	100.0
少数民族	12.1	18.4	27.2	21.0	10.5	6.7	4.1	100.0
壮族	18.9	28.3	25.8	13.8	4.4	3.8	5.0	100.0
回族	5.2	17.5	23.7	29.9	9.3	8.2	6.2	100.0
苗族	14.5	15.7	26.9	24.1	11.1	4.6	3.1	100.0
彝族	12.4	26.8	26.8	10.3	9.3	7.2	7.2	100.0
土家族	2.2	21.7	22.8	30.4	10.9	12.0	0.0	100.0
侗族	8.9	10.9	35.6	28.7	10.9	4.0	1.0	100.0
布依族	13.4	15.7	29.2	19.0	10.1	8.4	4.2	100.0
白族	11.6	14.5	24.6	20.3	14.5	8.7	5.8	100.0
其他	8.5	20.5	23.9	16.2	17.9	6.9	6.1	100.0

（二）职业分布

表 3-17 反映了西部少数民族农业转移人口的职业分布状况。少数民族农业转移人口主要从事生产运输设备操作，职业分层较为明显。在少数民族转移人口中，从事生产运输设备操作人员所占的比重最大，达到 26.9%，其次是商业服务人员（15.3%）和专业技术人员（8.8%），农林水利生产人员、机关事业

企业负责人和办事员所占比例比较低且差距不大。与汉族农业转移人口相比，少数民族农业转移人口从事商业服务明显低于汉族，商业服务人员在汉族农业转移人口职业中已排在第一位，专业技术人员也比汉族低近6个百分点。按照通常将职业前面的3类作为脑力劳动，其余则属于体力劳动，那少数民族农业转移人口从事体力劳动的高达81.4%，要比汉族高出近6个百分点。

从民族来看，苗族、土家族、侗族和布依族从事生产运输设备操作的比重最高，其次是从事商业服务；而彝族从事商业服务的比重最高，其次是机关事业企业负责人；壮族则以农林水利生产最多，其次是商业服务；回族则以专业技术占比最高，商业服务次之；白族在生产运输设备操作与商业服务分布上大致相当。

表3-17　　西部少数民族农业转移人口职业分布　　单位：%

民族	机关事业企业负责人	专业技术人员	办事人员	商业服务人员	农林水利生产人员	生产运输设备操作人员	不便分类的人员	合计
总样本	5.8	11.6	4.7	19.1	5.5	22.3	31.0	100.0
汉族样本	5.8	13.3	5.0	21.3	4.5	19.6	30.5	100.0
少数民族	5.8	8.8	4.0	15.3	7.3	26.9	31.9	100.0
壮族	4.4	9.8	4.9	15.8	24.6	5.5	35.0	100.0
回族	6.1	20.0	2.6	17.4	5.2	14.8	33.9	100.0
苗族	5.6	7.4	4.4	10.0	5.6	41.6	25.4	100.0
彝族	12.1	9.3	2.8	31.8	4.7	7.5	31.8	100.0
土家族	2.2	5.4	13.0	18.5	1.1	31.5	28.3	100.0
侗族	1.8	6.8	7.8	10.7	1.0	44.7	27.2	100.0
布依族	4.9	5.7	1.4	12.8	7.4	29.8	38.0	100.0
白族	8.0	6.7	1.3	21.3	5.3	22.7	34.7	100.0
其他	9.3	14.8	3.9	18.0	1.6	21.9	30.5	100.0

（三）技能水平

劳动技能关系到农业转移人口就业质量的高低，更是实现其体面就业生活的根本保障。从表3-18的职业技能水平差异来看，少数民族农业转移人口也略低于汉族。少数民族农业转移人口技能"一般"的占到五成以上，而具有高职业技能的人员比重比汉族低。职业技能水平"比较好"和"非常好"合计占38.9%，低于汉族农业转移人口这一比例5.8个百分点。

各少数民族农业转移人口在职业技能评价上基本趋于一致，都是评价为"一般"的比例较高，评价为"比较好"的次之，评价为"非常不好"和"比较不好"的比例较低。

表 3-18 西部少数民族农业转移人口职业技能水平　　　单位:%

民族	非常不好	比较不好	一般	比较好	非常好	合计
总样本	3.0	5.0	49.4	32.9	9.7	100.0
汉族样本	3.0	4.1	48.2	33.9	10.8	100.0
少数民族	3.1	6.3	51.7	31.2	7.7	100.0
壮族	1.7	3.9	54.4	32.8	7.2	100.0
回族	2.6	1.7	39.3	43.6	12.8	100.0
苗族	2.7	9.5	53.4	27.6	6.8	100.0
彝族	0.9	2.8	47.7	41.3	7.3	100.0
土家族	2.2	6.5	54.8	33.3	3.2	100.0
侗族	5.8	3.9	45.6	35.9	8.8	100.0
布依族	3.8	6.8	56.7	24.8	7.9	100.0
白族	6.9	4.2	48.6	30.6	9.7	100.0
其他	3.1	10.8	47.7	31.5	6.9	100.0

（四）务工时间

将农业转移人口的外出务工时间按照"不到1年""1~2年""3~4年""5~9年""10年及以上"这样由短及长的类型进行分类，由表3-19发现西部少数民族农业转移人口随着外出务工时间由短及长的变化，相应类型的人口迁移流动量以"3~4年"为主，"不到1年"比"1~2年"的多，"5~9年"和"10年及以上"数量较多是因为这一类型包含更多的年份类型，与前面单个年份类型的统计不具可比性。与汉族农业转移人口相比较，少数民族农业转移人口外出务工时间累计10年及以上的占25.6%，比汉族农业转移人口低4个百分点；少数民族农业转移人口外出务工超过5年的占48.3%，而汉族农业转移人口这一比例为56.4%；少数民族农业转移人口在"不到1年""1~2年"和"3~4年"三个连续等距的时间段，所占比例较为均衡，而汉族农业转移人口则随着时间越短，所占比例则越少。换句话说，汉族农业转移人口近年增量趋向减弱，而少数民族尚未发现明显的变化。这可能与少数民族地区农村发展晚于汉族地区，少数民族农村人口外出务工时间晚于汉族有关。

就流入本地的时间而言，少数民族农业转移人口平均为4.8年，而汉族农业转移人口为 5.1 年，少数民族农业转移人口的流动性要略大一些，或外出时间晚一些。但总的来说，不论是少数民族还是汉族农业转移人口流入本地的时间均较长，这为农业转移人口的城市融入和市民化创造了有利条件。

表 3-19　西部少数民族与汉族农业转移人口外出务工时间

和流入本地时间　　　　　　　　　单位：%、年

民族	累计外出务工时间分布/%						流入本地时间/年
	不到 1 年	1~2 年	3~4 年	5~9 年	10 年及以上	合计	
总样本	13.0	13.0	20.6	25.1	28.3	100.0	4.9
汉族	11.0	12.7	19.9	26.5	29.9	100.0	5.1
少数民族	16.4	13.5	21.8	22.7	25.6	100.0	4.8

从各少数民族来看，不同少数民族农业转移人口外出务工累计时间和流入本地时间均存在一定的差异，外出务工累计时间与流入本地时间呈正向相关性。由图 3-10 可知，布依族、白族、壮族和苗族农业转移人口外出务工累计时间长达 10年及以上的比例分别为 34.6%、29.3%、28.7% 和 24.8%，外出务工累计时间 5 年以上的均已超过了五成，布依族、白族和壮族农业转移人口来本地时间也都超过了 5 年；土家族、回族和其他少数民族外出时间累计达到 10 年的所占比例不足两成，不到 1 年的也占了不少比例，三者流入本地时间相对较短。各少数民族农业转移人口流入本地时间随着外出累计时间的变化发生同向变化，可以预见，各少数民族农业转移人口流入地在进一步固化，为其市民化创造了条件。

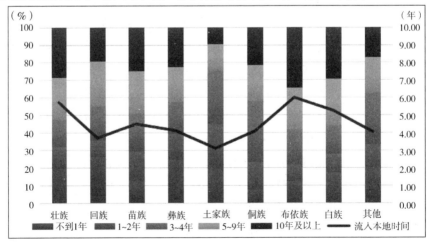

图 3-10　西部少数民族外出务工时间与流入本地时间对比

三、居住特征

（一）住房特征

总体来看，少数民族农业转移人口住房方式以租房为主，占总体的39.4%，单位住房和自有住房相当，都接近三成的比例，而其他如寄住亲友家等情况非常少。与汉族农业转移人口比较，两者的租房方式比例相当，但汉族农业转移人口自有住房比例已接近租房比例，且高出少数民族农业转移人口自有住房7个百分点。两者在住房方式上的差距主要体现在自有住房的比例上。

住房特征受流动范围的影响，不同的迁移流动尺度，住房方式差异较大（参见图3-11）。少数民族农业转移人口自有住房的流动范围越大所占比例越小，县市内流动的自有住房比例为53.4%，省内跨市流动降到20.8%，省际流动再降到11.6%。相反，租住方式的流动范围越大所占比例越大。比例从22.0%提高到40.6%，再提高到57.4%。汉族农业转移人口在自有住房和租房方式上也有着同样的变动方向，但是变动的幅度没有少数民族大。单位住房在县市内流动中，少数民族农业转移人口占的比例比汉族大一些，在省内跨市和省际流动范围上，少数民族农业转移人口与汉族差异不大。

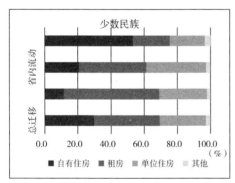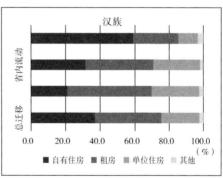

图3-11　西部少数民族与汉族农业转移人口不同流动范围居住类型对比

从各少数民族农业转移人口来看（表3-20），总体上以自有住房为主的有壮族（63.2%）和侗族（43.7%），以租房为主的有回族（41.5%）、彝族（43.8%）、布依族（59.2%）和白族（47.4%），以单位住房为主的有土家族（47.3%）。壮族自有住房比例特别高的原因主要是其就地城镇化比例高，布依族租房比例高的原因则是其样本中以省际迁移为主，土家族单位住房比例高是他们大多居住在经济开发区，由所在企业提供住房。

表3-20　西部少数民族农业转移人口住房特征分布　　单位:%

民族	自有住房	租房	单位住房	其他	合计
壮族	63.2	21.4	13.7	1.7	100.0
回族	27.1	41.5	29.7	1.7	100.0
苗族	24.5	34.5	38.6	2.4	100.0
彝族	23.8	43.8	28.6	3.8	100.0
土家族	26.9	22.6	47.3	3.2	100.0
侗族	43.7	26.2	28.2	1.9	100.0
布依族	19.8	59.2	17.4	3.6	100.0
白族	25.0	47.4	27.6	0.0	100.0
其他	26.2	33.8	36.2	3.8	100.0

（二）定居意愿

表3-21统计了西部少数民族农业转移人口的定居意愿差异。少数民族农业转移人口愿意在城市永久定居的比例已超过一半,但比汉族稍低。有53.9%的少数民族农业转移人口愿意在城市定居,比汉族低近6个百分点。有20.2%的少数民族农业转移人口不愿意在城市定居,而汉族农业转移人口不愿意定居城市的比例只有14.7%。对于不确定是否愿意定居的人群,少数民族和汉族农业转移人口的这一比例均为25%左右。定居意愿是迁移流动人口"去留"的一个重要问题,是影响其社会融入以实现市民化的重要因素。只有打算长期性定居下来,迁移者才会主动融入城市社会生活。在本次调查中,全部样本愿意在流入地永久定居的比例为57.4%,跟以往其他作者的迁移流动人口调查结果较为一致。"永久定居本城市"已是大多数迁移流动人口的选择,也是少数民族农业转移人口的主要向往。

从各少数民族来看,不同少数民族农业转移人口之间的城市定居意愿呈现出明显差异。大致可以分为三个层次:壮族、侗族和回族愿意在城市定居的比例较高,达到了六成以上;而布依族却比较低,只有35.0%的人口愿意在城市定居。其他少数民族愿意在城市定居的比例均在五成和六成之间。对于各少数民族农业转移人口之间的定居意愿差异需要更深入的探讨,结合前面流动跨度特征（表3-9）,我们初步发现壮族的县市内流动比例高（70.7%）,省际流动比例较低（10.9%）,城市定居相对容易,愿意在城市定居的比例也高。而布依族则以省际流动为主（62.4%），县市内流动比较低（25.4%），在城市定居遇到的困难较多，愿意在城市定居的比例就比壮族低得多。其他各少数民族流动跨度相对均衡，愿意在城市定居的比例也处于中间水平。

表 3-21　西部少数民族农业转移人口定居意愿差异　　　　单位：%

民族	愿意	不愿意	不确定	合计
总样本	57.4	16.8	25.8	100.0
汉族样本	59.5	14.7	25.8	100.0
少数民族	53.9	20.2	25.9	100.0
壮族	67.8	10.9	21.3	100.0
回族	63.9	18.5	17.6	100.0
苗族	57.9	16.2	25.9	100.0
彝族	54.1	14.7	31.2	100.0
土家族	55.9	18.3	25.8	100.0
侗族	67.6	10.8	21.6	100.0
布依族	35.0	33.2	31.8	100.0
白族	56.6	18.4	25.0	100.0
其他	54.6	22.3	23.1	100.0

（三）面临的困难

表 3-23 统计了西部各少数民族农业转移人口在城镇面临的各种困难。可以看出，西部少数民族和汉族农业转移人口在城镇遇到的困难具有较强的一致性。首先，二者都普遍担心收入低，其次是住房，再次是工作强度，接下来才是就医、子女教育和社会交往。尽管二者存在细微差别，但这种排序基本稳定。少数民族农业转移人口和汉族都将"工资低"排在了第一位。西部少数民族农业转移人口月均收入为 3683.8 元，而汉族也仅为 4087.3 元，两者与流入地平均收入相比均有较大的差距。对于经济性迁移人口来说，自然最关注收入问题。与收入相关的"房价高"也是其面临的主要困难。而工作强度、社会地位和子女教育等则排位稍靠后。这在一定程度上反映了当前阶段农业转移人口最为关注的仍然是生存问题，发展问题是其次。

表 3-23　西部少数民族农业转移人口生活困难状况　　　单位:%

民族	房价高	工资低	工作任务重	朋友少	孩子上学难	看病贵看病难	其他	合计
总样本	20.2	28.1	15.4	7.7	10.7	12.6	5.3	100.0
汉族样本	20.4	27.9	16.1	7.7	11.0	12.4	4.5	100.0
少数民族	19.8	28.5	14.4	7.8	10.1	12.9	6.5	100.0
壮族	20.5	24.2	11.1	5.1	13.1	15.6	10.5	100.0
回族	19.7	22.9	14.8	9.4	11.3	11.9	10.0	100.0
苗族	22.6	30.8	15.5	8.5	8.3	10.9	3.4	100.0
彝族	21.5	27.4	8.9	6.9	10.6	15.4	9.3	100.0
土家族	21.4	31.1	16.0	5.8	8.7	13.1	3.9	100.0
侗族	18.8	30.2	11.0	10.6	12.2	14.1	3.1	100.0
布依族	16.7	30.6	16.1	8.0	10.4	11.8	6.4	100.0
白族	19.6	29.8	17.3	8.9	9.5	10.7	4.2	100.0
其他	19.4	27.2	16.0	6.8	7.1	15.3	8.2	100.0

第四章

市民化和社会福利测量指标及现状

采用定量研究方法对抽象概念进行测量，使之具象化是社会科学研究最重要的基础。有学者甚至指出，所有研究中的定量问题，都涉及测量。测量就是根据一定的法则，将某种物体或现象所具有的属性或特征用数字或符号表示出来的过程。① 市民化与社会福利都是比较抽象的概念，要准确、科学地测量这些概念，就必须对它们进行操作化处理。本章在阐述测量方法的基础上，着重构建市民化水平、客观福利改善与主观福利水平的测量指标，并分别对测量结果进行统计描述和分析。

第一节　市民化测量指标与现状

一、市民化测量维度与指标构建

许多西方发达国家都是移民比较多的国家，他们很早就对移民同化或融合程度进行过相关测量，建立了相应的指标体系。移民的融合过程可以从宏观和微观两个视角来考察，从宏观的角度主要是分析各国具体背景下移民群体融入国内社会的整体结果，特别是与国内本土人口在各方面的接近程度。近期有代表性的是 Zubikova（2019；2020）的两篇文章②，她主要通过活动率、贫困风

---

① 风笑天. 社会研究方法：第五版 [M]. 北京：中国人民大学出版社，2020：8.

② ZUBIKOVA A. Integration of immigrants in the EU_15：success or failure？[C] //Proceedings of Economics and Finance Conferences. Praha：International Institute of Social and Economic Sciences，2019；ZUBIKOVA A. Assessment of the Immigrants Integration Level in the New Member States of the EU in 2009 – 2018 [J]. Journal of International Migration and Integration，2020，21（2）.

险、高等教育程度、过度拥挤率和健康状况等指标来考察欧洲各国的移民融合水平。从微观的角度来看，移民的融入与个体过程有关。移民有自己的目标，融入社会的决定是他们个人选择的结果。自从戈登（Gonden，1964）区分了测量社会融合的两个方面——文化适应和结构性融合，并发展出 7 个维度进行测量之后，许多作者提出了多种测量方法。Waters 和 Tomás（2005）归纳总结了社会科学家们用来衡量移民同化的核心标准，其中包括：（a）社会经济地位，即教育程度、职业专业化和收入均等；（b）空间集中度（或居住隔离度），根据空间分布和郊区化的不同来界定；（c）语言同化，以英语语言能力和丧失母语为标准；（d）异族婚姻，由种族或血统定义，偶尔由种族和世代定义。[1] 他们认为这几个方面，至今仍是理解移民同化的出发点。本研究主要从微观角度来研究西部少数民族农业转移人口的市民化水平。

目前我国研究者主要从（a）社会经济地位方面来衡量市民化水平，对西方文献看重的另外三个方面（b）（c）（d）关注不多。这是中西方研究对象不同所致，西方移民融合研究涉及不同国籍和不同种族之间的关系，而我国农业转移人口市民化研究不存在这样的关系。在市民化研究中，我国学者根据研究需要发展出了许多测量内容和维度，表 4-1 列举了我国部分学者对市民化测量的主要内容和维度。仔细分析发现，魏后凯和苏红键（2013）提出测量农业转移人口市民化的 6 个标准涵盖的内容较为全面，他们还指出我国在指标体系设计方面通常忽略了"基本公共服务"这一重要维度。[2] 但非常遗憾的是，由于社会身份转变和社会认同存在量化困难，他们仅从政治权利、公共服务、经济生活条件、综合文化素质 4 个方面构建了农业转移人口市民化程度综合指数，在实际运用上，其测量指标体系仍然不够全面。辛宝英（2016）根据 22 位专家意见对每个指标进行赋权，每个指标权重不一。从文化融合、经济地位、社会适应和心理认同等四个维度来建构农业转移人口市民化程度测评指标体系。[3] 另外一些学者构建了稍有不同的指标体系，但核心内容均包括经济、社会、文化、心理等几个维度。研究少数民族农业转移人口市民化的学者，也大多从这些方

---

① WATERS M C，TOMÁS R J. assessing immigrant assimilation：new empirical and theoretical challenges [J]. Annual Review of Sociology，2005，31：105-125.

② 魏后凯，苏红键. 中国农业转移人口市民化进程研究 [J]. 中国人口科学，2013（5）：21-29.

③ 辛宝英. 农业转移人口市民化程度测评指标体系研究 [J]. 经济社会体制比较，2016（4）：156-165.

面入手，如高向东等（2012）、倪超军（2020）、张永梅等（2019）。^① 在整体市民化水平综合指标计算方法上，大部分学者均采用等值加总方法、因子分析或模糊数学方法等来计算市民化程度综合指标，测量内容和维度也大同小异，且大多数研究采用的是研究机构的调查数据，指标选取受限于问卷内容，很难充分涵盖市民化的主要方面，往往导致测量指标体系不完整。

表 4-1　部分学者对市民化的测量

研究者	测量内容和维度
刘传江（2006）	制度因素、市场因素、个人因素
李树苗等（2008）	行为融合、情感融合
王桂新（2008）	居住条件、经济生活、社会关系、政治参与、心理认同
张文宏、雷开春（2008）	经济融合、文化融合、心理融合、身份融合
杨菊华（2009）	经济整合、文化接纳、行为适应、身份认同
张斐（2011）	经济层面、社会层面、心理层面
李培林、田丰（2012）	经济、社会、心理、身份
周皓（2012）	经济、文化、社会、结构、身份
魏后凯、苏红键（2013）	政治权利、公共服务、经济生活条件、综合文化素质、身份转变、社会认同（后两个维度未量化）
杨菊华（2015）	经济整合、社会适应、文化习得、心理认同
辛宝英（2016）	文化融合、经济地位、社会适应、心理认同
徐延辉、龚紫钰（2019）	经济生活、就业方式、生活保障、社会关系、心理认同

　　在农业转移人口市民化测量上，虽然市民化（社会融合）是一个多维度的概念，但并不是在概念的操作化定义中采用的维度越多越好，而应该控制在合理的范围内，以使其后的分析过程简单明了。^② 因此，本研究综合了我国大多数学者的研究成果，共设计 6 个维度 24 个指标（详见表 4-2）。需要指出的是，本研究增加了"公共服务"这一维度，而经济层面的测量采用的是"经济地

① 高向东，余运江，黄祖宏. 少数民族流动人口城市适应研究：基于民族因素与制度因素比较［J］. 中南民族大学学报（人文社会科学版），2012，32（2）：44-49；倪超军. 新疆少数民族农民工市民化水平测度：基于新疆和全国农民工的比较［J］. 新疆农垦经济，2020（6）：40-48；张永梅，何晨晓，桂浩然. 农民工社会融合：基于地区、民族和历时性的比较［J］. 南方人口，2019，34（3）：25-33.
② 周皓. 流动人口社会融合的测量及理论思考［J］. 人口研究，2012，36（3）：27-37.

位"，即采取与城市本地人比较的方法，目的是比较农业转移人口与本地人在经济上的主观评价差距。主观评价没有客观比较那么准确，但更能反映农业转移人口关于自身状况的真实看法，有助于从农业转移人口的视角探究市民化的具体路径，也有助于政策制定者和执行者把握政策方向和拿捏政策尺度。本研究的优势还在于自己设计问卷进行调查，采用多个指标从不同方面反映西部少数民族农业转移人口的市民化情况，使得研究更加完整和系统。

由于测量市民化由多个维度构成，每个维度又由多个指标构成，从各个指标到维度再到市民化综合指数的计算涉及加总方法的选择。在使用模糊集理论进行分析的实证研究中，有两种常用的加总方式：一种是传统集合理论扩展到模糊集理论的交集和并集运算，另一种是简单算术平均或加权平均方式。[①] 标准交集运算不存在各维度间的补偿作用，只考虑最差的维度，因此，如果某一维度福利状况很差，另外一些维度再好也没有太大的意义。这显然不符合我们的研究目的，我们需要反映农业转移人口的整体市民化水平而不是其最低水平。而简单算术平均方法考虑各维度间的补偿关系，福利状况较好的维度可以补偿较差的维度。这正是我们想要的结果。

简单算术平均的表达式如下：

$$U(u_A, u_B, \cdots, u_Z) = \left[\left(\sum_{j=A}^{Z} u(x_j) \right) \cdot \frac{1}{Z} \right]$$

叶静怡和王琼（2014）曾经运用标准的交集运算、弱的交集运算、加权平均和简单算术平均4种方法，对进城务工人员的福利水平进行加总，最终显示，简单算术平均的加总方式得到的隶属度与因子得分的相关系数最高。因此，我们采用简单算术平均方法进行加总计算是较为合理的，下面的农业转移人口主观福利水平（生活满意度）的综合指数也采用这种方法进行加总。

表4-2　西部少数民族农业转移人口市民化指标体系

维度（6个）	指标（24个）	测量
政治参与	选举权与被选举权	有，没有，不清楚
	参与本社区管理	可以，不可以，不清楚
	参与本地党团活动	可以，不可以，不清楚

① 叶静怡，王琼. 进城务工人员福利水平的一个评价：基于Sen的可行能力理论［J］. 经济学（季刊），2014，13（4）：1323-1344.

续表

维度（6个）	指标（24个）	测量
经济地位	收入与当地人相比	高于，相当于，低于，不清楚
	居住条件与当地人相比	好于，差不多，差于，不好说
	生活质量与当地人相比	好于，差不多，差于，不好说
社会适应	本地朋友种数（0~6种）	包括老乡、亲戚、同事、同学或战友、社区居民和邻居、网络交友
	与本地人交往	频繁交往，较少交往，基本不交往
	参与本地社会活动	经常参加，偶尔参加，基本不参加
	业余时间安排与本地人区别	有区别，没有区别，不清楚
文化融入	当地方言掌握程度	完全不熟悉，熟悉，熟悉
	当地风俗习惯熟悉程度	非常不熟悉，比较不熟悉，一般熟悉，比较熟悉，非常熟悉
	穿着打扮与当地比较	一样，不一样，不好说
	当地饮食习惯情况	习惯，不习惯，不确定
心理认同	身份认同	本地人，半本地人，外地人，说不清
	定居打算	已定居，计划定居，不定居，不确定
	本地人态度	友好，不友好，不好判断
	是否遭受歧视	没有，偶尔有，经常有
	是否愿意成为本地人	愿意，不愿意，无所谓
公共服务	工作待遇与本地人区别	一样，不一样，不知道
	子女教育与本地人区别	一样，不一样，不知道
	社会保障与本地人区别	一样，不一样，不知道
	就医待遇与本地人区别	一样，不一样，不知道
	公共设施使用与本地人区别	一样，不一样，不知道

二、市民化现状统计描述

（一）政治参与

表4-3 显示了西部少数民族农业转移人口市民化进程中的政治参与情况。西部少数民族农业转移人口政治参与的知晓率不高，大多数人"不清楚"是否有选举权与被选举权以及是否可以参与社区管理和党团活动，知晓人群中认为

有政治权利的比重也不大。数据显示，分别有41.4%、53.2%和72.4%的比例人口"不清楚"是否有选举权与被选举权、可不可以参与本社区管理和本地党团活动。知晓政治参与的人群中，认为"有"选举权与被选举权的比例也不高（29.8%），认为"可以"参与本社区管理和本地党团活动的比例也较小（23.4%和19.5%）。与汉族相比较，少数民族的政治参与表现出更为积极的主体意识。少数民族认为"有"选举权与被选举权的比例高于汉族；认为"可以"参与本社区管理和本地党团活动的比例都高于汉族。

从各个少数民族来看，政治参与大致呈现出指标不同步，各民族同步的特点。在各少数民族"不清楚"政治参与的情况中，本地党团活动比重最大，其次是本社区管理，最后是选举权与被选举权，也就是说少数农业转移人口对政治参与的三个方面，知晓的程度不一样；知道"有"选举权与被选举权的比重也比认为"可以"参与社区管理和党团活动的比重高。但是，各指标在各个少数民族中几乎是同步的，回族、土家族、侗族和壮族各指标均显示出了较高的政治参与度，而布依族则在各指标中均显示出较低的政治参与度，这是布依族迁移特征以省际迁移流动为主而导致的结果。

表4-3 西部少数民族农业转移人口市民化进程中的政治参与　　单位：%

	选举权和被选举权			参与本社区管理			参与本地党团活动		
	有	没有	不清楚	可以	不可以	不清楚	可以	不可以	不清楚
总样本	28.0	29.6	42.4	22.7	24.8	52.5	18.7	9.7	71.6
汉族样本	26.9	30.1	43.0	22.3	25.7	52.0	18.2	10.6	71.2
少数民族	29.8	28.8	41.4	23.4	23.4	53.2	19.5	8.1	72.4
壮族	37.5	21.7	40.8	23.9	23.4	52.7	17.9	5.5	76.6
回族	30.3	23.5	46.2	26.9	13.4	59.7	22.0	1.7	76.3
苗族	33.8	24.7	41.5	24.5	23.3	52.2	21.8	8.0	70.2
彝族	32.1	31.2	36.7	23.9	19.2	56.9	18.3	2.8	78.9
土家族	36.6	22.5	40.9	31.5	28.3	40.2	25.0	5.4	69.6
侗族	34.0	27.2	38.8	27.2	18.4	54.4	20.4	6.8	72.8
布依族	18.1	36.3	45.6	16.8	28.7	54.5	13.9	12.6	73.5

	选举权和被选举权			参与本社区管理			参与本地党团活动		
	有	没有	不清楚	可以	不可以	不清楚	可以	不可以	不清楚
白族	26.4	28.9	44.7	22.4	22.4	55.2	17.3	13.3	69.4
其他	34.6	35.4	30.0	27.1	21.7	51.2	26.9	10.0	63.1

（二）经济地位

表 4-4 显示了西部少数民族农业转移人口市民化进程中的经济地位。西部少数民族农业转移人口大多数的收入"低于"当地人口收入，居住条件和生活质量与当地相比"差不多"占比最大，但"差于"当地的也不少。农业转移人口收入"低于"当地的比重最大，为 41.4%，"相当于"当地的也不到三成，"高于"当地的仅有 6.7%；居住条件与当地"差不多"的有 35.8%，但是也同样有相当的比例"差于"当地（34.3%），"好于"当地的非常少（4.2%）。生活质量与居住条件特征相似，集中在"差不多"和"差于"，两者合计超过七成，"好于"当地的同样非常少（3.6%）。与汉族比较，少数民族经济地位明显低于汉族，尽管两者在超过当地的部分比重差别不大，但在经济地位与当地"差不多"的比重上，少数民族明显低于汉族。

从各个少数民族来看，经济地位大致呈现出指标不同步但各民族同步的特点。各少数民族与当地相比"差不多"的经济地位中，生活质量和居住条件明显高于收入水平，而在"差于"当地情况中，生活质量和居住条件明显低于收入水平。但是，在各个少数民族中几乎是同步的，即不同少数民族在各个指标值的排序上基本一致，只是壮族、侗族和土家族各指标均显示出了较高的经济地位，而布依族则在各指标中均出现较低的经济状况，显然也与布依族的迁移特征有关。

表 4-4　西部少数民族农业转移人口市民化进程中的经济地位　　单位:%

	收入与当地人相比				居住条件与当地人相比				生活质量与当地人相比			
	高于	相当于	低于	不清楚	好于	差不多	差于	不好说	好于	差不多	差于	不好说
总样本	6.6	29.1	40.4	23.9	3.8	39.7	32.0	24.5	3.7	42.0	30.3	24.0
汉族样本	6.5	30.0	39.7	23.6	3.6	42.1	30.7	23.7	3.7	44.2	28.7	23.4
少数民族	6.7	27.7	41.4	24.2	4.2	35.8	34.3	25.7	3.6	38.3	32.9	25.2

续表

	收入与当地人相比				居住条件与当地人相比				生活质量与当地人相比			
	高于	相当于	低于	不清楚	好于	差不多	差于	不好说	好于	差不多	差于	不好说
壮族	3.8	29.0	39.9	27.3	2.7	46.4	22.4	28.5	2.2	47.5	21.3	29.0
回族	9.7	25.7	43.4	21.2	7.3	27.9	36.9	27.9	3.6	38.4	28.6	29.4
苗族	6.5	34.7	36.2	22.6	5.9	40.6	33.5	20.0	5.0	42.4	32.9	19.7
彝族	8.3	21.1	48.6	22.0	5.7	28.0	35.5	30.8	6.5	36.1	32.4	25.0
土家族	16.1	19.4	40.9	23.6	7.5	37.6	31.2	23.7	8.6	36.6	31.2	23.6
侗族	10.7	32.0	30.1	27.2	2.9	45.6	29.1	22.4	1.9	44.7	35.0	18.4
布依族	2.9	22.5	47.6	27.0	1.6	26.9	42.1	29.4	1.9	31.1	38.3	28.7
白族	9.2	25.0	40.8	25.0	5.3	37.3	33.3	24.1	3.9	36.8	32.9	26.4
其他	7.1	33.1	41.7	18.1	3.9	36.9	33.8	25.4	2.3	34.1	37.2	26.4

（三）社会适应

表4-5显示了西部少数民族农业转移人口市民化进程中的社会适应状况。西部少数民族农业转移人口的本地朋友种类较少、与本地人"较少交往"、本地社会活动参与率较低、业余时间安排与本地人有着一定的差距。数据显示，少数民族农业转移人口本地朋友不多，以"2~3种"朋友为主（46.5%）；与本地人"较少交往"（44.5%），甚至还有14.9%的人口与本地人"基本不交往"。本地社会活动参与率较低，"经常参加"社区活动的只有12.1%。业余时间安排有28.2%的人与本地人"有区别"。对比汉族农业转移人口，少数民族的朋友种类多于汉族，"频繁交往"的比例也比汉族高，"经常参与"社区活动的比例也比汉族高，但是在业余时间的安排上与本地人的区别比汉族要大。

从各个少数民族来看，社会适应总体呈现出各指标不同步但各民族同步的特点。各少数民族在与本地人交往和业余时间的安排上表现出了较高的社会适应性，但在本地朋友种类和参与本地社会活动上却出现了较低的社会适应性。就各民族而言，社会适应各指标却具有同步性，壮族"4~5种"最多（22.9%），与本地"频繁交往"比例也最大（56.8%），同时"基本不参加"本地社会活动的也最少（32.2%），认为业余时间安排与本地人"没有区别"的比例也最大（40.1%），而布依族的社会适应各指标则显示出了较低的适应性。根本的问题，还是在于壮族和布依族的迁移特征差别所致。

表4-5　西部少数民族农业转移人口市民化进程中的社会适应

单位：%

	本地朋友种数			与本地人交往			参与本地社会活动			业余时间安排与本地人区别		
	0～1种	2～3种	4～5种	频繁交往	较少交往	基本不交往	经常参加	偶尔参加	基本不参加	有区别	没有区别	不清楚
总样本	37.5	49.6	12.9	38.3	46.3	15.4	9.8	44.3	45.9	26.3	37.3	36.4
汉族样本	37.4	51.3	11.3	36.9	47.4	15.7	8.4	44.8	46.8	25.1	38.3	36.6
少数民族	37.7	46.5	15.8	40.6	44.5	14.9	12.1	43.6	44.3	28.2	35.7	36.2
壮族	34.2	42.9	22.9	56.8	31.7	11.5	13.7	54.1	32.2	19.8	40.1	40.1
回族	32.8	53.8	13.4	47.0	38.7	14.3	18.6	49.2	32.2	33.1	31.4	35.5
苗族	37.0	48.5	14.5	40.4	45.1	14.5	12.3	46.2	41.5	29.7	34.4	35.9
彝族	42.2	43.1	14.7	51.9	39.8	8.3	14.8	52.8	32.4	36.1	33.3	30.6
土家族	35.5	51.6	12.9	33.7	51.1	15.2	12.9	38.7	48.4	33.7	38.0	28.3
侗族	23.3	57.3	19.4	38.8	53.4	7.8	6.8	42.7	50.5	22.3	39.8	37.9
布依族	38.2	47.5	14.3	32.6	49.6	17.8	9.4	33.6	57.0	23.7	35.1	41.2
白族	56.6	31.6	11.8	30.6	50.7	18.7	9.2	39.5	51.3	21.1	42.1	36.8
其他	46.2	37.0	16.8	37.7	40.8	21.5	14.3	44.4	41.3	42.3	31.5	26.2

（四）文化融入

表4-6显示西部少数民族农业转移人口市民化进程中的文化融入情况。少数民族农业转移人口绝大多数"习惯"当地饮食，穿着打扮与当地"一样"程度高，但不够熟悉当地风俗习惯，也很少掌握当地方言。调查数据表明，少数民族农业转移人口有73.1%的人"习惯"当地饮食，66.7%的人跟当地"一样"的穿着打扮，但是"比较熟悉"和"非常熟悉"当地风俗习惯的合计只有26.4%，"不会讲能听懂"当地方言的只有16.5%。与汉族比较，少数民族农业转移人口掌握当地方言比汉族好，当地饮食"习惯"程度跟汉族农业转移人口相当，穿着打扮"一样"程度不如汉族，也没有汉族"比较熟悉"当地风俗习惯。

从各个少数民族来看，文化融入总体上呈现出各指标不同步但各民族同步的特点。文化融入各指标是不同步的，各少数民族在穿着打扮和饮食习惯上融入的程度较高，而在当地方言和风俗习惯上融入程度较低。但各民族是同步的，尽管不同民族间存在一定差别。壮族、彝族和土家族对当地方言掌握较好，同时也较为熟悉当地风俗习惯，穿着打扮、饮食习惯"当地化"程度也比较高。而布依族和白族各指标的融入程度相对都较低。进一步研究发现，壮族流动距离超过1000公里的仅为2.7%，而布依族却占到了57.7%，布依族远距离的流动远大于壮族，说明少数民族农业转移人口市民化进程中文化融入与流动距离有一定的关系。

（五）心理认同

表4-7显示出西部少数民族农业转移人口市民化进程中的心理认同情况。少数民族农业转移人口大多数认为本地人对其"友好""没有"遭到歧视、"愿意"成为本地人，但是"本地人"的身份认同感不强烈，"已定居"也不多。少数民族农业转移人口有61.5%的人认为本地人对其"友好"、有62.4%人"没有"遭到本地人歧视，有48.9%的人"愿意"成为本地人，但是只有37.1%的人认为自己是"本地人"，也只有28.1%的人"已定居"流入地。与汉族比较，少数民族农业转移人口除了"本地人"的身份认同比重高于汉族，其他心理认同均不如汉族。

表4-6 西部少数民族农业转移人口市民化进程中的文化融入

单位：%

	当地方言掌握程度				当地风俗习惯熟悉程度					穿着打扮与当地比较			当地饮食习惯情况		
	完全不熟悉	比较不熟悉	一般熟悉	不会讲能听懂	非常不熟悉	比较不熟悉	一般熟悉	比较熟悉	非常熟悉	一样	不一样	不好说	习惯	不习惯	不确定
总样本	40.7	27.0	18.2	14.1	13.3	22.4	36.1	18.0	10.2	68.4	15.0	16.6	74.0	16.1	9.9
汉族样本	40.5	27.5	19.3	12.7	11.7	22.5	36.4	19.0	10.4	69.4	15.3	15.3	74.5	16.1	9.4
少数民族	41.1	26.1	16.3	16.5	15.8	22.2	35.6	16.4	10.0	66.7	14.5	18.8	73.1	16.2	10.7
壮族	57.1	23.9	9.2	9.8	8.2	15.8	32.1	29.3	14.6	78.8	4.9	16.3	90.2	3.3	6.5
回族	48.3	24.6	12.7	14.4	16.9	16.1	40.7	13.6	12.7	65.3	13.6	21.1	69.5	19.5	11.0
苗族	47.1	30.3	12.6	10.0	12.1	20.9	40.9	16.5	9.6	70.3	12.4	17.3	80.6	10.3	9.1
彝族	38.0	38.0	17.5	6.5	9.3	21.3	40.7	20.4	8.3	75.9	9.3	14.8	86.2	8.3	5.5
土家族	54.8	15.1	10.7	19.4	14.0	25.8	21.5	21.5	17.2	75.3	12.9	11.8	78.5	8.6	12.9
侗族	39.8	22.3	31.1	6.8	10.7	18.5	48.5	10.7	11.7	71.8	9.7	18.5	76.7	13.6	9.7
布依族	26.1	22.1	18.4	33.4	27.2	24.9	27.8	11.4	8.7	55.5	19.7	24.8	53.1	31.8	15.1
白族	29.3	32.0	24.0	14.7	13.3	25.3	41.3	16.1	4.0	55.3	28.9	15.8	62.7	22.7	14.6
其他	40.8	29.2	19.2	10.8	14.6	31.5	36.9	13.2	3.8	63.1	20.0	16.9	79.7	11.7	8.6

表4-7　西部少数民族农业转移人口市民化进程中的心理认同

单位：%

	身份认同				定居打算				本地人态度			是否遭受歧视			是否愿意成为本地人		
	本地人	半本地人	外地人	说不清	已定居	计划定居	不定居	不确定	友好	不友好	不好判断	没有	偶尔有	经常有	愿意	不愿意	无所谓
总样本	35.3	22.7	29.7	12.3	29.2	19.1	20.9	30.8	63.8	6.3	29.9	63.7	29.4	6.9	51.1	20.6	28.3
汉族样本	34.2	24.5	28.4	12.9	29.9	20.1	20.1	29.9	65.2	5.8	29.0	64.5	29.1	6.4	52.4	18.4	29.2
少数民族	37.1	19.7	31.9	11.3	28.1	17.4	22.3	32.2	61.5	7.1	31.4	62.4	30.0	7.6	48.9	24.4	26.7
壮族	63.6	13.0	16.3	7.1	48.9	16.5	9.3	25.3	76.5	2.2	21.3	68.9	26.8	4.3	72.0	9.9	18.1
回族	33.9	21.2	29.7	15.2	22.0	22.9	16.1	39.0	63.6	5.1	31.3	64.4	28.0	7.6	55.9	22.0	22.1
苗族	40.1	26.8	22.4	10.7	29.4	19.7	19.7	31.2	62.9	7.4	29.7	64.4	26.5	9.1	48.5	20.9	30.6
彝族	30.3	27.5	29.4	12.8	23.9	19.3	15.6	41.2	69.7	3.6	26.6	61.5	34.9	3.6	51.4	18.3	30.3
土家族	45.2	17.2	26.9	10.7	33.3	17.2	20.4	29.1	64.5	4.3	31.2	73.1	19.4	7.5	57.6	18.5	23.9
侗族	41.7	24.3	17.5	16.5	37.9	21.4	18.4	22.3	58.3	13.6	28.1	67.0	31.1	1.9	46.6	26.2	27.2
布依族	25.2	11.4	51.7	11.7	19.7	8.5	34.9	36.9	50.5	8.8	40.7	53.1	35.8	11.1	32.1	38.0	29.9
白族	26.3	19.7	46.1	7.9	17.1	25.0	26.3	31.6	53.9	13.2	32.9	56.6	36.8	6.6	40.8	27.6	31.6
其他	32.3	24.6	32.3	10.8	23.8	23.8	23.8	28.6	64.3	7.0	28.7	65.4	27.7	6.9	57.8	23.4	18.8

从各个少数民族来看，心理认同总体上呈现出各指标不同步但各民族同步的特点。各少数民族"已定居"的比重都是最低的，而"愿意"成为本地人的比例都是最高的，表明不论哪个少数民族在不同指标上都存在差距，但是各民族同步，不同少数民族不同指标值的高低排序基本一致。但不同民族内部存在一定差距，如壮族心理认同中"本地人"身份、"已定居"情况、本地人"友好"的态度、"没有"受到歧视和"愿意"成为本地人的比重均最高，分别为63.6%、48.9%、76.5%、68.9%和72.0%。而布依族心理认同中"本地人"身份、"已定居"情况、本地人"友好"的态度、"没有"受到歧视和"愿意"成为本地人的比重均最低，分别为25.2%、19.7%、50.5%、53.1%和32.1%。其他民族的心理认同情况介于两者之间。这是因为样本中壮族县市内流动多，而布依族省际流动占比大，说明少数民族农业转移人口市民化进程中心理认同与流动范围存在一定的关系。

（六）公共服务

表4-8显示西部少数民族农业转移人口市民化进程中公共服务领域感受与当地人的差距。少数民族农业转移人口大多数在公共服务领域感受与本地人"一样"。公共服务中的工作待遇、子女教育、社会保障、就医待遇和公共设施的使用等方面与本地人"一样"的比重均超过了四成，甚至在公共设施的使用上，"一样"比重高达61.6%；认为与本地人"不一样"的公共服务主要是在子女教育、工作待遇、社会保障和就医待遇方面，有两成左右。与汉族相比较，少数民族农业转移人口在工作待遇和社会保障方面感受与本地人的差距稍大。总的来看，少数民族农业转移人口认为与当地人差距不大，说明少数民族农业转移人口在保障基本生活和提高生活质量的基本公共服务方面，获得了阶段性的满足。

从各个少数民族来看，公共服务总体上呈现各指标不同步而各民族同步的特征。各民族在公共服务的各个方面认为与本地人"一样"的比重都是最高，而与本地人"不一样"的比重都是最低。但是各民族是同步的，只是壮族在公共服务领域中工作待遇、子女教育、社会保障、就医待遇和公共设施使用方面认为与本地人"一样"的比例均最高，分别为59.3%、55.0%、58.8%、64.3%和69.3%。而布依族认为与本地"一样"的比例均最低，分别为39.2%、39.0%、34.1%、36.5%和47.8%。其他民族的公共服务情况介于两者之间。这是因为样本中壮族县市内流动多，而布依族省际流动占比大，这说明少数民族农业转移人口市民化进程中公共服务的享用情况与流动范围存在一定的关系。

表 4—8 西部少数民族农业转移人口市民化进程中的公共服务

单位：%

	工作待遇与本地人区别			子女教育与本地人区别			社会保障与本地人区别			就医待遇与本地人区别			公共设施使用与本地人区别		
	一样	不一样	不知道	一样	不一样	不知道	一样	不一样	不知道	一样	不一样	不知道	一样	不一样	不知道
总样本	53.6	21.3	25.1	42.0	25.3	32.7	49.7	17.5	32.8	49.0	21.6	29.4	63.4	11.6	25.0
汉族样本	55.1	19.8	25.1	42.2	25.7	32.1	51.5	16.6	31.9	49.6	21.6	28.8	64.5	11.6	23.9
少数民族	51.1	23.8	25.1	41.8	24.6	33.6	46.8	19.1	34.1	48.2	21.7	30.1	61.6	11.5	26.9
壮族	59.3	14.8	25.9	55.0	12.8	32.2	58.8	8.2	33.0	64.3	11.0	24.7	69.3	6.7	24.0
回族	54.2	22.9	22.9	43.1	30.2	26.7	53.8	18.8	27.4	53.4	21.6	25.0	65.0	10.3	24.7
苗族	53.2	20.9	25.9	38.6	25.1	36.3	46.6	18.3	35.1	49.0	16.8	34.2	65.3	11.6	23.1
彝族	56.0	21.1	22.9	41.3	27.5	31.2	48.6	17.5	33.9	50.5	20.2	29.3	67.0	11.9	21.1
土家族	62.0	17.4	20.6	50.0	16.3	33.7	58.7	12.0	29.3	55.6	12.2	32.2	68.5	8.7	22.8
侗族	59.2	21.4	19.4	45.6	17.5	36.9	52.4	15.5	32.1	48.5	30.1	21.4	66.0	2.9	31.1
布依族	39.2	32.8	28.0	39.0	28.5	32.5	34.1	28.5	37.4	36.5	31.9	31.6	47.8	17.7	34.5
白族	43.4	27.7	28.9	25.3	40.0	34.7	38.7	20.0	41.3	34.7	25.3	40.0	50.7	12.0	37.3
其他	51.5	25.4	23.1	39.1	23.4	37.5	50.4	18.1	31.5	52.7	19.4	27.9	70.5	10.1	19.4

第二节　社会福利测量指标与现状

一、社会福利测量维度与指标构建

在福利测量方面，很长时间都只是测量了福利的经济方面。直到 20 世纪 60 年代出现所谓的社会指标运动，福利才开始被看作一个多维概念，它不仅仅是经济问题，健康、教育、就业、环境等因素都是衡量福利的重要方面。① 社会福利的概念建立在个人福利基础之上。受边沁功利主义哲学的影响，庇古（Pigou）教授认为"社会福利"是各个人的福利总和，一个人的福利是他所感到满足的总和。社会福利一词在 1960 年以前很大程度上是指由个人福利聚合而成的整个社会的总福利，是一个聚合函数。伯格森和萨缪尔森提出著名的社会福利函数来表示一个社会的福利总和，阿罗（Kenneth Arrow，1951）曾试图证明这一函数形式的计算方式，但证明结果发生了戏剧性改变。阿罗发现在满足一组最小条件（社会秩序的传递性、普遍域、弱帕累托原则、无关的替代的独立性和非独裁性）的情况下，不存在将个人福利秩序聚集在一组替代或社会秩序上的程序。这就是著名的阿罗不可能定理。阿马蒂亚·森（Amartya Sen，1970）认为，阿罗定理关键依赖于个人福利不具有人际可比性的假设，而如果给定福利水平或单位的人际可比性，这种不可能的结果就会消失。② 这说明某种综合的社会福利估值是可以计量的。

阿马蒂亚·森认为，关于福利评估的许多问题的相关信息是多维的。他的框架比阿罗的更普遍，因为它允许可测量性和人际可比性的替代假设，据此可以评估每个人相对于一组替代方案的福利。在实践层面上，联合国开发计划署使用的人类发展指数（HDI）也是一种指标替代方法。社会指标方法包括将福利分成各种组成部分或领域，如卫生、教育、住房等，在每个组成部分中设计一系列社会指标，这样每个组成部分就有一系列社会指标。从整体上看，这些

---

① NOLL H H. Social indicators and quality of life research：Background，achievements and current trends［M］//GENOV N. Advances in sociological knowledge：over half a century. Paris：International Social Science Council.

② LIST C. Multidimensional welfare aggregation［J］. Public Choice，2004，119（1/2）：119-142.

社会指标反映了构成有关个人的社会福利或福祉。① 福利变化是一个复杂的非物质性事态，按照福利经济学的观点，其衡量方法一方面可以通过福利指标进行衡量，另一方面可以通过个体的主观感受。本研究主要采用后一种方法进行测量。

关于主观福利（主观幸福感）的评估基于这样的假设：人类不仅能够评价事件、生活环境和自己，而且还会用善恶来评价事物。主观幸福感是指一个人对生活做出积极反应的整体体验，可能既有稳定的成分，也有可变的成分。一个人的即时情绪可能不断变化，但也可能会回到一个由他的性情和生活环境决定的平均基线。生活满意度是指一个人对自己生活的一种有意识的整体判断，因此生活满意度具有长期稳定性，可以作为主观幸福感的替代。② 与此同时，生活满意度可以分解为对不同领域的满意度，如工作、收入、住房、社会环境等，这些领域还可以进一步细分。

我国研究者基本上都是在森的可行能力框架下构建反映福利变化的功能性活动和指标，来测量城镇化各类群体（农民工、失地农民、农业转移人口等）的福利水平及其变化情况。自从高进云等（2007）基于森的可行能力框架，并运用模糊评价法测量失地农民的福利变化之后③，这种测量方法就主要被用于测量农民在失地前后（包括耕地或宅基地）、农民集中居住后的福利变化④，但由于包括森在内的学者也没有提供测量功能性活动和可行能力的明确清单，因而不同作者在选择测量指标上经常存在差异，一些作者选择的测量指标可能并不合适。比如，叶静怡和王琼（2014）所选择的"社会资本"指标本身是提高社会福利的手段，而不是社会福利本身。⑤ 更重要的是，森的可行能力方法所测量的福利水平，是一种包括客观福利和主观福利在内的混合评价法，无法区分客

① ESPINA P Z, ARECHAVALA N S. an assessment of social welfare in Spain: territorial analysis using a synthetic welfare indicator [J]. Social Indicators Research, 2013, 111 (1): 1-23.

② DIENER E. Assessing subjective well-being: progress and opportunities [J]. Social Indicators Research, 1994, 31 (2): 103-157.

③ 高进云，乔荣锋，张安录. 农地城市流转前后农户福利变化的模糊评价：基于森的可行能力理论 [J]. 管理世界，2007 (6): 45-55.

④ 丁琳琳，吴群，李永乐. 新型城镇化背景下失地农民福利变化研究 [J]. 中国人口·资源与环境，2017, 27 (3): 163-169; 伽红凯，王树进. 集中居住前后农户的福利变化及其影响因素分析：基于对江苏省农户的调查 [J]. 中国农村观察，2014 (1): 26-39; 蒋和胜，费翔，唐虹. 不同经济发展水平下集中居住前后农民的福利变化：基于成都市不同圈层的比较分析 [J]. 经济理论与经济管理，2016 (4): 87-99.

⑤ 叶静怡，王琼. 进城务工人员福利水平的一个评价：基于 Sen 的可行能力理论 [J]. 经济学（季刊），2014, 13 (4): 1323-1344.

观福利和主观福利。但从国内外实证研究的经验来看，客观福利和主观福利有很大的不同。特别是一些作者早就指出，移民的客观福利可能是一个直线改善过程①，而主观福利可能表现出很强的稳定性，变化并不明显。② 因此，有必要对客观福利和主观福利分开测量。

表4-9列举了我国部分学者对农民失地前后社会福利变化的测量，这些维度和指标虽然不尽一致，但大多包括家庭经济状况、居住条件、社会保障、社会机会、心理因素等核心内容。有些维度虽然采用相同的名称，但是其内部构成指标可能存在较大差别。其原因可能是大多数现有研究都是基于现有数据来设计测量维度和指标，这样就难免存在一些残缺。且主要是对客观福利进行测量，只有通过心理因素维度测量主观福利，指标涵盖的内容有限。总体来看，目前学术界对福利指标的选择和福利水平的衡量仍没有定论。本研究是专门针对农业转移人口进行设计的调查问卷，测量维度和指标比较完整。

与已有研究相比，本研究在以下几个方面做了改进：（1）单列了就业福利维度，找到合适的就业岗位是农业转移人口在城镇立足的第一步，就业机会与就业信息获得对于他们来说是极其重要的，拥有失业保险则是他们留下来的重要保障。（2）收入福利不是单一指标，年老和遭遇困难时的收入补偿也是重要的收入福利指标，因此我们将养老保障收入和社会救助收入列入收入福利指标。（3）将社会保障维度进行分解：失业保险归入就业福利，养老保险和社会救助归入收入福利，医疗保险归入健康福利。（4）主观福利单独测量，且覆盖范围更广，包括8个指标，从工作、收入、身心健康、住房、本人及子女教育、社会交往、生活环境、公共服务八方面主观评价满意度，构成生活满意度综合指标（具体参见表4-10和表4-11）。

主观福利（subjective well-being）测量可以分为三个主要的需要独立测量和解释的类别：生活评价、积极情绪和消极情绪。生活评价主要是生活满意度评价，Krueger 和 Schkade（2008）对情绪和生活满意度的评估显示了大致相同的重测可靠性，但其可能决定因素的结构不同，生活环境（例如，收入）与生活满意度的关系比与情绪的关系更密切。特别是，生活满意度更多地反映了个人

---

① ALBA R D, NEE V. Rethinking assimilation theory for a new era of immigration [J]. International Migration Review, 1997, 31（4）：826-874.

② SAFI M. Immigrants' life satisfaction in Europe：between assimilation and discrimination [J]. European Sociological Review, 2010, 26（2）：159-176；BARTRAM D. Economic migration and happiness：comparing immigrants' and natives' happiness gains from income [J]. Social Indicators Research, 2011, 103（1）：57-76.

生活的广泛和持续的环境，而情绪则更不稳定。[①] 因此，本研究我们采用生活满意度作为主观福利的代理指标。在各种满意度的回答取值为 1~5 级，表示从非常不满意到非常满意的满意度的递增，即 1 = "非常不满意"，2 = "比较不满意"，3 = "一般满意"，4 = "比较满意"，5 = "非常满意"。

表4-9　部分学者对农民失地前后社会福利变化的测量指标

研究者	测量内容和维度
高进云等（2007）	家庭经济收入、社会保障、居住条件、社区生活、环境和心理
尹奇等（2010）	经济状况、居住条件、社会保障、环境、发展空间、心理状况
徐烽烽等（2010）	家庭经济状况、社会保障、社会机会、心理因素
袁方、蔡银莺（2012）	农业收入、非农业收入、支出水平、社会福利、生活福利和环境福利
袁方等（2012）	家庭经济状况、社会保障、生活条件、景观环境、心理因素
樊士德（2014）	医疗卫生服务、基本社会保障、子女义务教育、政治知情权与表达权
朱珊、黄朝禧（2014）	家庭经济状况、社会保障、居住和生活条件、环境、参与自由及合理性、情感
周义、李梦玄（2014）	家庭经济状况、社会保障、居住状况、社会性心理
伽红凯、王树进（2014）	家庭经济状况、居住条件、居住环境、社会保障、社区活动、社会机会
蒋和胜等（2016）	家庭经济状况、居住条件、居住环境、社会保障、社区活动、社会资源
丁琳琳等（2017）	经济状况、居住条件、居住环境、社会保障、社会机会

表4-10　农业转移人口客观福利改善测量指标体系

维度	指标	测量		
就业福利	就业培训机会变化情况	①变差	②不变	③变好
	就业介绍信息变化情况	①变差	②不变	③变好
	失业保险变化情况	①变差	②不变	③变好

---

① KRUEGER A B, SCHKADE D. The reliability of subjective well-being measures [J]. Journal of Public Economics, 2008, 92 (8/9): 1833-1845.

续表

维度	指标	测量		
收入福利	劳动收入变化情况	①变差	②不变	③变好
	养老保障收入变化情况	①变差	②不变	③变好
	社会救助项目变化情况	①变差	②不变	③变好
健康福利	医疗保险水平变化情况	①变差	②不变	③变好
	工伤保险水平变化情况	①变差	②不变	③变好
	体检机会变化情况	①变差	②不变	③变好
住房条件	住房宽敞度变化情况	①变差	②不变	③变好
	住房便利性变化情况	①变差	②不变	③变好
	住房舒适度变化情况	①变差	②不变	③变好
教育机会	自己或子女教育机会变化情况	①变差	②不变	③变好
	自己或子女教育选择变化情况	①变差	②不变	③变好
	助学金、奖学金变化情况	①变差	②不变	③变好
生活环境	各种福利设施变化情况	①变差	②不变	③变好
	社会治安变化情况	①变差	②不变	③变好
	水、空气等环境安全变化情况	①变差	②不变	③变好

表4-11 农业转移人口主观福利水平测量指标体系

	请打分（分数越高满意度越高）
1. 您对自己本地工作的满意度是	1　2　3　4　5
2. 您对自己本地个人收入的满意度是	1　2　3　4　5
3. 您对自己身心健康的满意度是	1　2　3　4　5
4. 您对自己本地住房的满意度是	1　2　3　4　5
5. 您对自己或子女本地教育培训的满意度是	1　2　3　4　5
6. 您对自己本地社会交往的满意度是	1　2　3　4　5
7. 您对自己本地生活环境的满意度是	1　2　3　4　5
8. 您对自己本地公共服务的满意度是	1　2　3　4　5

二、社会福利现状统计描述

(一)客观福利变化

1. 就业福利变化

表4-12显示了西部少数民族农业转移人口就业福利变化情况。少数民族农业转移人口就业培训机会和失业保险以"不变"为主,就业介绍信息"不变"与"变好"相当。少数民族农业转移人口就业福利"变好"以就业介绍信息变化最大,其次是就业培训机会变化,最后是失业保险的变化,三方面"变好"的比例依次为45.1%、41.1%和34.1%。汉族也有类似的特点,只是感受"变好"的比例稍低于少数民族。失业保险是社会保险主要项目之一,在就业福利变化中成为短板,可能是由于各种原因,少数民族农业转移人口参与率与受益率比较低,因此感受到失业保险的变化较小。

从各少数民族的对比来看,就业福利的变化顺序是一致的,就业介绍信息"变好"最大,就业培训机会"变好"次之,失业保险"变好"最小;不同之处在于各民族对就业福利各方面变化感受存在差距。彝族在就业福利的就业培训机会变化和失业保险变化感受"变好"的比例都最大,分别为49.1%、50.9%和40.7%;而侗族在这三方面感受"变好"的比例最小,分别为30.1%、36.9%和24.3%。

表4-12 西部少数民族农业转移人口就业福利变化　　单位:%

	就业培训机会变化			就业介绍信息变化			失业保险变化		
	变差	不变	变好	变差	不变	变好	变差	不变	变好
总样本	12.0	48.3	39.7	10.9	48.2	40.9	11.3	55.3	33.4
汉族样本	12.2	49.0	38.8	11.6	50.0	38.4	11.3	55.6	33.1
少数民族	11.8	47.1	41.1	9.9	45.0	45.1	11.1	54.8	34.1
壮族	4.6	56.8	38.6	3.4	54.0	42.6	5.6	61.4	33.0
回族	12.0	41.0	47.0	12.0	33.3	54.7	12.0	54.7	33.3
苗族	18.3	42.6	39.1	12.9	41.2	45.9	15.9	47.6	36.5
彝族	4.6	46.3	49.1	3.7	45.4	50.9	4.7	54.6	40.7
土家族	19.6	41.3	39.1	17.3	37.0	45.7	14.2	46.7	39.1
侗族	9.7	60.2	30.1	8.7	54.4	36.9	10.7	65.0	24.3
布依族	8.9	50.1	41.0	8.1	49.3	42.6	9.9	57.4	32.7
白族	13.2	42.1	44.7	11.8	42.1	46.1	13.1	47.4	39.5
其他	14.0	39.5	46.5	13.2	41.1	45.7	11.6	58.9	29.5

2. 收入福利变化

表4-13显示了西部少数民族农业转移人口收入福利的变化情况。少数民族农业转移人口养老保障收入和社会救助收入以"不变"为主，劳动收入"不变"与"变好"相当。少数民族农业转移人口收入福利"变好"大小顺序为劳动收入、养老保障收入和社会救助收入，比例分别为43.4%、36.5%和35.5%。汉族也有类似的特征，与少数民族感受"变好"的差距也较小，各方面"变好"的差距不到3个百分点。少数民族农业转移人口之所以感受到收入福利的变化最大，其原因在于与之前的务农相比，外出务工明显增加了收入。但是养老保障、社会救助等各项社会保障大多在户籍地参保，与是否外出务工直接联系不大。因此，少数民族农业转移人口感受变化较小。

从各少数民族的对比来看，各民族在收入福利各项"变好"排序是一致的，都是劳动收入的"变好"最大，接下来是养老保障收入和社会救助收入的变化。但是感受"变好"在各民族之间存在差距。劳动收入"变好"的彝族最高，达到53.7%，土家族最低，只有40.2%。养老保障收入和社会救助收入"变好"的回族最高，分别为43.6%和44.4%；侗族最低，分别为27.2%和23.3%。

表4-13　西部少数民族农业转移人口收入福利变化　　　　单位:%

	劳动收入变化			养老保障收入变化			社会救助收入变化		
	变差	不变	变好	变差	不变	变好	变差	不变	变好
总样本	13.7	43.8	42.5	10.8	52.3	36.9	10.5	55.8	33.7
汉族样本	14.1	43.9	42.0	11.3	51.6	37.1	10.7	56.7	32.6
少数民族	13.0	43.6	43.4	10.0	53.5	36.5	10.3	54.2	35.5
壮族	11.4	47.7	40.9	5.1	58.5	36.4	6.8	57.4	35.8
回族	8.5	43.6	47.9	8.5	47.9	43.6	8.6	47.0	44.4
苗族	15.6	41.2	43.2	12.6	47.4	40.0	12.9	48.2	38.9
彝族	11.1	35.2	53.7	4.6	53.7	41.7	3.7	59.3	37.0
土家族	17.4	42.4	40.2	14.1	50.0	35.9	11.9	45.7	42.4
侗族	12.6	46.6	40.8	8.7	64.1	27.2	12.6	64.1	23.3
布依族	11.5	47.7	40.8	9.9	58.9	31.2	10.5	59.5	30.0
白族	13.1	38.2	48.7	13.2	46.1	40.8	14.5	51.3	34.2
其他	15.5	41.1	43.4	10.8	51.2	38.0	9.3	52.7	38.0

3. 健康福利变化

表4-14显示了西部少数民族农业转移人口健康福利变化情况。少数民族农业转移人口健康福利各项均以"不变"为主。健康福利"变好"顺序由医疗保险水平变化到体检机会变化，再到工伤保险水平的变化，"变好"的比例由43.6%到38.4%，再到37.7%。汉族农业转移人口同样具有类似的特点，但健康福利各方面"变好"的比例稍低一些。工伤保险变化和体检机会变化表示"变好"的已接近四成，说明农业转移人口尤其是少数民族农业转移人口的工作待遇得到了很大的改善。

从各少数民族的对比来看，各民族在健康福利各项"变好"上排序是一致的，都是医疗保险水平的"变好"最大，其次是体检机会变化和工伤保险水平的变化。但是感受"变好"在各民族之间存在差距，在医疗保险水平"变好"中，回族最高，布依族最低；在工伤保险水平"变好"中，回族最高，侗族最低；在体检机会"变好"中，苗族最高，白族最低。白族健康福利"变好"比例偏低的原因是其流动范围大的比例高，获得医疗保险、社会保险等政策支持比例偏低，说明各少数民族之间健康福利变化差异与其迁移特征有一定关系。

表4-14　西部少数民族农业转移人口健康福利变化　　　　单位:%

	医疗保险水平变化			工伤保险水平变化			体检机会变化		
	变差	不变	变好	变差	不变	变好	变差	不变	变好
总样本	10.0	47.2	42.8	10.2	54.0	35.8	10.4	50.6	39.0
汉族样本	10.1	47.6	42.3	10.3	55.0	34.7	10.7	49.9	39.4
少数民族	9.8	46.6	43.6	9.8	52.5	37.7	10.0	51.6	38.4
壮族	5.1	48.6	46.3	5.1	57.4	37.5	5.1	55.7	39.2
回族	9.4	38.5	52.1	6.8	47.0	46.2	8.5	51.3	40.2
苗族	13.5	42.6	43.9	14.4	48.2	37.4	14.7	43.8	41.5
彝族	3.7	48.1	48.2	1.9	58.3	39.8	2.8	57.4	39.8
土家族	6.5	45.7	47.8	6.5	47.8	45.7	9.8	52.2	38.0
侗族	10.7	42.7	46.6	11.6	60.2	28.2	10.7	56.3	33.0
布依族	10.2	51.7	38.1	11.5	55.0	33.5	9.9	54.2	35.9
白族	11.8	48.7	39.5	13.2	51.3	35.5	17.1	50.0	32.9
其他	10.9	48.8	40.3	7.7	47.3	45.0	7.0	51.9	41.1

4. 住房条件变化

表 4-15 显示了西部少数民族农业转移人口住房条件的变化情况。少数民族农业转移人口住房条件以"不变"为主，在住房条件各方面"不变"都超过了五成。住房条件各项"变好"的顺序依次为住房舒适度（33.4%）、住房便利性（32.9%）和住房宽敞度（30.3%），汉族也有类似的特点，且两者变化差异也较小。

从各少数民族来看，住房宽敞度"变好"比重最高的是土家族，最低的是侗族；住房便利性"变好"比例最高的是回族，最低的是侗族；住房舒适度"变好"比例最高的是土家族，最低的是侗族。侗族住房条件"变好"偏低可能是获得住房政策支持偏低所致。

表 4-15　西部少数民族农业转移人口住房条件变化　　　　单位：%

	住房宽敞度变化			住房便利性变化			住房舒适度变化		
	变差	不变	变好	变差	不变	变好	变差	不变	变好
总样本	13.1	56.9	30.0	12.0	55.9	32.1	12.5	55.6	31.9
汉族样本	13.3	56.9	29.8	12.1	56.3	31.6	12.8	56.1	31.1
少数民族	12.8	56.9	30.3	11.7	55.4	32.9	11.8	54.8	33.4
壮族	8.6	57.7	33.7	5.7	59.1	35.2	6.8	60.2	33.0
回族	11.1	59.8	29.1	10.3	50.4	39.3	12.8	49.6	37.6
苗族	17.9	51.2	30.9	13.8	53.3	32.9	14.7	48.5	36.8
彝族	5.5	63.0	31.5	2.8	60.2	37.0	5.6	58.3	36.1
土家族	10.9	51.1	38.0	14.1	50.0	35.9	9.8	50.0	40.2
侗族	22.4	59.2	18.4	17.5	59.2	23.3	16.5	62.1	21.4
布依族	10.5	62.2	27.3	12.6	56.0	31.4	11.8	59.5	28.7
白族	13.2	52.6	34.2	13.1	56.6	30.3	17.1	44.7	38.2
其他	13.2	52.7	34.1	13.9	54.3	31.8	10.9	55.0	34.1

5. 教育机会变化

表 4-16 显示了西部少数民族农业转移人口教育机会的变化情况。少数民族农业转移人口教育机会中奖助学金以"不变"为主，而在教育机会和教育选择上"不变"和"变好"相当。教育机会中各项"变好"的顺序依次为教育机会（44.8%）、教育选择（44.1%）和奖助学金（37.6%），汉族也有类似的特点，且两者变化差异也较小。

从各少数民族来看，教育机会"变好"比重最高的是壮族，超过了五成，最低的是侗族，仅为29.1%；教育选择"变好"比例最高的是彝族，最低的是侗族；奖助学金"变好"比重最高的是土家族，最低的是侗族。侗族教育机会"变好"偏低可能是获得教育政策支持偏低所致。

表4-16　西部少数民族农业转移人口教育机会变化　　单位：%

	教育机会变化			教育选择变化			奖助学金变化		
	变差	不变	变好	变差	不变	变好	变差	不变	变好
总样本	11.0	45.0	44.0	10.7	46.6	42.7	11.0	50.2	38.8
汉族样本	11.8	44.8	43.4	11.2	46.9	41.9	11.3	49.2	39.5
少数民族	9.6	45.6	44.8	9.8	46.1	44.1	10.6	51.8	37.6
壮族	2.8	42.7	54.5	4.5	43.8	51.7	4.5	53.4	42.1
回族	12.8	40.2	47.0	13.6	40.2	46.2	13.7	43.6	42.7
苗族	13.8	42.9	43.3	13.5	43.8	42.7	12.6	50.6	36.8
彝族	2.8	46.3	50.9	3.7	41.7	54.6	7.4	56.5	36.1
土家族	7.6	40.2	52.2	5.4	50.0	44.6	10.8	44.6	44.6
侗族	15.5	55.4	29.1	13.6	56.3	30.1	19.4	54.4	26.2
布依族	6.7	48.5	44.8	7.8	49.0	43.2	7.2	54.7	38.1
白族	14.5	51.3	34.2	17.1	50.0	32.9	18.4	50.0	31.6
其他	12.4	45.0	42.6	10.1	43.4	46.5	10.9	51.9	37.2

6. 生活环境变化

表4-17显示了西部少数民族农业转移人口生活环境的变化情况。少数民族农业转移人口生活环境有了较大的好转。其中，社会治安和环境安全以"变好"为主，而福利设施则以"不变"占多数。生活环境各项"变好"最大的是社会治安（51.4%），而福利设施（43.2%）和环境安全（43.1%）相当。汉族也有类似的特点，但在生活环境各项"变好"中，少数民族略大于汉族。

从各少数民族来看，福利设施"变好"比重最高的是彝族，超过了五成，最低的是布依族，仅为40.5%；社会治安"变好"比重最高的是彝族，最低的是侗族；环境安全"变好"比重最高的是土家族，最低的是侗族。侗族在生活环境变化各方面"变好"都处于较低的比重。进一步分析发现，侗族农业转移人口从事生产运输设备操作比重达到44.7%，在各少数民族中所占比重最高，这说明生活环境变化可能与工作环境有一定的关系。

表 4-17　西部少数民族农业转移人口生活环境变化　　　　单位:%

	福利设施变化			社会治安变化			环境安全变化		
	变差	不变	变好	变差	不变	变好	变差	不变	变好
总样本	9.8	48.2	42.0	8.9	41.9	49.2	16.6	42.1	41.3
汉族样本	9.7	48.9	41.4	9.6	42.5	47.9	16.2	43.6	40.2
少数民族	9.8	47.0	43.2	7.8	40.8	51.4	17.4	39.5	43.1
壮族	5.7	53.4	40.9	4.5	40.9	54.6	16.5	39.2	44.3
回族	10.3	41.0	48.7	5.1	39.3	55.6	14.5	36.8	48.7
苗族	14.1	44.4	41.5	12.3	36.5	51.2	23.2	36.2	40.6
彝族	3.7	43.5	52.8	3.7	39.5	56.5	19.4	43.5	37.1
土家族	10.9	41.3	47.8	4.3	40.3	55.4	14.1	37.0	48.9
侗族	10.7	48.5	40.8	12.6	45.7	41.7	19.4	46.6	34.0
布依族	9.1	50.4	40.5	5.9	43.7	50.4	12.6	41.0	46.4
白族	13.2	42.1	44.7	17.1	35.5	47.4	21.0	38.2	40.8
其他	7.8	48.8	43.4	5.4	45.0	49.6	16.3	40.3	43.4

（二）主观福利水平

1. 工作满意度

表 4-18 显示了少数民族农业转移人口工作满意度情况,少数民族农业转移人口对工作还是比较满意的,达到"一般满意"及以上的比例为 81.2%。从少数民族和汉族样本对比来看,少数民族农业转移人口工作满意度低于汉族,少数民族对工作表示"非常满意"的比例要低于汉族 4.2 个百分点,同时对工作表示"非常不满意"的比例却高于汉族 3.3 个百分点。

从各个少数民族比较的视角来看,对工作表示"非常满意"比例最高的是回族,为 28.9%,壮族的最低,仅为 7.4%,其他的都超过 10%;而对工作表示"非常不满意"最高的是布依族,为 14.6%。进一步分析发现,回族之所以有更高的工作满意度,与其农业转移人口高学历比重较大有关,回族农业转移人口本科及以上学历高达 28.6%,从事专业技术人员比例较高。相反,布依族农业转移人口大学本科及以上学历比重仅为 4.5%,从事专业技术人员的比例也较低。这说明少数民族农业转移人口的工作满意度差异与个体特征和职业存在一定的关系。

表 4-18　　西部少数民族农业转移人口工作满意度　　　　单位：%

	非常不满意	比较不满意	一般满意	比较满意	非常满意
总样本	7.9	9.0	40.5	26.5	16.1
汉族样本	6.7	9.2	40.0	26.4	17.7
少数民族	10.0	8.8	40.9	26.8	13.5
壮族	4.0	5.0	58.0	25.6	7.4
回族	7.0	5.3	35.1	23.7	28.9
苗族	14.1	8.8	40.6	24.4	12.1
彝族	5.6	5.5	47.2	26.9	14.8
土家族	9.8	12.0	31.5	31.5	15.2
侗族	3.9	4.8	43.7	35.9	11.7
布依族	14.6	11.5	38.3	25.1	10.5
白族	10.5	11.8	32.9	32.9	11.9
其他	5.5	11.0	35.4	27.6	20.5

2. 收入满意度

表 4-19 反映了少数民族农业转移人口收入满意度差异的情况。少数民族农业转移人口对收入达到"一般满意"及以上的有 70.3%，在各项主观社会福利中满意度最低。从少数民族和汉族样本对比来看，少数民族农业转移人口收入满意度低于汉族，少数民族农业转移对收入"比较满意"和"非常满意"的分别低于汉族 3 个百分点左右，而对收入"非常不满意"的却高于汉族 4.4 个百分点。

从各个少数民族之间的对比来看，回族对收入"非常满意"的比例最高，几乎是其他各少数民族的 2 倍，而壮族最低，仅为回族的三分之一。进一步分析发现，回族农业转移人口主要从事的是专业技术工作，而壮族主要从事的是农林水利生产，少数民族农业转移人口的收入满意度与从事职业关系紧密。

表 4-19　　西部少数民族农业转移人口收入满意度　　　　单位：%

	非常不满意	比较不满意	一般满意	比较满意	非常满意
总样本	9.8	16.9	40.4	21.4	11.5
汉族样本	8.2	16.9	40.1	22.3	12.5
少数民族	12.6	17.1	40.8	19.8	9.7

	非常不满意	比较不满意	一般满意	比较满意	非常满意
壮族	9.6	18.8	50.6	15.9	5.1
回族	9.6	10.5	40.4	21.1	18.4
苗族	15.3	18.2	37.9	19.1	9.5
彝族	7.4	11.1	53.7	18.5	9.3
土家族	14.1	18.5	27.2	31.5	8.7
侗族	9.7	14.6	48.5	18.4	8.8
布依族	15.1	20.4	36.3	18.3	9.9
白族	14.5	17.1	40.8	18.4	9.2
其他	9.4	13.4	41.7	25.2	10.3

3. 健康满意度

表4-20是少数民族农业转移人口对健康满意度的评价。相对于其他主观社会福利的评价，少数民族农业转移人口对健康满意度的评价较高，表示"一般满意"及以上的达到83.9%。较之于汉族，达到"一般满意"及以上的低于汉族3.8个百分点；少数民族认为比较健康和非常健康的比重合计接近一半，而汉族的这一比例为54.9%。

从各个少数民族比较的视角来看，各少数民族健康满意度的排序与收入满意度基本相同，只是各自的健康满意度普遍高于收入满意度。对健康表示"非常满意"比例最高的是回族，最低的是壮族，排列顺序与收入满意度相同，这可能是少数民族农业转移人口对健康的评价与收入有一定的内在关系。

表4-20 西部少数民族农业转移人口健康满意度 　　　　单位:%

	非常不满意	比较不满意	一般满意	比较满意	非常满意
总样本	4.9	8.9	33.4	30.2	22.6
汉族样本	3.6	8.7	32.8	31.2	23.7
少数民族	7.0	9.1	34.5	28.6	20.8
壮族	5.6	5.7	45.5	30.7	12.5
回族	0.9	6.2	29.2	31.0	32.7
苗族	8.5	10.9	37.4	25.0	18.2
彝族	2.8	3.7	37.0	36.1	20.4

续表

	非常不满意	比较不满意	一般满意	比较满意	非常满意
土家族	6.5	8.7	31.5	29.4	23.9
侗族	1.0	15.5	34.0	29.1	20.4
布依族	11.6	8.9	29.1	27.8	22.6
白族	10.5	7.9	36.8	26.4	18.4
其他	3.9	11.8	31.5	29.2	23.6

4. 住房满意度

表 4-21 显示了少数民族农业转移人口住房满意度的情况，少数民族农业转移人口对住房表示"一般满意"以上的达到 73.0%，在主观福利的评价中比较低。与汉族比较，两者差距表现在满意度的两端上，少数民族农业转移人口对住房表示"非常满意"的明显低于汉族，相差 4.5 个百分点，而表示"非常不满意"的则又明显高于汉族。

从各个少数民族比较的视角来看，对住房表示"非常满意"的，回族最高，壮族最低，对住房表示"非常不满意"的，苗族最高，壮族最低。壮族对住房满意度的评价在高与低两端均较少，这可能与壮族主要是县市内流动，并在住房上以自有住房为主，对自有住房的满意度评价持中等偏上态度有关。

表 4-21 西部少数民族农业转移人口住房满意度 单位：%

	非常不满意	比较不满意	一般满意	比较满意	非常满意
总样本	8.6	15.5	37.6	23.8	14.5
汉族样本	7.2	15.2	36.6	24.8	16.2
少数民族	11.1	15.9	39.3	22.0	11.7
壮族	5.0	11.4	47.2	29.0	7.4
回族	6.1	9.7	35.1	27.2	21.9
苗族	15.9	18.5	35.9	19.4	10.3
彝族	8.3	11.2	48.1	19.4	13.0
土家族	6.5	17.4	34.8	25.0	16.3
侗族	12.6	10.7	39.8	26.2	10.7
布依族	14.8	18.7	36.4	19.9	10.2
白族	9.2	22.4	38.2	19.7	10.5
其他	5.5	14.9	46.5	18.9	14.2

5. 教育培训满意度

表 4-22 是少数民族农业转移人口对教育培训满意度的评价。农业转移人口对教育培训的满意度在主观福利的评价上处于中等水平，总样本中"一般满意"及以上的比例为 82.5%，"比较满意"及以上的为 45.1%。从少数民族和汉族对比来看，少数民族农业转移人口对教育培训表示比较满意以上的比重为 40.4%，低于汉族 7.3 个百分点。这可能与少数民族农业转移人口将子女留在家乡学校就读有关。

从各少数民族比较来看，对教育培训表示"非常满意"的，彝族最高，白族最低；表示"非常不满意"的，布依族最高，彝族最低。彝族具有最高的"非常满意"和最低的"非常不满意"，可能与彝族家庭子女在流入地学校就读的比重最高有关。

表 4-22　西部少数民族农业转移人口教育培训满意度　　　单位：%

	非常不满意	比较不满意	一般满意	比较满意	非常满意
总样本	7.2	10.3	37.4	28.0	17.1
汉族样本	6.0	10.6	35.7	29.2	18.5
少数民族	9.4	9.8	40.4	25.8	14.6
壮族	3.4	4.5	44.4	33.5	14.2
回族	8.8	4.5	41.1	27.7	17.9
苗族	10.4	15.0	39.1	22.6	12.9
彝族	1.9	7.4	50.9	21.3	18.5
土家族	10.9	6.5	32.6	33.7	16.3
侗族	12.5	6.8	37.9	31.1	11.7
布依族	14.5	9.2	37.7	22.4	16.2
白族	7.9	15.8	43.4	23.7	9.2
其他	3.9	12.6	42.5	27.6	13.4

6. 社会交往满意度

表 4-23 反映了少数民族农业转移人口社会交往满意度情况。总体来看，少数民族农业转移人口的社会交往满意度比例最高的是"一般满意"，为 40.5%，"一般满意"及以上的比例达到 81.0%。少数民族社会交往满意度略低于汉族，少数民族表示社会交往"非常满意"的比例低于汉族 4.4 个百分点；而表示"非常不满意"的比例高于汉族 3.3 个百分点。

各少数民族对比来看，各少数民族社会交往满意度的排序基本一致，都是一般满意的比例最高，然后是比较满意。布依族"非常不满意"的比例最高，为12.9%，而壮族的最低，为1.7%。这是因为布依族省际流动比例高，而壮族县市内流动比例高，说明流动距离会影响社会交往满意度。

表4-23　西部少数民族农业转移人口社会交往满意度　　单位:%

	非常不满意	比较不满意	一般满意	比较满意	非常满意
总样本	5.7	12.3	38.8	28.3	14.9
汉族样本	4.5	12.9	37.7	28.3	16.6
少数民族	7.8	11.2	40.5	28.3	12.2
壮族	1.7	10.7	43.8	35.8	8.0
回族	2.6	6.1	43.1	29.6	18.4
苗族	10.0	16.1	37.1	25.3	11.5
彝族	4.6	5.6	44.4	27.8	17.6
土家族	6.5	13.0	34.8	34.8	10.9
侗族	5.8	6.8	46.6	31.1	9.7
布依族	12.9	9.4	41.4	24.7	11.6
白族	11.8	15.9	36.8	25.0	10.5
其他	3.1	12.7	38.6	29.9	15.7

7. 生活环境满意度

表4-24显示了少数民族农业转移人口生活环境满意度的情况，少数民族农业转移人口达到"一般满意"及以上的比例为81.7%，这一比例与汉族差距较小，说明少数民族农业转移人口与汉族对生活环境的看法较为一致，或许是因为两者在流入地的生活条件、所处环境并不存在太大的差别。但是两者对生活环境表示"非常不满意"与"非常满意"存在一定的差距，汉族对生活环境表现出了更多的满意，可能是少数民族农业转移人口生活在底层的人群比例高于汉族，而过着"体面"生活的人群比例却比汉族低。

从各少数民族对比来看，生活环境满意度各项比例的排序基本一致，都是从"一般满意"到"比较满意"再到"非常满意"，后面是"比较不满意"和"非常不满意"，说明各少数民族对目前的生活环境态度比较一致。

表 4-24　西部少数民族农业转移人口生活环境满意度　　单位：%

	非常不满意	比较不满意	一般满意	比较满意	非常满意
总样本	5.8	10.9	37.6	28.2	17.5
汉族样本	4.9	11.0	36.1	28.4	19.6
少数民族	7.4	10.9	39.8	27.8	14.1
壮族	1.7	6.8	52.3	31.2	8.0
回族	4.4	9.6	27.2	36.0	22.8
苗族	9.1	15.3	42.1	20.9	12.6
彝族	3.6	2.8	50.0	26.9	16.7
土家族	7.5	17.4	27.2	27.2	20.7
侗族	4.9	7.8	38.8	33.0	15.5
布依族	12.4	9.9	38.5	26.3	12.9
白族	7.9	15.8	38.2	27.6	10.5
其他	3.9	11.1	33.9	35.4	15.7

8. 公共服务满意度

表 4-25 显示了少数民族农业转移人口公共服务满意度的情况。少数民族农业转移人口在公共服务满意度的各项比例排序与汉族基本一致，两者的差异主要表现在对公共服务表示"非常满意"的比例上，少数民族农业转移人口这一项比例比汉族低近 7 个百分点。这可能是少数民族农业转移人口对公共服务的知晓度与使用度与汉族还存在一定差异。

从各少数民族对比来看，公共服务满意度各项比例排序也基本一致，对公共服务的态度与对生活环境的态度也基本一致，说明各少数民族对流入地外部环境的看法较为一致。

表 4-25　西部少数民族农业转移人口公共服务满意度　　单位：%

	非常不满意	比较不满意	一般满意	比较满意	非常满意
总样本	6.5	9.8	37.0	27.1	19.6
汉族样本	5.9	9.8	35.2	26.9	22.2
少数民族	7.5	9.7	39.9	27.6	15.3
壮族	2.3	7.4	52.3	29.5	8.5
回族	3.5	7.9	36.8	30.7	21.1

续表

	非常不满意	比较不满意	一般满意	比较满意	非常满意
苗族	10.3	12.9	36.8	25.6	14.4
彝族	2.8	5.6	48.1	24.1	19.4
土家族	6.5	8.7	30.5	29.3	25.0
侗族	5.8	5.8	41.7	35.0	11.7
布依族	11.5	10.2	37.4	27.2	13.7
白族	7.9	11.8	42.1	23.7	14.5
其他	5.5	11.0	37.8	26.8	18.9

第五章

市民化水平及其影响因素

少数民族农业转移人口市民化是我国农业转移人口市民化的重要组成部分，是推进以人为核心的新型城镇化，顺利实现稳定城镇化目标的重点，也是新时期做好城市民族工作、维护民族团结、促进社会稳定和经济发展的关键环节。由于少数民族农业转移人口的市民化不仅需要跨越汉族农业转移人口遇到的人力资本、社会资本和政策制度障碍，而且还要克服自身民族特性以适应现代城镇生活，少数民族农业转移人口市民化将面临更多的困难和挑战，其市民化水平一定程度上决定了我国整体市民化进程和城镇化质量。因此，研究和测度少数民族农业转移人口市民化水平和不同人群的差异，及其市民化的影响因素，据此探索具有针对性的有效政策，有助于促进更多少数民族农业转移人口进入城镇定居，进而扩大内需和促进经济持续增长。

第一节　市民化水平及其差异

一、各少数民族农业转移人口市民化水平

（一）少数民族与汉族农业转移人口市民化水平比较

在市民化水平测量中，或隐或显都以城镇居民作为参照标准，来衡量外来农业转移人口在某个方面或整体上跟城镇居民的相似程度或接近程度。市民化水平综合指数就是综合反映一个人群整体市民化程度的重要指标，一般由政治、经济、社会、文化、心理等多个维度构成，所有构成维度指数通过一定加总方法得到综合指数。本研究中的市民化综合指数由六个维度构成，通过简单算术平均法将六个维度的得分进行加总再按 100 分为标准进行转换，以表示市民化水平。表 5-1 是各个少数民族和汉族农业转移人口的市民化综合指标及六个维

度的指数统计情况。从市民化综合指数来看，少数民族农业转移人口市民化水平达到 68.06 分（按 100 分为最高）。这个水平高于高向东等（2012）的测量结果，他们测得上海市外来少数民族流动人口城市适应度为 58.1。① 倪超军（2020）测得新疆少数民族农民工市民化水平综合指数为 55.61。② 而郭未和付志惠（2020）的测量结果仅为 43.9。③ 出现测量结果不一致的情况有许多原因，一方面可能是测量时间、地区、对象不同产生的差异，我国不同地区经济社会发展存在较大差异，而各少数民族之间市民化进程也有很大差别（从样本中的民族构成来看，他们的调查对象主要是西北少数民族或北方少数民族占比大，而本研究调查对象中西南少数民族占比较大）；另一方面是市民化综合指标的维度构成不一样，各维度里的指标构成以及计算方法也不一样。这些原因综合作用，最终导致了不同的测量结果。但总体来说，我国少数民族的市民化水平还较低。

在少数民族市民化测量的大多数相关研究中，基本上都是只测量少数民族自身情况，没有跟汉族农业转移人口进行对比，因而也很难判断少数民族市民化进程处于什么样的水平层次。为此，本研究提供了同次调查的汉族农业转移人口市民化状况作为对比，以更好地了解和把握少数民族农业转移人口市民化所处的阶段。与汉族农业转移人口的市民化水平（汉族为 68.28 分）相比，少数民族农业转移人口整体市民化水平略低于汉族，但差距很小（两者仅相差 0.22 分）。同样，张永梅等（2019）利用 2017 年流动人口监测数据，测得少数民族农民工社会融合综合指数为 2.28，汉族为 2.31，少数民族也是略低于汉族，但差距也很小。④ 倪超军（2020）计算的新疆少数民族农民工市民化水平综合指数（55.61）却高于全国农民工市民化水平（51.31）和新疆汉族农民工市民化水平（53.85）。几项研究表明，少数民族农业转移人口的市民化水平并不必然低于汉族，特别是二者之间的差距非常小。这个测量结果与大多数学者固有的少数民族市民化滞后的观念不一致。比如，青觉（2017）就指出："组织体系不完善、城乡二元制度改革滞后、少数民族流动人口市民化意愿不一、能力不

① 高向东，余运江，黄祖宏. 少数民族流动人口城市适应研究：基于民族因素与制度因素比较 [J]. 中南民族大学学报（人文社会科学版），2012，32（2）：44-49.
② 倪超军. 新疆少数民族农民工市民化水平测度：基于新疆和全国农民工的比较 [J]. 新疆农垦经济，2020（6）：40-48.
③ 郭未，付志惠. 流动时代中的少数民族：比较视野下的社会融合状况与结果：基于CMDS 2017 数据的实证研究 [J]. 青海民族研究，2020，31（3）：53-70.
④ 张永梅，何晨晓，桂浩然. 农民工社会融合：基于地区、民族和历时性的比较 [J]. 南方人口，2019，34（3）：25-33.

齐等，造成我国少数民族流动人口市民化滞后，仍处在初级阶段。"① 但其文章并没有提供定量数据支持这样的论断。

从市民化的六个维度对比来看，市民化水平总体呈现出各维度不同步但各民族同步的显著特征。先看"各民族同步"，表 5-1 显示，各民族（包括汉族）的经济地位得分都是本民族在六个市民化维度中最低的，而公共服务的市民化水平最高，其他维度处于这二者之间，且各个民族在各个维度的得分排序是一致的。这表明各民族在市民化水平上是同步的。再来看"各维度不同步"，无论是少数民族还是汉族，六个维度的得分都存在差距。得分最高的公共服务与得分最低的经济地位之间，少数民族相差 16.21 分，汉族相差 14.55 分。这表明市民化的各个维度进程不同步。

需要解释的是，各民族中经济地位的市民化水平都是最低的，甚至远远低于其他维度。这可能是本次调查采用与城镇居民收入比较的方法——这意味着也许农业转移人口在城镇的收入比之以前的务农收入有了很大增进，但与城市居民收入相比，仍存在较大差距（即经济市民化水平较低）。经济地位的市民化水平得分刚超过 50 分，而文化融入、心理认同和公共服务三个维度都超过 70 分，政治参与和社会适应两个维度处于中间水平，都是 60 多分。不同维度市民化进程大致与张永梅等（2019）、倪超军（2020）的结果一致，即基本上都是经济维度得分低，文化心理维度得分高，而社会适应维度处于中间。但与高向东等（2012）、潘明明等（2018）的排序结果不一致。特别是潘明明等（2018）的测算结果表明，新疆城镇少数民族流动人口的经济融合评价指数最高（2.580），跨越了社会融合中值水平（2.500），而身份、文化和心理融合评价值均低于社会融合中值水平，后三者评价值依次是 2.488、2.379 和 2.370。②

从少数民族与汉族对比的视角来看，少数民族在政治参与和社会适应两个维度的得分高于汉族，其他四个维度的得分均低于汉族，二者在经济地位维度差距最大。但即使是经济地位维度，汉族的得分也仅仅比少数民族的得分高 1.88 分。这说明无论在哪个市民化维度上，少数民族都能够紧跟汉族的进程，有的维度甚至超前于汉族。同样，倪超军（2020）的研究结果也显示，除了经济维度指标（包括就业、收入、社会保障）低于汉族外，少数民族在居住环境、

---

① 青觉. 城市少数民族流动人口市民化研究［J］. 中南民族大学学报（人文社会科学版），2017, 37（1）：25-30.
② 潘明明，龚新蜀，张洪振. 新疆城镇少数民族流动人口社会融合：水平测度与障碍找寻：422 份新疆城镇少数民族流动人口调研数据［J］. 新疆大学学报（哲学·人文社会科学版），2018, 46（2）：33-42.

身份认同和社会融合三个维度的市民化水平均高于汉族，而且二者差距非常明显。如果按常理推断，少数民族从农村进入以汉族为主的城市地区，其市民化水平应该不高，至少不高于汉族农业转移人口。因为，毕竟少数民族除了跟汉族一样，在市民化进程中会受到个人和家庭、社区参与和社会资本、城市制度安排这三个主要因素的影响以外①，他们还受到民族因素，包括民族身份、民族心理、民族风俗、民族文化价值观等方面的影响。② 但我们的实证研究结果违背了人们的常理推论，倪超军（2020）对此的解释是，新疆少数民族农民工的流动和迁移存在"民族性""内卷化"和"区域性"特征，其中维吾尔族和哈萨克族农民工主要以省内跨市流动为主，同时，由于新疆少数民族农民工具有明显的族群交际特征，更容易融入本地社会，增强身份认同感，进而提高整体社会融合水平。我们也发现，少数民族农业转移人口居住在地级市以下的中小城市的比例比汉族高 18 个百分点，在县内流动的比例也高出近 4 个百分点。也就是说，少数民族农业转移人口因为流动范围小，意味着他们大多数没有脱离原有的社会关系，甚至没有脱离当地社区，主要以就近就地城镇化为主，从而社会适应和政治参与受到的冲击较小。他们所居住的城镇规模小，意味着生活成本不高，且他们与当地居民的差距没有那么大，因而更容易市民化，这是他们市民化水平较高的主要原因。

　　实际上，许多少数民族家庭的城镇化路径是这样的：家庭中父辈先外出务工，接着子辈也跟着外出务工。但他们没有打算在流入地长期定居，只是把它作为赚钱的地方。当父辈年老后，他们在流出地县城购买住房，父辈照顾孙代，不再外出，子辈继续外出务工养家。

　　　贵州镇宁县有一个布依族家庭是这样的：父母一代有三兄弟，祖父母的土地在三兄弟成家立业之后，原本家庭田地面积不大的土地被分为三份，再加上媳妇和孩子，土地产出已完全不能满足每个家庭的基本生存。于是，三兄弟成家以后都只能外出务工。其中大哥一家在沿海一带还未大量招工的时候，他们就开始在本地县城打零工补贴家用，供子女上学。后来夫妻俩一起到广东打工，子女留在老家由父母看管。三个子女初中毕业，成绩不好，又陆续跟着到广东打工。这一时期全家五口人都是青壮年劳动力，

---

① 任远，乔楠. 城市流动人口城市融合的过程、测量及影响因素 [J]. 人口研究，2010，34（3）：11-19.

② 李伟梁. 少数民族流动人口的城市生存与适应：以武汉市的调研为例 [J]. 内蒙古社会科学（汉文版），2006（5）：109-113.

是家庭赚钱的鼎盛时期，而且大权掌握在父母手中，于是家庭财富会有不少积累。而当其子女逐渐结婚生子离开家庭的时候，父母也差不多到了回老家养老的年龄。于是父母用积蓄在老家县城买了一套房子，子女陆续把孙子孙女送到父母身边，由其照顾读书上学，而子女继续在外地打工赚钱，并寄钱回家给父母养老及供应子女生活费、学费。

这个案例是这一地区的典型案例，许多家庭都是按此路径实现城镇化的。这种城镇化模式，对于老家县城的父母来说，他们没有失去原来的朋友圈和亲戚关系，因为大多数家庭都像他们一样到县城居住，大家在一起相互帮助，很快就能适应城镇生活。即使有些亲戚朋友没有到县城居住，现在交通、通信也很方便，有什么事情电话通知，骑个电瓶车就到了。以前的社会关系依然能够得到维系。重要的是这种就近城镇化模式有助于他们融入城镇社会生活，进而提高自身市民化水平。

表5-1 西部少数民族农业转移人口市民化水平评估（标准分为100分）

	政治参与	经济地位	社会适应	文化融入	心理认同	公共服务	市民化综合指数
总样本	67.28	53.02	62.81	73.04	74.43	77.36	68.19
汉族样本	66.79	53.73	62.18	73.46	75.01	77.79	68.28
少数民族	68.10	51.85	63.84	72.34	73.45	76.65	68.06
壮族	69.87	54.88	66.25	81.05	84.08	83.95	73.52
回族	71.19	52.03	67.02	73.16	74.08	77.68	68.81
苗族	69.35	54.14	64.38	75.57	75.46	77.31	69.59
彝族	69.01	50.86	66.67	76.60	74.53	77.68	69.19
土家族	70.77	54.57	63.37	75.99	76.98	82.07	70.97
侗族	69.90	54.74	63.83	74.30	76.41	78.96	69.69
布依族	63.53	47.09	61.17	63.30	65.03	70.55	62.34
白族	66.96	52.44	58.67	67.85	68.42	71.11	64.80
其他	69.16	51.12	64.48	71.51	73.78	77.83	68.14

注：市民化六个维度得分均以其各自构成指标以简单算术平均方法加总平均，再按100分标准进行转换；市民化综合指数为各维度标准化均值的均值。

（二）各少数民族之间农业转移人口市民化水平比较

通过比较表5-1各少数民族农业转移人口市民化综合指数发现，壮族市民化程度最高，达到 73.52 分；布依族和白族的市民化水平较低，分别为 62.34 分和 64.80 分；其余少数民族市民化程度处于中间，且相互之间差距不算大。进一步分析发现，壮族样本中 70.7% 的流动范围是在县市内，而布依族 62.4% 的流动范围是跨省，白族跨省和省内跨市流动的比例合计也达到 68.4%。换句话说，样本中的大部分壮族以就近就地市民化为主，而布依族和白族则主要是异地市民化，且主要是流动到发达地区，而我们问卷采取的是与当地居民对比的问题指向，这是这几个民族市民化水平出现较大差异的重要原因。此外，在调查中我们还发现，跨省流动的布依族农业转移人口，大多数都与本民族流动成员居住在一起，他们在广东东莞、顺德，浙江宁波、绍兴、金华等地聚集居住在当地农村人口已经搬迁走的村庄。这种居住格局虽然有利于同族互相交往帮助，强化社会关系，但是也可能阻碍与当地居民交往，进而阻碍其适应当地社会。社会认同的内卷化理论认为：当某一群体得不到外界群体认可，而群内认同不断强化的情况下，会导致群内关系过密化和复杂化，长此以往，这个群体与外界群体的隔阂不断扩大。① 重要的是，这种居住格局和同族交往常常导致同族之间相互比较，而不会把当地人或其他民族作为努力的参照对象，很容易满足于当前的生活状态，也不把定居和融入城市社会作为生活目标。比如，布依族愿意定居在当前城市的比例仅为 35.0%，而其他少数民族该比例均在 54.0% 以上。可以说，这种社会交往内卷化也是布依族农业转移人口市民化水平不高的原因。

在得分最低的经济地位维度中，又有不同民族之间的差别，其中布依族得分最低，而以经商闻名的回族得分也不高。这里，有必要对此进行讨论。因为有研究曾发现，由于同乡聚集形成的同乡相互比较，限制了少数民族农业转移人口的收入增长。② 比如，布依族的同乡聚集，回族的共同社区模式，可能是这些民族经济维度得分不高的原因。我们知道，回族有着极强的经商观念，并在全国范围内已经形成依赖于独特民族文化和生产技术的"拉面经济"③，为何其经济维度的得分也不高？在西方研究移民融合的文献中，有专门研究少数族裔融合的"族裔聚居区"理论，后来被 Portes 等学者提出的"聚居区族裔经济"

---

① 高向东，余运江，黄祖宏. 少数民族流动人口城市适应研究：基于民族因素与制度因素比较 [J]. 中南民族大学学报（人文社会科学版），2012，32（2）：44-49.

② 陈瑛. 同乡聚集对沿边少数民族外出务工的影响：收入水平与地位获得 [J]. 中国人口科学，2019（2）：87-98.

③ 马金龙，李录堂. 回族农民工迁移及市民化研究的理论探讨 [J]. 西北人口，2011，32（2）：111-118.

理论将原有对族群居住文化空间的分析拓展到了经济空间维度。① 该理论认为，族裔经济对少数族裔或者移民向上的社会流动产生积极影响，有利于融入当地社会。我国有学者认为，少数民族流动人口因人力资本匮乏，在就业市场上缺乏竞争能力，因而以族裔特色经济从业为主要生计方式的少数民族流动者在经济融入上明显表现出相对于工厂务工者的巨大优势。② 比如，从事民族特色餐饮业的城市少数民族流动人口因身怀技艺或具有某种经营优势，可以更快地适应城市生活。③ 但也有学者强调，族裔经济并非"族裔优势经济"，在市场竞争中最大的倚仗仍然是资金和人力资本。④ 族裔经济模式在为少数族裔群体提供就业支持、社会保护、文化传承以及心理适应等方面具有重要意义，但也可能隐藏"内卷化"缺点，阻碍少数民族群体融入主流社会。⑤ 因此，像回族这样拥有优势族裔经济的少数民族，是否真正能够获得比其他少数民族更多的经济收益，还需要更加细致的讨论，需要更多的实证研究检验。而布依族经济地位维度得分低的原因，是因为样本中大部分布依族跨省迁移到经济发达省份，与当地居民收入相比，自然感觉自身收入低。其他少数民族也有类似情况，进而导致这一维度在所有民族中得分最低。

表 5-1 还显示，壮族几乎在六个维度的水平都高于其他少数民族，而布依族则几乎都低于其他少数民族。只有回族和土家族在政治参与维度的水平明显超过壮族，回族和土家族的政治参与水平分别为 71.19 分和 70.77 分，而壮族为 69.87 分（在所有样本民族中仍然算偏高的水平）。我们发现在许多城市中，由于独特的民族因素，当地政府常常有意将回族集中安置在同一社区，或为他们开辟共同的宗教活动场所，而这些地方往往也为他们的政治参与（包括社区管理）提供了机会，导致回族的政治参与水平高于其他少数民族。另外，外出务工的回民之间的相互联系和交往也比其他民族更为紧密。我们在浙江绍兴柯桥区的调查发现，由于饮食和风俗习惯差异，回民一般都会自主经营清真餐馆，保证食物来源和处理过程不受外来因素影响。有这样一家清真餐馆，餐馆规模不大，厨师两个，服务员一个。平时很少有外人进入就餐，但到了周末的时候，

① PORTES A, ROBERT B. Latin Journey: Cuban and Mexican Immigrants in the United States [M]. Berkeley: University of California Press, 1985.
② 汤夺先，刘辰东. 族裔特色经济与少数民族流动人口的城市融入 [J]. 西北民族研究，2019 (4): 55-66.
③ 赵罗英. 少数民族流动人口研究述评 [J]. 民族论坛，2018, 397 (3): 80-87.
④ 王剑峰. 美国族裔经济的社会学研究：理论与局限 [J]. 世界民族，2014 (3): 51-61.
⑤ 陈云. 少数民族流动人口城市融入中的排斥与内卷 [J]. 中南民族大学学报（人文社会科学版），2008 (4): 42-45.

回民较多。通过询问才知道，这家餐馆原来是由一些回民合伙开的，平时也对外开放，但主要是为了方便回民聚会，其目的不是盈利。土家族的政治参与水平较高的原因也与回族类似，我们在贵州铜仁市调查的时候发现，该市的碧江经济开发区集中了大量从该市下辖各县市，或其他地方来的土家族或其他民族人群，这些人在开发区附近重新组建社区（尽管许多人是由单位提供住房或租房），而不是进入以当地居民为主的社区，因此土家族的社区管理参与率很高。

  安顺市重新组建回族社区案例：随着城市的发展，越来越多的少数民族从农村搬进城市居住，他们分散在城市的各个地方，这对于没有特殊风俗习惯、饮食禁忌和宗教需求的少数民族来说，并没有什么特别不方便的地方。但对于那些有特殊要求的少数民族，他们杂居在汉族和其他民族之间，就会感觉生活特别不方便。回族就是有特殊需求的少数民族之一。安顺市政府在处理这一问题时的做法是这样的：政府在城市郊区划出一块地盘，投资建设一个回民社区，回民自愿选择进入该社区建房或购房居住。社区管理由回民自主负责，回民可选择在社区内发展经济或到市内就业。这样就解决了回民在市内居住可能面临的饮食、宗教方面的特殊困难。

二、少数民族不同群体的市民化水平差异

少数民族农业转移人口并不是一个高度同质化的群体，其内部存在较大的分化。有的收入高，有的技能强，有的社会关系好，有的来自遥远的他乡，等等，不一而足。依据个人特征和转移特征，我们可以将其划分为不同群体，研究不同群体之间的市民化水平差异，有助于发现市民化各个阶段的政策重点和推进路线。我们将从性别、年龄（代际）、教育程度、婚姻状况、城乡户口、迁移模式、居住地区、流动范围、城市规模和定居意愿等10个方面，来分析少数民族农业转移人口市民化水平的群体差异（详见表5-2）。这也是许多学者经常分析的视角。

（一）个人特征视角的市民化差异

从性别角度看，人类社会从古至今都存在一定的社会性别分工，不同社会经济发展阶段，男女性被赋予不同的角色功能和社会期望，因而性别变量常常包含丰富的社会文化内涵，这也会导致同一事件或同一社会转化过程中的男女性别差异问题。农业转移人口市民化是一个涉及个人和家庭的职业转换、地域转移和身份转变的复杂过程，在这个过程中，男女性之间必然表现出不同的态度，且根据自身能力对这一过程采取适应或排拒的策略，进而在集体层面呈现

出不同的市民化水平状况。有时候男女性之间市民化差异相当大，例如，李荣彬等（2013）统计研究发现，新生代农民工中女性群体实现市民化水平为43.31%，而男性群体的这一比例仅为34.15%，男性的市民化水平低于女性约9个百分点。① 这一差距是比较大的，他们认为女性出于生活和婚姻安定的需要，更倾向于在一个城市中定居，而不是到处流动。这是导致女性市民化水平高的原因。但也有差距不明显的情况，而且是男性市民化水平高于女性。张心洁等（2016）的测量结果显示，男性农业转移人口的市民化水平（0.38）显然高于女性（0.36），他们从市民化水平的不同构成维度来寻找差距，男性经济状况、健康状况、工作状况和居住环境等方面的市民化水平都高于女性，而女性则在社会融入和心理评价高于男性。② 上述两项研究都是基于全国大样本数据的统计结果，但指标构成和计算方法不一样，这可能是导致测量结果不一致的原因。

我们的测量结果是，女性的综合市民化水平略高于男性，女性为68.37分，男性为67.88分。从具体的市民化构成维度对比来看，女性在经济地位、文化融入、心理认同和公共服务四个方面高于男性，而男性在政治参与和社会适应两个方面高于女性，但所有维度的性别差距都不大，基本没有超过2分。我们测量的是西部少数民族农业转移人口的市民化水平，女性市民化水平高于男性有其经济、社会、心理方面的原因。首先，从经济上来看，西部地区经济发展在全国来说相对滞后，在婚姻市场上竞争力较弱，西部地区女性更愿意嫁入经济发达地区，形成所谓"西部新娘"现象。20多年前，丁金宏（1994）就已发现，我国"男高女低"的婚姻梯度婚配模式，造成女性婚姻迁移从西部较贫困的农村地区迁入东部较富裕的农村地区。③ 然而时至今日，这种婚姻迁移模式仍旧没有改变。我们的调查对象也包括了嫁入东部地区的西部女性（尽管比例可能不大），为了家庭稳定，这部分女性愿意尽快融入当地生活，其市民化水平较高理所当然。其次，西部少数民族中，许多村庄规定同族同宗同姓禁止婚姻，这意味着女性成年后只能嫁到其他村庄，而男性则被寄予继承父母家庭财产的厚望和责任；男性的根在其出生的村庄，而女性则不必如此甚至不能如此。这些差异导致女性相比男性早就有了适应村外生活的打算和心理预期。一旦进入城镇，她们可能表现出比男性更高的适应能力和市民化水平。再次，女性市民

---

① 李荣彬，袁城，王国宏，等. 新生代农民工市民化水平的现状及影响因素分析：基于我国106个城市调查数据的实证研究 [J]. 青年研究，2013（1）：1-11.

② 张心洁，周绿林，曾益. 农业转移人口市民化水平的测量与评价 [J]. 中国软科学，2016（10）：37-49.

③ 丁金宏. 中国人口省际迁移的原因别流场特征探析 [J]. 人口研究，1994（1）：14-21.

化水平高，可能还因为现代都市很多服务业对女性的需求量更大，女性从事服务业也更具优势。比如，女性由于更具有亲和力，她们在从事产品销售、宾馆餐馆服务、飞机高铁服务等行业，受到的排拒更小，而这些行业都需要频繁跟顾客（包括本地人）互动；而男性主要进入工厂、工地，跟其他人较少接触。换句话说，工作性质导致女性更容易适应城市社会、产生城市认同感，也更容易市民化。

从代际角度来看，农业转移人口市民化是一个长期过程，不可能经过一两代人就完成市民化进程，进城务工的农民也不断地更新换代，新一代是否比老一代更能适应城镇生活，更容易转化为市民，以及新一代展现了哪些不同的市民化特征等问题，也是学术界和政府各界早就注意和关心的问题。王春光（2001）认为，"农村流动人口已经出现代际间的变化，他们不仅在流动动机上存在很大的差别，在许多社会特征上也很不相同"，从而提出了"新生代农村流动人口"概念，并对他们的社会认同与城市融合问题进行了分析。[1] 此后，第二代农民工、新一代农民工等概念相继出现。目前已有一些研究者对新生代和老一代农民工的市民化水平进行了比较研究，刘传江和程建林（2008）测得第二代农民工市民化率为 50.23%，而第一代农民工市民化率仅为 31.30%。[2] 胡雯等（2016）的研究结果表明，新生代和老一代农民工市民化的程度分别为66.37% 和 52.31%。[3] 这两项研究结果都显示，第二代农民工市民化水平远远超过第一代。程名望等（2017）测得新生代农民工市民化程度略高于老一代农民工，老一代农民工为 51.40 分，新生代农民工为 52.38 分。[4] 仍然是新生代农民工的市民化水平高于老一代，这与我们的结果不同。

我们的测量结果是，老一代比新一代农业转移人口的综合市民化水平略高，分别为 69.83 和 67.41。并且所有的六个组成维度的测量结果都显示，老一代少数民族农业转移人口的市民化水平高于新一代，尽管不同维度二者之间的差距比较小。这个结果与上述作者的测量结果以及我国大多数研究结果都不同，这可能是最有意思和最需要解释的部分。我们进一步分析发现，老一代以县内流

① 王春光. 新生代农村流动人口的社会认同与城乡融合的关系 [J]. 社会学研究, 2001（3）: 63-76.

② 刘传江, 程建林. 第二代农民工市民化: 现状分析与进程测度 [J]. 人口研究, 2008（5）: 48-57.

③ 胡雯, 陈昭玖, 滕玉华. 农民工市民化程度: 基于制度供求视角的实证分析 [J]. 农业技术经济, 2016（11）: 66-75.

④ 程名望, 乔茜, 潘烜. 农民工市民化指标体系及市民化程度测度: 以上海市农民工为例 [J]. 农业现代化研究, 2017, 38（3）: 413-420.

动和小城镇居住为主，而新一代则以省内跨市流动为主。老一代在小城镇的比例，比新一代高 13.4 个百分点；老一代县市内流动比新一代高 11 个百分点，而新一代的省内跨市流动比老一代高 16 个百分点。李强和胡宝荣（2013）也曾发现，老一代农民工群体中自发地形成了一种特殊的市民化路径，即就地或就近市民化。① 相对于异地市民化，就近就地市民化有利于解决社会保障、公共服务等制度衔接和城乡资产权利置换等一系列问题，消除农村人口市民化的障碍②、对提高收入的作用更为显著③、市民化总成本更低④、生计资本状况更优⑤，更重要的是，就近市民化很少受到城市社会政策的限制，这些政策包括户籍、教育、就业和社保等。⑥ 这表明流动范围小、居住在小城镇的老一代农业转移人口更容易市民化，这也是为什么我们的测量结果是老一代比新一代农业转移人口的市民化水平更高的原因。

从教育程度来看，国内外研究成果均显示，教育程度越高，农业转移人口的市民化水平越高。具有更高受教育程度的人往往拥有更好的职业技能和沟通技巧，具备更强的学习能力，因而更容易适应城市生活。我们将教育程度分为初级、中级和高级三个档次，初级教育程度指初中及以下教育程度，中级包括高中、中专和中职，高级包括大专和高职及以上的教育程度。测量结果发现，西部少数民族农业转移人口根据教育程度高低呈现出明显的梯度差距，教育程度高的市民化水平也高，教育程度低的市民化水平也低。高级、中级到初级教育程度的市民化水平得分分别为 72.58、70.11 和 64.60，每个维度的市民化水平也呈梯度状，都是高级教育程度的市民化水平高于中级，而中级又高于初级，严格按照教育程度的等级次序排列。但可以看出，初级和中级的市民化水平得分差距，大于中级和高级之间的得分差距。这不仅说明了教育程度越高越有利于市民化，而且中级（高中/中职）以上教育程度更有利于市民化水平提升。

---

① 李强，胡宝荣．户籍制度改革与农民工市民化的路径［J］．社会学评论，2013，1（1）：36-43.

② 李强，陈振华，张莹．就近城镇化与就地城镇化［J］．广东社会科学，2015（1）：186-199.

③ 庞新军，冉光和．传统城镇化与就地城镇化对农民收入的影响研究：基于时变分析的视角［J］．中国软科学，2017（9）：91-98.

④ 顾东东，杜海峰，王琦．就地就近城镇化背景下农民工市民化的成本测算与发现：基于河南省三个县市的比较［J］．管理评论，2018，30（3）：240-247.

⑤ 杜巍，顾东东，王琦，等．就地就近城镇化背景下农民工生计资本的测算与分析［J］．西安交通大学学报（社会科学版），2018，38（2）：60-68.

⑥ 邱玉婷，于大川．就近市民化：农民市民化道路的现实选择［J］．山东行政学院学报，2020（2）：31-37.

农业转移人口市民化是一个长期过程，根据国外的经验，一般第二代的社会融合程度比第一代有很大进步，特别是第二代能够接受流入的教育。教育程度常常跟能力和眼界等高度相关，对下一代融入城市具有很好的助推作用。但部分少数民族人口只要求子女能够读书识字就行，基本也不会想到如何通过教育来改变子女的命运这些问题。只有极少数已经在城市购房居住，并与当地居民有一定接触的"成功人士"，才会意识到子女教育的重要性，并尽量为子女寻找更好的教育资源，希望子女能够成才。至于子女以后是否在当前城市定居、在哪里定居，则由子女的选择。

我们在调查走访中发现了少数民族和汉族在市民化意愿、打算和做法上的许多差异。比如，我们在东部一些城市发现一些比较成功的布依族和苗族打工者，对于有一定年龄的农业转移人口，他们有的做了工厂总经理，收入不菲，完全具备在城市生活的能力和条件，但他们从来不会想到在当地买房，即使全家都已经迁入当地打工和生活，也是如此。他们最大的心愿就是在老家建一栋房子，年老后回到熟悉的家乡养老。我们的调查还发现，对于少数民族年轻打工者，绝大多数也没有把定居城镇作为奋斗目标，他们只是把城市作为赚钱的地方，或作为方便恋爱娱乐的地方，因为年轻人都往城市跑，不出来打工找不到朋友和恋爱对象。另一些年轻人是因为从学校毕业以后就没有干过农活，在农村找不到合适的工作，只能到城市发展。但即使是为了职业发展，许多人也没有长期定居城市的打算。年轻人并没有因为时代变迁而比其父辈更愿意定居城市，城市对于他们来说不过就是生命中的一个客栈。这种现象在那些仅与同族交往，没有当地城市朋友的年轻人身上表现得特别明显。这印证了社交"内卷化"阻碍城镇化的假说。

从婚姻状况来看，有配偶和无配偶的市民化水平存在差异，有配偶的市民化水平为68.73分，无配偶的为67.07分，有配偶的市民化水平明显高于无配偶，而且前者在六个维度的市民化水平都高于后者。婚姻状况首先是影响人的行为选择，进而影响市民化的态度和想法，最后影响市民化水平。一个还不知道未来另一半在哪里的人，不大可能有计划定居在哪个城市的想法，也就不会有意了解这个城市有关市民化的信息和渠道。

各个民族都有这样的案例：一些未婚的年轻人外出务工可能增长了见识，学到了一技之长，收入可能也并不低，但他们很少存钱，大多是月光族，甚至借钱消费，采取过好一天算一天的生活态度，很少考虑如何才能定居城市的问题。还有一些未婚青年为了玩乐，不断变换职业和工作地点，赚钱不是他们的目的，如何玩得愉快才是重点。还有少数年轻人因为没有养家糊口的压力，经常失业，到处找朋友和老乡蹭饭。这些年轻人大多都还没有定居打算，也还不具备市民化能力。

从户籍角度看，我们的数据表明，是否拥有城镇户口在市民化差异上非常明显。拥有城镇户口的少数民族农业转移人口的市民化综合指数水平为 77.50 分，而没有城镇户口的仅为 65.76 分，二者差距将近 12 分。而且拥有城镇户籍的农业转移人口比没有户籍的，在各个测量维度中的分数都几乎高出 10 分以上。这初步说明户籍制度仍然是影响西部少数民族农业转移人口市民化进程的重要因素，即使中央政府三令五申要求放松户籍管制，在许多城市已经用居住证取代城镇户口的情况下，农业转移人口在市民化进程中仍然遭遇重重困难，"隐性户籍墙"仍然在发挥阻碍作用。

在我国城乡户籍分隔的背景下，拥有城镇户口意味着能够穿越户籍隔离墙，跟城市市民享受同等社会福利待遇。然而，在各个城市推出购房落户、社会保障落户、积分制等各种筛选条件的情况下，能够获得城镇户籍本身就表明了个人在教育背景、职业技能、收入水平等方面达到了一定高度。因此，在各种筛选制度下，能够拿到城镇户口的只能是农业转移人口中的佼佼者，对于这些人，是否拥有城镇户口对他们的市民化水平影响可能已经无关紧要了。这里采用列联表分析户籍与市民化水平之间的关系，并没有消除其他因素（比如人力资本）的干扰，其他因素很有可能是影响市民化水平的真正因素，而户籍不过是一个表面因素，是一个标识变量，但这需要多因素回归分析技术才能证明，下文将对此做进一步分析。

表 5-2　西部少数民族不同农业转移人口市民化水平差异（标准分为 100 分）

类别	组别	政治参与	经济地位	社会适应	文化融入	心理认同	公共服务	市民化综合指数
性别	男	68.32	51.74	64.10	72.01	72.90	75.98	67.88
	女	67.91	52.11	63.55	72.98	74.40	77.60	68.37
年龄（代际）	新一代移民	67.10	51.32	63.56	71.76	72.84	76.23	67.41
	老一代移民	70.90	53.22	64.61	74.15	75.31	77.82	69.83

类别	组别	政治参与	经济地位	社会适应	文化融入	心理认同	公共服务	市民化综合指数
教育程度	初级	64.68	48.92	61.89	68.20	68.41	73.10	64.60
	中级	70.58	52.90	64.90	75.73	77.34	77.74	70.11
	高级	72.42	56.32	66.48	77.29	79.60	82.18	72.58
婚姻状况	无配偶	67.74	50.69	62.75	71.20	72.26	76.69	67.07
	有配偶	68.41	52.62	64.48	73.23	74.50	76.85	68.73
城镇户口	没有	66.60	49.79	62.70	69.98	69.67	74.44	65.76
	有	74.70	60.86	68.48	82.64	89.61	86.24	77.50
迁移模式	单身迁移	66.22	48.73	61.02	68.05	66.98	73.99	64.33
	家庭迁移	69.10	53.49	65.33	74.62	76.85	78.00	70.06
居住地区	东部	62.31	46.03	61.62	58.50	58.41	67.10	59.44
	中部	74.07	55.56	69.25	72.70	75.77	78.57	70.98
	西部	70.24	54.13	64.51	77.97	79.54	80.57	71.30
流动范围	县市内	73.37	57.58	67.08	82.64	86.23	84.55	75.54
	省内跨市	67.65	49.19	61.47	73.58	73.06	75.87	66.84
	省际	62.57	47.78	62.17	59.70	59.57	68.70	60.51
城市规模	小城镇	68.95	51.14	65.35	74.51	76.85	79.35	69.87
	中等城市	68.01	53.41	63.69	71.88	73.06	76.58	68.26
	大城市	67.13	49.86	62.12	70.31	69.64	73.22	65.40
定居意愿	愿意	72.73	56.57	66.19	80.09	84.05	83.36	74.08
	不愿意	60.64	43.32	59.80	57.42	54.29	63.87	56.60
	不确定	64.26	48.76	62.04	67.91	66.23	72.87	63.74

注：本表计算方法同表 5-1。

（二）迁移特征视角的市民化差异

随着城镇化和市民化进程不断推进，越来越多的农村人口举家迁移进城镇。这与农业转移人口的收入水平提高和居住条件改善有关，也跟城镇不断发展增强了人口承载力和容纳度有关，特别体现在交通、住房、教育、医疗设施等方面。20 世纪 90 年代，单身迁移仍然是主流，家庭成员长期分居，家庭化迁移还没有成为趋势。进入 21 世纪以后，我国农村人口迁移模式发生了改变。在 2013 年 1.67

亿外出农民工中,举家外迁的农民工达 3525 万,占外出农民工总数的 21.2%。①
在东部地区一些主要的劳务输入地城市,农民工与配偶、子女在城市共同生活
开始成为该群体在城市居留形态的主要模式。② 家庭迁移的发展本身也构成了迁
移者在当地生活的一种投资,会进一步促进家庭对当地长期居留的预期,丰富
迁移者家庭在当地的社会生活和社会联系,从而增强他们的社会融合。③

　　家庭化迁移包括完整性的家庭安排和半完整的家庭安排④,也就是说,只要
有两个或两个以上的家庭成员一起迁移,就属于家庭化迁移。当然,迁移者进
入婚姻和组建家庭,也会表现为家庭化迁移形态。本研究对此不加以区分。依
此计算,本次调查数据显示,西部少数民族农业转移人口家庭化迁移比例达到
65.1%,即至少跟一个家庭成员居住在一起的比例接近三分之二,家庭化迁移
已经成为主流形式。随着外出务工时间的增加以及务工收入水平的提高,迁移
者对家庭生活的需要也在逐渐上升,开始出现投亲靠友和举家迁移的流动模式,
许多分离的夫妇与子女再度在迁入地团圆,或者是合家一起迁移。从迁移模式来
看,单身迁移还是家庭化迁移,在市民化水平上表现出较大的差距。家庭化迁移
的市民化水平远高于单身迁移,前者为 70.06,而后者仅为 64.33,并且在所有六
个构成市民化综合指数的维度中,家庭化迁移的市民化水平都高于单身迁移。家
庭化迁移一方面会增加流动的成本,但另一方面也会减少继续流动的可能性,增
强转移人口对居住城市的适应性,有助于他们更快地融入城市社会,提高市民化
水平。但需要注意的是,家庭化迁移并不一定会带来从单身迁移到长期定居的过
渡,家庭化迁移只是流动人口家庭对生活安排的一种最优化的选择。因此,部分
人口还有可能从家庭化迁移退回到家庭分离,或者家庭成员的返回迁移。⑤

　　由于我国东、中、西部社会经济发展差距比较明显,因而市民化进程也呈
现出明显的地区差异。张心洁等(2016)计算出东部地区农业转移人口的市民

---

① 熊景维,钟涨宝. 农民工家庭化迁移中的社会理性 [J]. 中国农村观察,2016 (4):
40-55.
② 周皓. 中国人口迁移的家庭化趋势及影响因素分析 [J]. 人口研究,2004 (6):60-69;
李强. 农民工举家迁移的理论分析及检验 [J]. 中国人口·资源与环境,2014,24
(6):65-70.
③ 任远,陶力. 本地化的社会资本与促进流动人口的社会融合 [J]. 人口研究,2012,36
(5):47-57.
④ 翟振武,段成荣,毕秋灵. 北京市流动人口的最新状况与分析 [J]. 人口研究,2007
(2):30-40.
⑤ 任远. 家庭为中心的迁移及提高迁移者家庭福利的政策分析 [J]. 社会科学,2020
(9):73-84.

化水平值为 0.3938，明显高于中部（0.3816）和西部地区（0.3612）。① 东、中、西部按从高到低排列，西部地区经济社会发展水平较低，市民化水平也较低，这似乎比较合理。但另外的研究并不支持经济发展与市民化水平呈正向关系的判断。周密等（2012）采用 Biprobit 模型预测，得到余姚和沈阳两地区新生代农民工市民化程度分别为 62% 和 81%。② 然而，赖作莲等（2015）对陕西 5 市农民工市民化程度进行测量，结果是，汉中农民工市民化综合程度最高为 48.09%，西安最低，为 40.59%，咸阳、渭南、宝鸡分别为 44.20%、43.17% 和 41.84%。最高和最低两地相差 7.5 个百分点。③ 他们进一步对比发现，汉中农民工市民化总体水平最高，得益于其在居住条件、经济条件、职业发展等项市民化程度上的优势。而西安在居住条件、经济条件、职业发展和心理认同等项市民化程度，都处于较低水平。遗憾的是他们并未从经济社会发展以及市民化的可能影响上对这一现象进行分析。但这已经说明了市民化水平与经济发展程度并不必然呈正向关系。

我们的测量结果与张心洁等（2016）的结果刚好相反，而与赖作莲等人（2015）的结果比较一致。东、中、西部少数民族农业转移人口的市民化综合指数水平分别为 59.44、70.98 和 71.30。中部和西部差距不大，但二者与东部的差距都超过了 10 分，差距较大。并且在六个维度中，中西部的市民化水平都超过东部，而中西部之间在不同维度互有高低。出现这种情况的原因是：我们的调查对象是西部少数民族，而与调查对象比较的市民化对象是流入地城镇居民，两方面综合作用导致了这种结果。可以想象，西部少数民族流入东部，迁移距离、迁移成本都比较高，生活习惯、思想观念可能更加不同，其在东部的市民化水平自然会更低。而西部和东部原本的经济社会发展差距本来就比较大，这也导致流入东部的少数民族农业转移人口更难融入东部城镇社会。此外，西部少数民族农业转移人口进入东部地区可能还受文化差异和心理认同方面的负面影响。

从流动范围的角度来看，李强等（2015）认为县域内的就近就地城镇化既符合农民工的城镇化意愿，也有利于降低城镇化的制度障碍和成本。④ 相较而

① 张心洁，周绿林，曾益. 农业转移人口市民化水平的测量与评价 [J]. 中国软科学，2016（10）：37-49.
② 周密，张广胜，黄利. 新生代农民工市民化程度的测度 [J]. 农业技术经济，2012（1）：90-98.
③ 赖作莲，王建康，罗丞，等. 农民工市民化程度的区域差异与影响因素：基于陕西 5 市的调查 [J]. 农业现代化研究，2015，36（5）：773-777.
④ 李强，陈振华，张莹. 就近城镇化与就地城镇化 [J]. 广东社会科学，2015（1）：186-199.

言，异地城镇化带来的长距离流动，使得流动人口的各种权利转换和保障衔接难度加大，由此导致农村进城人口很难获得城镇户籍相应的社会保障、子女教育等公共服务权利。而相比跨省长距离迁移，刘涛等（2015）认为省内县际的流动人口有更高的意愿和更强的能力永久居留在城镇。[1] 宁光杰和李瑞（2016）估计了不同流动范围下农民工市民化意愿和市民化能力。[2] 研究结果表明，省内流动的农民工市民化意愿和市民化能力都高于省际流动的农民工，而市内流动的农民工市民化能力也高于市外流动的农民工。说明总体上农民工就近市民化的意愿和能力较强。就近就地市民化的好处还在于迁移成本较低，农业转移人口本身熟悉当地文化，拥有本地社会关系资源，容易融入城镇社会生活。

尽管我们的测度内容与宁光杰和李瑞（2016）有一定的区别，但测量结果却基本一致。县市内流动的少数民族农业转移人口的市民化综合指数最高，达到 75.54 分，省内跨市流动和省际流动的市民化水平分别为 66.84 分和 60.51 分，这与我们的研究期望是一致的。对于不同流动范围之间的市民化水平差异，刘锐和曹广忠（2014）曾经发现东部沿海以跨省迁移为主，中西部地区以省内迁移为主，东部地区落户较难而中西部地区落户较为容易。[3] 这也可以部分地解释我们测量的数据结果。长距离迁移不仅在物质层面难以享受当地户籍人口拥有的福利待遇，也还有心理和精神层面的不适应问题。最终导致少数民族农业转移人口在不同流动范围上的这种市民化水平差距。

从城市规模的角度来看，在我国城市发展的政策讨论中，究竟发展大城市还是中小城镇一直存在争论。20 世纪 80 年代费孝通率先提出发展小城镇的观点，他主张发展小城镇的目的在于防止人口向大城市过度集中。后来一些学者主张小城镇优先政策则是从缓解大城市拥挤，降低市民化成本出发。[4] 而主张扩大城市规模的学者认为，大城市有更多就业机会，更高的劳动生产率和工资收

① 刘涛，齐元静，曹广忠. 中国流动人口空间格局演变机制及城镇化效应：基于 2000 和 2010 年人口普查分县数据的分析 [J]. 地理学报，2015，70（4）：567-581.

② 宁光杰，李瑞. 城乡一体化进程中农民工流动范围与市民化差异 [J]. 中国人口科学，2016（4）：37-47.

③ 刘锐，曹广忠. 中国农业转移人口市民化的空间特征与影响因素 [J]. 地理科学进展，2014，33（6）：748-755.

④ 朱选功. 城市化与小城镇建设的利弊分析 [J]. 理论导刊，2000（4）：29-32；肖金成. 中国特色城镇化道路与农民工问题 [J]. 发展研究，2009（5）：18-21；李强，陈振华，张莹. 就近城镇化与就地城镇化 [J]. 广东社会科学，2015（1）：186-199.

入①，而且实证研究结果似乎更支持发展大城市的观点。然而这些文献主要从经济发展的视角进行探讨。那么，如果从顺利实现农业转移人口市民化的角度来看，究竟哪种城市规模更易于实现市民化呢？

我们的测量结果是，小城镇的少数民族农业转移人口市民化水平高于中等城市，中等城市高于大城市。小城镇、中等城市和大城市的市民化水平分别为69.87分、68.26分和65.40分。其中，小城镇和中等城市的市民化水平差距较小，但二者与大城市的差距较大。从各个维度来看，只有中等城市经济地位维度的市民化水平高于小城镇，其他维度都是按照小城镇高于中等城市，中等城市高于大城市的次序排列。这说明中等城市有助于农业转移人口获得更高的经济地位，但在市民化的其他方面小城镇具有明显优势。据此，从农业转移人口市民化的视角来看，发展中等城市和小城镇，更有利于吸引农业转移人口，从而实现以人为本的新型城镇化发展战略目标。

定居意愿可能是影响市民化最重要的因素，道理很简单，因为只有愿意定居下来，才会主动去适应当前居住的城市生活，市民化水平也才会不断提高。有研究成果显示，城市定居意愿对农民工市民化意愿的直接促进作用显著。② 我们的计算结果显示，愿意定居的少数民族农业转移人口的市民化水平最高，不确定定居处于中间，而不愿意定居的市民化水平最低，三者分别为74.08分、63.74分和56.60分，最高者与最低者相差17.46分。这也是表5-2所列的所有个人特征和迁移特征中，不同群体市民化水平差距最大的一组，这说明定居意愿确实对市民化水平有着强烈的影响作用，但是否受其他因素干扰，则需要进行多元回归分析才能清楚。这是下文的内容。

第二节　市民化的影响因素分析

一、分析框架与变量选择

国外关于移民社会融合影响因素的研究文献较为丰富，他们一般专注于某

---

① 陆铭，高虹，佐藤宏. 城市规模与包容性就业 [J]. 中国社会科学，2012 (10)：47-66；王建国，李实. 大城市的农民工工资水平高吗？[J]. 管理世界，2015 (1)：51-62.
② 王静. 融入意愿、融入能力与市民化：基于代际差异的视角 [J]. 区域经济评论，2017 (1)：128-137.

一个或几个因素对移民融入东道国社会的影响。例如，Carmon（1981）研究了移民个体因素对融合水平的影响。[1] 他总结出以下因素的积极影响：城市规模、家庭成员较少、年龄较低、所谓的白领职业、靠近市中心的居住地以及居住时间的延长。根据他的研究，经济融合与社会和文化领域的融合没有关系。Dustmann（1996）发现个人特征、国籍和家庭背景对移民融入有影响，而劳动力市场变量对移民融入的影响不大。[2] 还有迁移距离[3]、支持性的社会网络[4]、定居意愿[5]，以及国家宏观背景因素[6]等，都对移民社会融入具有重要影响。但大多数作者都承认，社会融合是一个多层面、多维度概念，既有宏观层面的社会融合和中观层面的社会融合，也有微观层面的社会融合；同时也包括经济、政治、社会、制度、文化以及心理等多个维度。[7] Zubikova（2020）总结了移民社会融合的三组因素：移民人口和个人因素，一般政策和国家背景，迁移与融合政策。而最重要的是包括 Zubikova 在内的几项研究都表明，接受东道国社会的新身份有助于加深融合。[8] 这与我国研究市民化过程中特别强调户籍身份的重要性不谋而合。

　　农业转移人口市民化是一个漫长而复杂的过程，在这个过程中，许多因素都会影响市民化的进程和质量。其中，首先是城乡分割的户籍制度，户籍制度

[1] CARMON N. Economic integration of immigrants [J]. The American Journal of Economics and Sociology, 1981, 40 (2)：149-163.

[2] DUSTMANN C. The social assimilation of immigrants [J]. Journal of Population Economics, 1996, 9 (1)：37-54.

[3] BORJAS G J. Immigration Economics [M]. Cambridge：Harvard University Press, 2014.

[4] AMIT K, RISS I. The role of social networks in the immigration decision-making process：the case of North American immigration to Israel [J]. Immigrants and Minorities, 2007, 25 (3)：290-313.

[5] ANNISTE K, TAMMARU T. Ethnic differences in integration levels and return migration intentions：A study of Estonian migrants in Finland [J]. Demographic Research, 2014, 30 (1)：377-412.

[6] HUDDLESTON T, NIESSEN J, TJADEN J D. Using EU indicators of immigrant integration [R]. Brusels：OECD Publishing, 2013：1-73.

[7] 嘎日达, 黄匡时. 西方社会融合概念探析及其启发 [J]. 国外社会科学, 2009 (2)：20-25.

[8] BATTU H, ZENOU Y. Oppositional identities and employment for ethnic minorities：evidence from England [J]. IZA Discussion Papers, 2009：4517；MANNING A, ROY S. Culture clash or culture club? National identity in Britain [J]. The Economic Journal, 2010, 120 (542)：72-100；ZUBIKOVA A. Assessment of the immigrants integration level in the new member states of the EU in 2009-2018 [J]. Journal of International Migration and Integration, 2020, 21 (2).

的核心内容是将公民分为农业户口和非农业户口的二元身份制①，像一道道看不见的"隔离墙"，将大量有落户需求的农村人口、外来人口阻挡在城市之外，严重地影响了我国城镇化的进程，以及市民化的可能和路径②。户口问题虽然不是市民化的全部，但却由此严重阻碍和延缓了我国农民工的市民化进程。③ 户籍制度是一种"社会屏蔽"制度，它将社会上一部分人屏蔽在分享城市的社会资源之外。④ 陆学艺（2000）认为这一制度造成了"城乡分治，一国两策"的格局，深恶这种制度对我国社会造成的城乡分割状态，尤其是对农村居民造成的不公平待遇。⑤

城乡二元制度几乎涉及所有的社会、经济、政治和文化领域，具体包括户籍制度、住宅制度、粮食供给制度、副食品与燃料供给制度、生产资料供给制度、教育制度、就业制度、医疗制度、养老保险制度、劳动保护制度、人才制度、兵役制度、婚姻制度、生育制度 14 种制度。⑥ 而农业转移人口市民化是一个动态演变的过程，这个过程不仅仅是简单的户籍身份、生活空间与就业方式的转变，还包括城市文明、环境意识、价值观念、社会权利和福利等多方面的转变。虽然影响农民工市民化进程的因素是复杂的、多方面的，但是在这些因素中，制度因素是最重要的、根本的因素，其他因素都在某种程度上受到制度因素的制约。⑦ 因此，从制度层面尤其是考察户籍制度对农业转移人口市民化的影响成为一个重要的研究领域。

任远和邬民乐（2006）在总结相关文献的基础上提出，相比人力资本和社会资本因素，制度因素对流动人口的城市融合影响更为根本。⑧ 黄锟（2009）

---

① 陆益龙. 户口还起作用吗：户籍制度与社会分层和流动 [J]. 中国社会科学，2008（1）：149-162.

② 李强，胡宝荣. 户籍制度改革与农民工市民化的路径 [J]. 社会学评论，2013，1（1）：36-43.

③ 辜胜阻，成德宁. 户籍制度改革与人口城镇化 [J]. 经济经纬，1998（1）：49-53；王桂新，沈建法，刘建波. 中国城市农民工市民化研究：以上海为例 [J]. 人口与发展，2008（1）：3-23.

④ 李强. 户籍分层与农民工的社会地位 [J]. 中国党政干部论坛，2002（8）：16-19.

⑤ 陆学艺. 走出"城乡分治，一国两策"的困境 [J]. 读书，2000（5）：3-9.

⑥ 郭书田，刘纯彬，等. 失衡的中国：城市化的过去、现在与未来 [M]. 石家庄：河北人民出版社，1991：29-78.

⑦ 黄锟. 城乡二元制度对农民工市民化影响的实证分析 [J]. 中国人口·资源与环境，2011，21（3）：76-81；李永友，徐楠. 个体特征、制度性因素与失地农民市民化：基于浙江省富阳等地调查数据的实证考察 [J]. 管理世界，2011（1）：62-70.

⑧ 任远，邬民乐. 城市流动人口的社会融合：文献述评 [J]. 人口研究，2006（3）：87-94.

认为，户籍制度降低了农民工市民化的意愿和能力，提高了农民工市民化的门槛和成本，而且人为地造成了农民工和城市居民的对立，形成了不利于农民工市民化的社会环境，成为阻碍农民工市民化进程的制度瓶颈。① 随后，他又实证分析了城乡二元户籍制度、二元就业制度、二元社会保障制度、二元土地制度和二元教育制度对农民工市民化进程的影响（黄锟，2011）。熊淑萍（2017）也实证研究了户籍制度、就业制度、教育制度、社会福利制度和土地制度对农民工市民化程度的影响。② 这些研究结论都证实，户籍制度在某种程度上阻碍了农业转移人口的市民化进程。

但也有观点认为，农民工市民化问题的化解从根本上依赖于其人力资本的积累和提升。农民工自主能力的建设是其市民化的第一动力，任何外部的政策支撑和制度推力都只能是辅助性因素。③ 许多作者都认为农民工自身人力资本不足是其实现市民化的重要障碍。④ 刘林平和张春泥（2007）认为，人力资本不仅影响农民工的就业、职业稳定性以及收入，还影响着农民工价值观念和生活方式的城市化程度。⑤ 但许多作者都是将人力资本和社会资本纳入同一分析框架的，例如，汤夺先等（2017）综合现有的文献发现，学者们对新生代农民工市民转化能力结构研究主要侧重于人力资本和社会资本两方面，二者共同决定了市民转化的能力。⑥ 人力资本因素和社会资本因素除了直接影响农民工市民化以外，还通过就业、用人单位、社会歧视、经济发展水平对农民工市民化产生间接影响。⑦

---

① 黄锟. 深化户籍制度改革与农民工市民化［J］. 城市发展研究，2009，16（2）：97-104.

② 熊淑萍. 农民工市民化程度提升的测度与阐释［J］. 老区建设，2017（12）：21-26.

③ 熊景维，钟涨宝. 农民工市民化的结构性要件与路径选择［J］. 城市问题，2014（10）：72-77.

④ 林娣. 新生代农民工市民化的人力资本困境［J］. 东北师范大学学报（哲学社会科学版），2014（2）：215-217；王竹林，范维. 人力资本视角下农民工市民化能力形成机理及提升路径［J］. 西北农林科技大学学报（社会科学版），2015，15（2）：51-55；徐建军. 中国农民工市民化进程中的问题与对策：基于人力资本开发视角的分析［J］. 中国人力资源开发，2014（15）：93-97.

⑤ 刘林平，张春泥. 农民工工资：人力资本、社会资本、企业制度还是社会环境［J］. 社会学研究，2007（6）：1-14.

⑥ 汤夺先，张丽. 新生代农民工市民化研究的回顾与反思［J］湖北民族学院学报（哲学社会科学版），2017，35（1）：12-18.

⑦ 张务伟. 什么影响了农民工市民化：机理模型与实证检验［J］. 河南社会科学，2016，24（4）：59-68.

此外，还有一些学者研究了社会保障尤其是城镇社会保障参与状况①、定居意愿②、流动范围③等对农民工市民化的影响。实际上，大多数研究都将许多可能的影响因素纳入同一分析框架，这些影响因素曾被任远和乔楠（2010）归入宏观、中观、微观三个层面④，并认为国内研究者都从这三个视角研究影响农民工社会融合的各种因素，而这三个层面刚好对应城市制度安排、社区参与和社会资本、个人和家庭特征。至此，农业转移人口市民化影响因素的分析框架已经非常清晰。李培林和田丰（2012）直接指出，在对社会融入的归因解释上，国内学者基本上达成了较为一致的意见，即主要是人力资本、社会资本和政策制度三个原因。他们还用这一框架分析了农民工的社会融合状况。⑤

少数民族农业转移人口市民化研究文献除了更加重视民族因素的影响外，基本分析框架与上述研究类似。少数民族相关研究文献指出"民族因素"会导致少数民族流动人口的社会认同"内卷化"，自我限制以及文化观念冲突，进而阻碍流动人口的市民化进程。然而，关于"民族因素"影响少数民族流动人口融入城市社会的判断，主要是基于定性分析的结果。但定量分析得出了不同结论，高向东等（2012）和李红娟、杨菊华（2016）的实证研究成功证明了"民族因素"已不是最主要的影响因素，制度因素对少数民族流动人口城市融合的影响最为显著。当然，人力资本和社会网络支持同样也是影响少数民族农业转移人口市民化的重要因素。李林凤（2011）将各种影响因素归纳为三个层面——个人层面、流入地社区和社会层面、制度和政策层面，并且认为这三个层面的因素在发挥影响作用的时候往往是相互交织的。⑥

根据已有的研究文献，我们将人力资本、社会资本和政策支持三方面的变量作为主要自变量。其中，人力资本变量由教育程度、健康状况、技能水平、工作经验（用外出务工年数替代）4个指标构成；社会资本变量由社会关系数

① 石智雷，施念．农民工的社会保障与城市融入分析［J］．人口与发展，2014，20（2）：33-43.
② 钱龙，钱文荣．"城镇亲近度"、留城定居意愿与新生代农民工城市融入［J］．财贸研究，2015，26（6）：13-21.
③ 宁光杰，李瑞．城乡一体化进程中农民工流动范围与市民化差异［J］．中国人口科学，2016（4）：37-47.
④ 任远，乔楠．城市流动人口城市融合的过程、测量及影响因素［J］．人口研究，2010，34（3）：11-19.
⑤ 李培林，田丰．中国农民工社会融合的代际比较［J］．社会，2012，32（5）：1-24.
⑥ 李林凤．从"候鸟"到"留鸟"：论城市少数民族流动人口的社会融合［J］．贵州民族研究，2011，32（1）：13-19.

量（关系种数）、关系质量（提供何种帮助）、关系结构（是否获得社区或邻居帮助）3个指标构成；政策支持变量体现为农业转移人口是否获得某方面的政策支持，这些政策包括就业政策、社会保障、教育培训、医疗政策、住房政策和公共设施6方面，每个政策变量由2个指标构成（详见表5-3）。人力资本、社会资本和政策支持这三方面分别代表微观、中观和宏观视角的影响因素。但从已有研究文献来看，个人特征和迁移特征变量通常也会对农业转移人口市民化水平产生重要影响，这些个人特征变量包括性别、年龄（主要体现为代际）、婚姻状况、城镇户口，迁移特征变量包括家庭化迁移、居住地区、迁移跨度（流动范围）、城镇规模、定居意愿等。我们将这些变量作为控制变量纳入定量分析模型。

二、变量操作与结果讨论

（一）变量操作化

虽然上文表5-2及相关分析初步揭示了一些变量可能对市民化具有重要影响，但我们还不知道这种影响是否受到其他因素的干扰，各个影响因素的影响强度以及它们之间的强弱对比究竟如何。为了分析人力资本、社会资本和政策支持对少数民族农业转移人口市民化水平的影响程度，我们建立定量模型来确认它们之间是否存在稳定的统计关系。我们将因变量市民化综合指数标准化为0~100之间的数值，由于因变量是连续性数值型变量，因此可以采用多元线性回归模型进行量化分析。因变量所包含的维度和指标（6个维度24个指标）已在前文介绍，这里不再赘述。各自变量操作化见表5-3。

表5-3　自变量操作化情况

	变量维度	自变量名称	变量定义	样本均值	标准差
控制变量	个人特征	性别	男=1，女=2	1.42	0.49
		年龄（代际）	新一代移民=1，老一代移民=2	1.28	0.45
		婚姻状况	无配偶=1，有配偶=2	1.64	0.48
		城镇户口	无=1，有=2	1.19	0.39

续表

	变量维度	自变量名称	变量定义	样本均值	标准差
控制变量	迁移特征	迁移模式	单身迁移=1，家庭迁移=2	1.65	0.48
		居住地区	东部=1，中部=2，西部=3	2.40	0.90
		流动范围	县内迁移=1，省内=2，省外=3	1.98	0.85
		城镇规模	小城镇=1，中等城市=2，大城市=3	1.92	0.74
		定居意愿	不愿意=1，不确定=2，愿意=3	2.34	0.79
主要变量	人力资本维度	教育程度	初级=1，中级=2，高级=3	1.78	0.87
		健康状况	很差=1，较差=2，一般=3，较好=4，很好=5	3.82	0.95
		技能水平	很差=1，较差=2，一般=3，较好=4，很好=5	3.34	0.83
		工作经验	外出务工年数1~56年	14.51	13.12
	社会资本维度	关系数量	数值0~5种	2.17	1.25
		关系质量	数值0~9分	3.30	1.81
		关系结构	没有社区或邻居帮助=1，有社区或邻居帮助=2	1.27	0.44
	政策支持维度	就业政策	标准化数值0~1区间	0.58	0.23
		社会保障	标准化数值0~1区间	0.59	0.24
		教育培训	标准化数值0~1区间	0.66	0.23
		医疗政策	标准化数值0~1区间	0.65	0.22
		住房政策	标准化数值0~1区间	0.56	0.23
		公共设施	标准化数值0~1区间	0.67	0.23

需要说明的是，关于社会资本维度的几个变量的测量方法，社会关系数量采用的是关系种数，即有多少种关系，而不是多少个关系。关系种数潜在假定了某种关系，如朋友、亲戚、同学等，不同关系提供不同种类的社会支持。社会关系质量一方面是从各种关系获得的帮助类型进行判断，然后通过赋值得到。比如，获得借钱借物、生病照顾、子女教育这些实质性帮助的得分最高，获得职业介绍、劳力支持、陪伴就医这些帮助的得分次之，而获得陪伴购物和聊天这些帮助的得分就更低，没有获得任何帮助，则得分为 0 分，表明关系质量最差。另一方面，获得帮助的类型越多得分越高。综合两方面进行赋值得到最终的关系质量分值，得分越高表明关系质量越好。社会关系结构通过"是否获得社区或邻居帮助"来反映。我们发现很多作者在测量社会关系结构时，用"是否有本地朋友"来测量，这一测量并不能说明关系结构是否发挥了实质性作用，因而这一指标测量的有效性值得商榷。本研究采用"是否获得社区或邻居帮助"作为关系结构的测量指标，这是因为跟邻居和社区交往并获得帮助，某种程度上说明受访者实际参与和融入城市社区生活。这种关系结构比拥有本地朋友具有更多实际功能，因而是反映关系结构更为适合的指标。

此外，还需要说明的是，本研究中的因变量"市民化水平综合指数"采用的是各维度等权赋值方法进行简单算术加总而得（后文第六章的"主观福利水平综合指数"也采用这种方法）。王桂新等（2008）较早采用过这种加总方法，但被后来的研究者诸多诟病。[1] 刘传江等（2009）通过专家赋值各个指标的权重，再进行加总，避免了王桂新等（2008）各个指标权重均等的缺陷，但专家赋值也依然存在较大的主观武断性。[2] 周密等（2012）批评了前二者赋值办法后，采用需求可识别的 Biprobit 模型进行研究。这一方法虽然能够更加准确地将具有潜在市民需求的个体识别出来，但其本身并不是解决市民化水平指标如何加总和测度的问题。[3] 此外，还有使用因子分析技术根据因子负荷量进行赋值的方法[4]，但因子分析主要应用于研究者对变量的指标结构没有预设立场的情况。而本研究在研究开始之时，对于市民化及其各个维度已经有了足够的了解，并

① 王桂新，沈建法，刘建波. 中国城市农民工市民化研究：以上海为例 [J]. 人口与发展，2008（1）：3-23.

② 刘传江，程建林. 双重"户籍墙"对农民工市民化的影响 [J]. 经济学家，2009（10）：66-72.

③ 周密，张广胜，黄利. 新生代农民工市民化程度的测度 [J]. 农业技术经济，2012（1）：90-98.

④ 张心洁，周绿林，曾益. 农业转移人口市民化水平的测量与评价 [J]. 中国软科学，2016（10）：37-49.

且对各个指标的结构关系具有相当的理论及推论基础，而且采用因子赋值法很可能会丢掉有用信息，或者提取的因子不能很好地反映变量的性质。因此我们仍然选择等权赋值法进行指标赋值，再复合成综合指数。而这种方法也一直被研究者所使用，如张斐（2011）、李荣彬等（2013）、程名望等（2017）①，原因在于这种方法简单易行，且不会造成信息损失。

（二）多元线性回归结果分析

表5-4是西部少数民族农业转移人口市民化水平影响因素的回归分析结果。为了排除各自变量之间是否具有相互影响作用，从而可能导致模型分析结果不准确的情况，我们首先对各组自变量之间进行相关性检验分析，发现各自变量之间相关系数均在0.3以下，表明各自变量之间相关性很弱，可以将这些变量纳入模型。多元线性回归方程的德布-沃森指数为1.979，所有自变量的容忍度没有小于0.1，方差膨胀因子都没有超过5.0的情况，说明不存在严重的共线性问题。模型通过F检验，调整R方为0.622，模型拟合优度很好，模型中的自变量解释了因变量62.2%的变异，回归结果令人满意。

表5-4 西部少数民族农业转移人口市民化水平影响
因素回归分析结果（n=1532）

	变量维度	自变量名称	非标准化系数	标准化系数	sig.
控制变量	个人特征	性别	−0.001	−0.002	0.900
		年龄（代际）	0.010	0.033	0.093
		婚姻状况	0.000	0.001	0.971
		城镇户口	0.039	0.115	0.000
	迁移特征	迁移模式	0.010	0.035	0.129
		居住地区	0.015	0.100	0.001
		流动范围	−0.013	−0.085	0.009
		城镇规模	0.000	−0.002	0.925
		定居意愿	0.035	0.207	0.000

① 张斐. 新生代农民工市民化现状及影响因素［J］. 人口研究，2011（6）：100-109；李荣彬，袁城，王国宏，王领. 新生代农民工市民化水平的现状及影响因素分析：基于我国106个城市调查数据的实证研究［J］. 青年研究，2013（1）：1-11；程名望，乔茜，潘烜. 农民工市民化指标体系及市民化程度测度：以上海市农民工为例［J］. 农业现代化研究，2017，38（3）：413-420.

变量维度		自变量名称	非标准化系数	标准化系数	sig.
主要变量	人力资本维度	教育程度	0.012	0.082	0.000
		健康状况	0.008	0.057	0.002
		技能水平	0.011	0.071	0.000
		工作经验	0.002	0.163	0.000
	社会资本维度	关系数量	0.013	0.125	0.000
		关系质量	0.003	0.043	0.017
		关系结构	0.016	0.054	0.008
	政策支持维度	就业政策	0.049	0.086	0.000
		社会保障	0.018	0.032	0.202
		教育培训	0.046	0.079	0.001
		医疗政策	0.057	0.094	0.000
		住房政策	0.053	0.092	0.000
		公共设施	0.052	0.092	0.000
		常量	0.170		0.000
		整 R^2	0.622		
		F	97.868		
		方程显著性	0.000		

　　从分析结果来看，除了个人特征中的性别、年龄（代际）、婚姻状况（有无配偶），迁移特征中迁移模式（是否家庭化迁移）、城镇规模，以及政策支持维度中的社会保障支持等6个变量没有统计显著性，即没有对少数民族农业转移人口的市民化水平产生影响。其他变量都具有统计显著性，下面我们逐一解释。

　　城镇户口是我国农业转移人口市民化进程最大的制度性障碍，许多作者都高度重视。我们的数据分析显示，是否拥有城镇户口这一变量对少数民族农业转移人口市民化具有很强的影响作用（从标准化系数比较来看），对市民化水平的提升也很有帮助，拥有城镇户口能够使市民化水平提升近4%（依据非标准化系数）。有人曾经发问：在户籍制度经历了多种形式的改革之后，城镇户口是否还起作用？他的研究发现，在经济收入方面，户口的收益率相对较高，证明户口在收入差别中的作用较大。户口作为获取体制内资源的凭据，仍在很大程度上影响和决定着城市的阶层结构与社会整合。① 另有研究显示，拥有城镇户籍可给劳动者带来正向的工资溢价以及更低的失业率。② 当然，更直接的是城镇户口上绑定的各种福利，拥有城镇户口就意味着可以享受这些福利，提高社会经济地位，进而提高个体对城市社会的行为适应和心理认同。王曦和陈中飞（2015）对比 92 个国家城镇化经验，指出阻碍中国城镇化进程的并非经济发展和经济结构因素，而是诸如人口户籍管理这样的制度性因素。③ 我们的数据分析结果与这些研究结论相当一致。

在迁移特征维度中，居住地区、流动范围和定居意愿三个变量对市民化水平产生了统计显著性影响。其中，定居意愿变量的影响程度最强，是模型中影响强度最大的一个自变量。愿意定居城市的农业转移人口比不愿意定居的市民化水平要高 3.5%。从居住地区变量来看，居住在西部地区的比居住在中部和东部的市民化水平高，这可能与西部少数民族因为就近市民化更容易有关系。这显然跟其他研究得出的东部市民化程度更高的结论不符合，但从我们的研究对象来看，这样的分析结果是符合常理的，因为我们的样本都是西部地区少数民族农业转移人口。流动范围是一个负向指标，分析结果表明流动范围越大，市民化程度越低。这一点表明，相对于长距离迁移或跨越更高城市级别的流动而言，就近就地市民化更具有优势。

从人力资本维度来看，四个变量都对市民化水平产生影响。其中，工作经验变量的影响强度最大，但工作经验每增加一年，市民化水平仅提高 0.2%。而教育程度每提高一个层次（如从初级到中级），技能水平每提高一个水平层次，则市民化水平分别提高 1.2% 和 1.1%。健康状况每提高一个水平，市民化水平也提高 0.8%，健康状况是人力资本维度中其他变量的基础，没有健康，其他维度很难得到进步和提升。工作经验增加所提高的市民化程度较少，与我们划分的层级过多有关（每年为一级）。工作经验既是职业技能提高的途径，也是适应和融入城市生活的手段，具有双重作用。工作经验越丰富，某种程度也表明城市融合程度越高。较高的教育水平不仅表明赚取收入的能力越强，可能也具有更好的表达能力，更容易与人打交道，更容易融入城市社会。而职业技能更是

---

① 陆益龙. 户口还起作用吗：户籍制度与社会分层和流动 [J]. 中国社会科学，2008（1）：149-162.

② 吴贾，姚先国，张俊森. 城乡户籍歧视是否趋于止步：来自改革进程中的经验证据：1989—2011 [J]. 经济研究，2015，50（11）：148-160.

③ 王曦，陈中飞. 中国城镇化水平的决定因素：基于国际经验 [J]. 世界经济，2015（6）：167-192.

直接影响收入水平和经济地位的重要变量，进而影响农业转移人口市民化水平。总的来说，少数民族农业转移人口的人力资本对其市民化具有重要影响。

从社会资本维度来看，三个变量都对市民化水平产生影响。其中，社会关系数量的影响强度最大，但对市民化水平提高作用最大的是关系结构变量。本研究所谓的关系结构是指少数民族农业转移人口从社区或邻居获得的帮助，这种帮助行为的发生本身就表明农业转移人口与社区居民和邻居之间的融合程度较好。这个结果似乎与一些研究结论比较一致，例如，刘传江和周玲（2009）认为，农民工是否融入城市的一个主要表现是其社会资本由传统关系型向以业缘为主的现代型转变。[1] 还有研究结论表明，与城市居民良性互动后建立的异质型城市社会网络有利于农民工市民化水平的提高，而以老乡交往为主的同质型农村社会网络却阻碍了农民工的市民化。[2] 因此，关系结构也是很重要的影响因素。在关系结构没有多少选择余地的情况下，更多的关系数量也有助于市民化水平的提高。总体而言，许多作者都认识到社会资本（或社会支持）在少数民族农业转移人口市民化进程中的重要作用。他们认为构建完整有效的城市社会支持网络，是促进少数民族农业转移人口适应城市社会，提高市民化水平的重要途径和策略。[3] 我们的研究结论也支持这种观点。

社会政策支持维度中，除了社会保障支持变量没有产生显著性影响以外，其他五个变量都具有统计显著性意义。我们的数据分析结果没有印证城市社会保障有利于农民工更好地融入城市的观点。[4] 我们认为社会保障支持变量没有产生影响作用的原因在于，近些年我国社会保障改革力度较大，尤其是在适应流动性方面，如新农合实现省级异地结算等政策。而失业保险、生育保险则没有覆盖绝大多数农业转移人口，2019年按调查失业率推算，全国城镇失业2300万人，但全年领过失业保险金的只有461万人，占1/5，原因是全国4.4亿城镇劳

---

① 刘传江，周玲. 社会资本与农民工的城市融合 [J]. 人口研究，2009（5）：12-18.

② 童雪敏，晋洪涛，史清华. 农民工城市融入：人力资本和社会资本视角的实证研究 [J]. 经济经纬，2012（5）：33-37.

③ 李伟梁，陈云. 城市少数民族流动人口的社会支持：以武汉市的调研为例 [J]. 中南民族大学学报（人文社会科学版），2006（3）：15-19；朱宏伟，杨云云. 广东少数民族流动人口社会支持研究 [J]. 广西民族研究，2011（3）：74-78；马伟华. 社会支持网构建：少数民族流动人口城市融入的实现路径分析 [J]. 西南民族大学学报（人文社科版），2018，39（2）：55-61.

④ 石智雷，施念. 农民工的社会保障与城市融入分析 [J]. 人口与发展，2014，20（2）：33-43.

动者中，失业保险只覆盖了 2 亿人，大部分农民工没有被覆盖。① 这使得城镇社会保障吸引力减弱，农村社会保障的保障能力得到了增强，最终导致是否得到城镇社会保障支持变量没有对少数民族农业转移人口的市民化水平产生显著性影响。从其他五个变量的影响强度来看，依据标准化系数衡量，这五个变量的影响强度都较大，而根据非标准化系数，这五个变量中的每一个变量每增加一个单位，市民化水平都能提高 5% 左右，这在所有变量中是最高的。表明政策支持变量对少数民族农业转移人口市民化水平的促进作用很强。由此也可以判断，西部少数民族农业转移人口市民化进程，主要受阻于制度因素，受阻于城镇政策支持不足。

从三类主变量分析结果来看，我们的关键性结论是：政策支持（包括城镇户口）对少数民族农业转移人口市民化进程的影响最大，社会资本次之，人力资本最弱。我们的研究结论与钱正荣（2010）②、任远等（2010）③ 是一致的。他们的研究结论都认为，虽然社会资本和人力资本都是重要的影响因素，但户籍制度下的地方保护政策和当地居民的歧视与偏见是更为根本的影响。而赵延东和王奋宇（2002）早就指出，流动人口城市地位的获得，社会资本扮演着重要角色，其作用甚至比人力资本更显著。④ 周密等（2012）研究发现：新生代农民工的社会资本水平是影响其市民化的关键因素，人力资本水平的提高只有在市民化抑制程度高于 80% 时才会使市民化抑制程度下降。⑤

然而，我们的研究结论与其他少数民族研究文献存在一些不一致的地方。张永梅等（2019）得出的结论是：在农民工社会融合程度的三个影响因素中，人力资本因素影响程度最高，大于社会资本和制度因素。⑥ 他们承认这一结果与学界关于制度因素影响程度最高的结论不一致，并给出了解释。里昕（2014）对少数民族农民工的研究也显示人力资本是首要因素。⑦ 谢桂华（2012）认为

① 王小鲁. 居民消费为何仍在下降？［EB/OL］. 中国经济网，2020-09-03.
② 钱正荣. 流动人口的社会融合问题研究［J］. 湖北社会科学，2010（2）：39-42.
③ 任远，乔楠. 城市流动人口城市融合的过程、测量及影响因素［J］. 人口研究，2010（3）：11-19.
④ 赵延东，王奋宇. 城乡流动人口的经济地位获得及决定因素［J］. 中国人口科学，2002（4）：8-15.
⑤ 周密，张广胜，黄利. 人力资本、社会资本与市民化抑制［J］. 中国人口·资源与环境，2012（7）：134-137.
⑥ 张永梅，何晨晓，桂浩然. 农民工社会融合：基于地区、民族和历时性的比较［J］. 南方人口，2019，34（3）：25-33.
⑦ 里昕. 基于族际对比的少数民族农民工就业竞争能力研究［J］. 贵州大学学报（社会科学版），2014，32（2）：108-116.

在三大因素中人力资本和制度性因素是最重要的因素。① 只有潘明明等人（2018）对新疆城镇少数民族流动人口社会融合的研究发现，语言沟通能力和社会资本是流动人口融入城镇的关键。② 这几项少数民族市民化研究的结论与学界的研究结论不一致，我们发现这些研究基本上样本量都较少，调查区域狭窄，样本代表性普遍不足，测量指标简单，研究规范性和分析深度也需要进一步加强。因此，可以说目前少数民族农业转移人口市民化方面的研究仍有待更多实证研究提供相应证据，特别是全国范围内的大样本调查提供的证据，同时也表明少数民族农业转移人口市民化研究仍有进一步探讨的必要。

①　谢桂华. 中国流动人口的人力资本回报与社会融合［J］. 中国社会科学，2012（4）：103-124.

②　潘明明，龚新蜀，张洪振. 新疆城镇少数民族流动人口社会融合：水平测度与障碍找寻：422 份新疆城镇少数民族流动人口调研数据［J］. 新疆大学学报（哲学·人文社会科学版），2018，46（2）：33-42.

第六章

市民化与社会福利改善

　　市民化的最终目的是提高农业转移人口的生存能力，改善他们的生活质量。许多研究都将农业转移人口的社会福利与城镇居民进行对比，而较少关注农业转移人口自身福利变化情况。市民化是农业转移人口不断适应城市生活，城市政策也不断调整的长期过程，这个过程必然引起农业转移人口在就业、收入、教育、健康等各种客观福利上的变化，也会对他们的主观福利水平产生重要影响。目前为止，我国关于农业转移人口市民化水平测度的文献较多，而较少关注他们在市民化进程中的社会福利变化情况，以及市民化对福利水平产生的影响。市民化对社会福利的影响并不是一个只有受益没有受损的严格的帕累托改进过程，更有可能是有的人受益，有的人受损，而有的人不变。把握具有不同特质的人在市民化过程中的福利变化情况，以及市民化对福利变化产生的影响，对于改善农业转移人口的社会福利具有现实指导意义，对于制定和改进城市相关福利政策具有重要的参考价值。

第一节　社会福利水平及其差异

一、各少数民族农业转移人口社会福利水平

（一）少数民族与汉族客观福利变化和主观福利水平比较

　　本研究采取农业转移人口对其进城后的自身福利变化进行自我评估的方式获取相关数据资料，并对这些数据进行统计分析，以此反映农业转移人口在市民化进城中的福利变化情况。由于本研究中客观福利测量的是农业转移人口的福利变化情况，我们用"变差""不变""变好"三分类来衡量，由此可知，客观福利是一个分类变量，因此我们无法将其综合成为一个指数进行评价，而只

能按照分类状况统计呈现。而主观福利（福祉）一般定义为一种幸福的状态[①]，反映的是个体对当前生活状态稳定的主观感受和体验，因此可以采用李克特量表法进行测量，主观福利测量包括 8 个二级指标，最后将这些指标加总成为一个综合指数。

表 6-1 反映了客观福利变化和主观福利水平情况。先看客观福利的变化情况，总样本中有 62.9% 的比例认为客观福利得到了改善，表示客观福利不变和变差的比例相仿，分别为 18.8% 和 18.3%。从少数民族和汉族样本对比来看，少数民族的客观福利改善水平略高于汉族，但其实二者差距很小，少数民族表示福利变好的比例仅比汉族高 0.5 个百分点。我国也有研究支持我们得出的这一结果，尽管测量方法不一样，徐丽和张红丽（2016）发现，农户参与就地城镇化可以显著改善其福利水平，具体而言，使其总收入平均增加 29.81%，生活消费总支出平均增加 11.05%。[②] 但其测量的"福利"仅包含收入和消费支出。也有研究认为，原有农村居民没有从由农村居民向城镇居民的身份转换中得到显著的福利改善。我国居民公共服务水平的改善主要得益于政府提供公共服务能力的提高，城镇化进程本身并没有带来居民社会福利水平的提高，相反甚至出现了阻碍居民福利改善的现象。[③] 但其使用宏观数据进行测算，无法呈现出微观个体的福利变化及其差异状况。至于那些研究失地农民福利变化的相关文献，得出的结论也不一致。

表 6-1 西部少数民族农业转移人口社会福利水平评估

	客观福利变化			主观福利水平			主观福利综合指数
	变差	不变	变好	差	中	好	
总样本	18.3	18.8	62.9	26.0	47.8	26.2	66.88
汉族样本	18.4	18.9	62.7	25.2	46.4	28.4	68.11
少数民族	18.2	18.6	63.2	27.2	50.2	22.6	64.82
壮族	12.7	23.1	64.2	21.0	60.8	18.2	65.89
回族	12.0	23.1	64.9	14.5	47.7	37.8	71.58

① 李静，白江. 新型城镇化对社会福祉提升的影响分析 [J]. 求是学刊，2016，43（5）：62-68.

② 徐丽，张红丽. 农户就地城镇化的影响因素及其福利影响：基于四省农户微观数据的实证分析 [J]. 社会科学家，2016（6）：72-77.

③ 王伟同. 城镇化进程与社会福利水平：关于中国城镇化道路的认知与反思 [J]. 经济社会体制比较，2011（3）：169-176.

续表

	客观福利变化			主观福利水平			主观福利综合指数
	变差	不变	变好	差	中	好	
苗族	24.7	12.7	62.6	35.6	45.9	18.5	62.03
彝族	7.5	17.0	75.5	13.0	63.0	24.0	68.33
土家族	22.2	14.5	63.3	30.4	41.3	28.3	66.93
侗族	24.3	18.4	57.3	22.3	57.3	20.4	66.36
布依族	16.8	23.2	60.0	31.3	47.8	20.9	62.32
白族	22.4	17.1	60.5	27.6	52.6	19.8	62.73
其他	17.1	15.5	67.4	26.8	44.1	29.1	67.62

注：客观福利变化和主观福利水平用百分比统计；主观社会福利综合指数包含8个指标加总均值，再按100分进行标准化。

从主观福利水平来看，西部少数民族农业转移人口的主观福利综合指数低于汉族，少数民族为64.82分，汉族为68.11分。这种差距主要是汉族农业转移人口主观福利水平为"好"的比例高于少数民族。总的来看，与客观福利相比，无论是少数民族还是汉族农业转移人口的主观福利水平都不高。有研究者曾经指出，虽然大多数农民工能够获得客观福利改善，但是主观福利却并不高。这可能与其健康状况、工作环境等有关。因为，农民工群体虽然都比较年轻，身体素质较好，但大多是通过透支体力、牺牲自己的健康来获得被"高估"的净收益。他们聚集的行业很多都存在粉尘、有毒气体、噪声、辐射、高空作业等可能危及其身心健康的因素。这为将来的健康和人力资本积累埋下了隐患。[①] 可见，农业转移人口客观福利改善可能不具有可持续性，而主观福利水平的高低又常常被人们忽略。这是未来城市政策和城市管理者需要引起重视的地方。

（二）各少数民族之间客观福利变化和主观福利水平比较

从各个少数民族比较的视角来看，市民化进程中彝族的客观福利"变好"的比例最高，达75.5%，侗族的最低，为57.3%，其他少数民族均达到60%以上。客观福利"变差"比例较高的是苗族、侗族、白族和土家族，都超过20%，而只有彝族的这一比例在10%以下，为7.5%。结合前面第四章的统计结果来看，彝族除了收入福利以外，其他五个维度福利都比其他少数民族"变差"的

---

① 樊士德. 中国外流劳动力的社会福利效应研究：基于微观调研的经验分析 [J]. 新疆社会科学, 2014 (2)：116-125.

比例少，而福利变好的比例则相对高一些。进一步分析发现，彝族样本工作地区在西部的比例高达82.6%，而其他少数民族基本在75%以下。由于大多数留在西部就近城镇化，相应地，获得政策支持的比例也较高。侗族、白族客观福利"变好"比例偏低的原因则是获得政策支持比例偏低。这说明各少数民族之间客观福利变化存在的差异与其迁移特征有一定关系。比如，样本中流动范围大的比例高的少数民族，获得政策支持的比例偏低，相反，样本中流动范围小的比例高的少数民族，获得政策支持的比例偏高。这是因为就近就地城镇化具有获得城市政策支持的优势。这种优势可能来源于身份（如县内流动本身就属于"本地人范围"），也可能来源于社会关系网络提供的支持。

从主观福利水平比较来看，各少数民族中，回族的主观福利综合指数最高，达到71.58，其他少数民族均未达到70.00；其主观福利水平为"好"的比例也最高，为37.8%，超过1/3的比例，而其他少数民族均未达到三成。进一步分析发现，回族样本受过高等教育的比例高达52.1%，远远高于其他少数民族（都在40%以下），而受过初等教育的又低于其他少数民族，仅为25.2%，其他少数民族都接近40%或达到40%以上。说明少数民族农业转移人口的主观福利水平差异与其个人特征（如教育程度、性格）存在一定关系。此外，农业转移人口之间相互联系紧密或居住在共同社区的少数民族，更容易获得同族的经济支持、社交满足、心理疏导，这对主观福利水平具有积极作用。回族可能在多数情况下能够获得这样的支持，从而提高了他们的主观福利水平。

二、少数民族不同群体的福利变化和福利水平差异

（一）个人特征视角的福利变化和福利水平差异

表6-2统计了少数民族农业转移人口在个人特征上的社会福利差异情况。从性别视角来看，少数民族女性农业转移人口在客观福利和主观福利上都好于男性。女性的客观福利"变好"的比例为65.7%，男性为61.4%；女性的主观福利水平自评为"好"的比例为24.4%，男性为21.0%。男女性之间的这种差别可能与他们各自从事的行业存在一定关系，一般而言，男性常常从事繁重、危险职业较多一些，而女性则一般从事服务性行业。这种职业差异可能导致他们各自对客观福利改善和主观福利水平的评价出现差异。在传统的男女家庭分工模式中，女性的很多工作如做家务、带孩子等并不以货币计计，她们的收入似乎比较低。而当她们走出家庭以后，其工资相比以前增加的幅度更大，这也可能是女性感觉福利改善较大的原因。此外，可能也还存在男女性格上的差异，

导致主观福利评价差异。当然，许多女性的工作也并不轻松。

比如，我们在浙江绍兴遇到几位来自四川攀枝花的彝族姑娘，她们在足疗按摩店上班，每天工作12小时，每个月有四天假期。

其中一位姓马，24岁，已婚，孩子2岁在老家，丈夫在老家带孩子，顺带打零工。在问及为何不让男人出来赚钱，自己在家乡带孩子时，小马回答：男的出来赚不到钱。她干这个工作已经有几年了，来到这个店也有两年多了。目前是高级技师，每个月加上提成也有8000多，老板包吃住，吃饭在店里，住宿在不远的小区，几个人上下铺。工资相对老家来说很高了，但也有压力，就是每个月有30个点（每位顾客为1个点）的任务，完不成任务要扣钱。小马打算再干几年，等到孩子上学了就回老家照顾孩子。到那时老家的房贷车贷也还清了，随便在老家打点零工也能生活。

跟小马一起在这个店里上班的还有来自攀枝花的几个彝族姐妹。许多长期从事这一工作的人已经得了职业病，由于手臂手指长期用力，许多人的手指已经明显变形，肩周疼痛，本来为别人服务的人，现在也需要别人服务了。因此她们在宿舍的时候，也经常相互按摩缓解疼痛。并且她们每天下班至少已是晚上12点，两三点下班也是常事。上班时间没有时间玩手机，也没时间找男朋友，下班后就经常玩手机到很晚，造成失眠。她们年龄最大的才27岁，而年龄最小的才19岁，就已经得了比较严重的职业病。店里还有一些非技师的服务员，有男有女，年龄普遍较小。据她们说，服务员也很辛苦，每天从早站到晚，一些人吃不消，就只能辞职走人，反而技师工作要稳定一些。

可见，确实存在许多农民工用自己的健康换取收入、换取福利的现象。特别是对于那些吃青春饭的职业，其收入增加和客观福利改善具有不可持续性，而主观福利水平应该受到更多关注。实际上，经济社会发展的终极目标应该是幸福感提高，而不仅仅是收入增加。

从代际视角来看，少数民族老一代农业转移人口比新一代获得更多的客观福利改善和拥有更高的主观福利水平。老一代客观福利"变好"的比例比新一代高8个百分点，这在各组特征差异中算是较大的差距。老一代在主观福利水平上"好"的比例虽然只比新一代高0.7个百分点，但"差"的比例却比新一代低2.5个百分点。有研究认为这种差异的一个重要原因是新一代农业转移人口与老一代对福利进行评价的参照对象不一样。老一代的参照对象是自己的过去或农村群体，而新一代的参照对象已从过去的"与自己以前"相比，变成了"与周围的城市人相比"。他们开始不满足于现行制度下的福利水平，希望能够"同工同酬，同城同待遇"，享受与城镇居民相同的福利待遇，其权利、公平意识开始提升。他们很早便游走在城乡间，在城市中生活、接受教育，感受城市的生活模式、消费习惯和保障理念，相比父辈他们拥有更高的教育水平和更加活跃的思维方式，同时也有着更强的权利意识和更切实际的福利需求。换句话说，新一代农业转移人口的福利需求更难以满足，而对自身能够拥有的福利状况评价自然也就更低。

从教育程度来看，总的来说，教育程度越高，客观福利改善越明显（但中级教育程度比高级教育程度的福利改善更加明显），主观福利水平评价也更高。特别需要注意的是，中级教育水平和高级教育水平二者之间的福利差距不大，但二者与初级教育水平的福利水平差距比较大。说明高中/中职教育发挥了重要作用，在调查中我们也发现受过中等职业教育的农业转移人口更容易找到合适的工作，从事一些对体力要求不高的服务性行业。而许多只接受过初级教育的农业转移人口则只能从事体力劳动强度较大的工作，比如，建筑、有污染的工厂、小作坊里的电焊、抛光等工作。这些工作大多以牺牲身体健康为代价，换取货币收入，而在公共卫生、医疗保障、养老保险、子女受教育、住房保障等领域的福利并没有得到较为明显的改善。无论中外研究结果都显示，提高教育程度是增进福利水平的重要途径。因为更高的教育水平意味着更高的人力资本，更好的社会资本和更强的社会政策捕捉能力。

　　我们在浙江宁波碰到了一个来自四川的小老板，他自己开了一家小公司，公司里的员工都是他的老乡。老板是中专文凭，员工中有一个大学生，也有中专生、初中生。在公司里都称兄道弟，但站在不同位置，他们的社会交往和想法差异较大。老板需要跟外界交往，需要了解相关政策。因此，老板的社交圈比员工大得多，而且对相关政策也更加了解。而员工每天就只是上班，很少跟外面交往，也很少关心政策问题。另外，员工中那个大学生显然在跟外面打交道的时候更有分寸，而有些员工则害怕社交，往往不能准确表达自己的想法，更怕别人笑话自己，因此，这些员工常常沉默寡言，社交圈缩小。

所以这也说明教育水平是影响人们社会交往能力和政策捕捉能力的重要因素，进而也是影响福利水平提高的重要因素。

从婚姻状况来看，有配偶的农业转移人口无论在客观福利改善还是在主观福利水平上都比没有配偶的高，而且客观福利改善程度更大。这可能一方面是有家庭的流动人口身上的责任更大，更要努力，同时也多了一个监督者；另一方面是老一代农业转移人口中有配偶的比例将近90%，而老一代福利水平本身高于新一代。也有可能是结婚以后，人们对自身福利的评价更加稳沉持重，而不像年轻人那么好高骛远。

从是否拥有城镇户口来看，拥有城镇户口在客观福利改善上仅仅略高于没有城镇户口的农业转移人口，高1.4个百分点。但在主观福利水平上，拥有城镇户口却比没有城镇户口高7.2个百分点。这一结果与那种认为城镇户口能够带来更多福利改善的固执看法不太一致。由于我国在社会福利领域实行的是与户籍制度相挂钩的城乡二元社会福利体制，城镇居民所享受到的社会福利水平普遍高于农村居民。因此，一种直观的逻辑推断是，随着农业转移人口通过市民化实现身份转变为城镇居民，他们的整体福利水平必然得到提高。甚至有研究认为，居住证也能显著改善总福利水平。[①] 我们的观点与此不同，我们认为在各个城市仍然严格设置获得户籍的各种门槛的情况下，那些能够获得城镇户籍的农业转移人口，其实早在获得户籍转换之前就已经能够满足自身及其家庭主要的生活需求，至少已经表明那些绑定在城镇户籍上的各种福利，已经不再是影响他们实际生活的主要因素。因此，他们可能只是把城镇户籍视为一种增强心理安全感的必要条件，对客观福利的提升作用有限，但会对主观福利水平产生一定影响。

（二）迁移特征视角的福利变化和福利水平差异

表6-2也统计了西部少数民族农业转移人口在迁移特征上的福利差异。从迁移模式的视角来看，家庭化迁移无论在客观福利改善还是在主观福利水平上都高于单身迁移者。如果说家庭成员团聚有助于提高主观福利水平的话，那么家庭化迁移可能会形成家庭内部分工，这种家庭成员之间的分工协作可能会有助于提高家庭化迁移模式的客观福利水平。因为，单身迁移不可能形成家庭成员之间的分工协作，而根据劳动分工理论，单身迁移者必然要承担一些自身并不擅长且效率更低的工作，从而削弱其改善自身福利的能力。但也有可能是另外一种结果，即拥有更多福利的人，才有实力组织家庭化迁移。如果是这样的话，就不是家庭化迁移改善了福利，而是福利改善增强了家庭化迁移能力。但就目前而言，我们还无法进行这样的区分。任远（2020）归纳了迁移过程对家庭福利影响的基本结论是：迁移过程对家庭福利的影响在不同家庭成员之间、

① 袁方，史清华，晋洪涛. 居住证制度会改善农民工福利吗？：以上海为例［J］. 公共管理学报，2016，13（1）：105-116.

不同类型的家庭以及长期和短期可能存在差异。① 因此，即使是对家庭化迁移的调查，可能对不同家庭成员的问卷调查也会得到不同的结果，从而使调查数据统计出现一定的偏差。

从居住地区的角度看，居住在中部地区的少数民族农业转移人口在客观福利改善和主观福利水平都比东部和西部高，但需要提醒的是，我们的样本中，中部样本仅有 42 例，有可能出现统计偏差。就东部地区与西部地区比较而言，东部地区少数民族农业转移人口的客观福利改善略好于西部地区。这与许多人的推断是一致的，因为东部沿海地区政府财政实力较强，能够提供良好的经济和社会福利（就业、医疗、教育等资源），而西部地区城镇化进程缓慢，使得西部居民的福利改善不明显。② 但我们也看到，留在西部的少数民族农业转移人口多数生活在原来熟悉的地方，能够获得更多亲戚朋友的帮助，进而主观福利水平略高于转移到东部的人口。然而总体而言，东部和西部的福利差距不大。

从流动范围来看，县市内流动的客观福利改善和主观福利水平都明显高于省内跨市和省际流动。随着农民收入增加，越来越多的农村少数民族人口进城买房，居住在县城。我们在调查过程中，在少数民族比较集中的地区，白天常常看到县城大街上有许多少数民族穿梭，晚上也能听到少数民族相互交流的声音。而这在 20 年前是几乎不可能的事情，因为那时候少数民族进入县城居住的比例还比较低，能够进城居住的基本上是那些进入体制内工作的农村人口，实际上他们的户籍已经变成了非农户口。不过随着农民收入的提高，许多农业人口也能够在县城买房，而县市内流动进入县城生活的少数民族并没有离开他们原来的社交圈，依然生活在熟人社会当中，因为原来的熟人现在又在县城集中，相当于他们把原来的农村社交活动从农村转移到了县城，而其收入相比在农村干农活又有了很大提升。这就导致了县市内流动的农业转移人口在客观福利改善和主观福利水平提升方面都高于流动范围更大的人口。但我们也注意到，除了县市内流动之外的省内跨市流动，比省际流动在客观福利改善和主观福利水平上都更低。这可能是由于省内跨市流动既跨越了原来生活的熟人圈，进入了陌生社会，但又不如那些流入发达地区的人获得更多福利，从而导致他们的实际福利和心理福利都不及预期，由此导致其对自身的福利水平评价不高。

---

① 任远. 家庭为中心的迁移及提高迁移者家庭福利的政策分析 [J]. 社会科学，2020（9）：73-84.

② 李静，白江. 新型城镇化对社会福祉提升的影响分析 [J]. 求是学刊，2016，43（5）：62-68.

从城镇规模大小来看，小城镇客观福利改善程度高于大中城市，而大中城市之间的差别不大。在主观福利水平上，中等城市略高，大城市最低，但总体区别不大。小城镇的客观福利改善的比例高于大中城市，可能是因为在小城镇这样的熟人社会中，客观福利改善不仅仅可以依靠个人能力，还可以依靠亲戚朋友等各种社会关系支持。而在大中城市则没有小城镇那样联系紧密的社会关系。我们的研究结果与杨曦（2017）[①]的研究存在差异，杨曦（2017）的实证研究揭示，农民工市民化发生在人口100万~300万城市时，农村劳动力的福利变动弹性最高。但农民工市民化的福利效应随着城市规模下降而下降。同时，农民工市民化发生在人口300万以下的城市时，城市劳动力福利水平出现下降。也就是说，中等城市最适合农业转移人口市民化，大城市和小城镇均不适合增加农业转移人口，尤其是小城镇，不但农业转移人口的福利没有增加，还会导致城市劳动力福利水平出现下降。因此作者认为，在中等城市推进城镇化和农民市民化，是中国城市发展政策的方向。然而根据本研究的初步推断，恰恰是小城镇的就近就地城镇化模式，更能改善农业转移人口的福利状况。这与李强等（2015）[②]的主张一致。当然，最终结论还需要更复杂的统计模型检验城市规模是否对农业转移人口的福利变化具有统计显著性。此外，本文的研究对象是西部少数民族农业转移人口，研究对象不同可能也是造成研究结论差异的一个重要原因。

从定居意愿来看，愿意定居城镇的少数民族农业转移人口的客观福利改善和主观福利水平都远远超过不愿意定居和还不确定是否定居的人口（而后二者之间的区别不大），这种差距也是表6-2所列的所有个人特征和迁移特征中，不同组别内部的最大差距。我们有理由相信，愿意定居在务工城镇的少数民族农业人口，也愿意花更多时间和精力去改善自身及家庭的经济状况，经营自己的朋友圈获取更多社会支持，也更关心当地相关政策，从而更有可能获得当地政府和社会的帮助，进而更可能改善客观福利状况和提高主观福利水平。而那些打算离开的人，则更可能以赚取当前收入为主要目的，也更可能忍受当前的低福利状态。此外，不愿意定居的农业转移人口中可能包括大量的被动城镇化人口，或由于农村收入低而不得不进入城镇务工的农村居民，这些人本身是被迫进入城镇的，他们的福利可能受损，尤其是主观福利评价肯定不高。这一点在

① 杨曦. 城市规模与城镇化、农民工市民化的经济效应：基于城市生产率与宜居度差异的定量分析 [J]. 经济学（季刊），2017，16（4）：1602-1620.
② 李强，陈振华，张莹. 就近城镇化与就地城镇化 [J]. 广东社会科学，2015（1）：186-199.

表6-2的统计数据中也有一定反映。

　　在广东东莞有一对来自广西的壮族夫妇，他们开了一家小公司，收入也比较高，在东莞主城区买了两套房，全家人的户口迁入东莞，儿子女儿在市区公办学校就读。可以说他们已经实现了市民化，其福利跟以前相比已是天壤之别。但夫妇俩在城市的生活态度有差别，男方总想着什么时候能回到老家附近的城市，因为在那里有熟人。而在这边只有客户没有朋友，有业务往来和利益关联的时候才会联系，这种交往主要是工具性交往而不是情感性交往，因此他总感觉心里孤独无人陪伴。而女方则喜欢东莞的生活，常常积极主动联系当地朋友聚会、逛街购物等，生活丰富多彩。她反而觉得回到老家没有好玩的地方。由此可以看出，定居意愿不同，即使是夫妇俩，他们之间的主观福利也会存在很大差别。从这里可以得到两个启发：一个是积极主动融入当地社会，将会有更高的主观福利评价；另一个是即使客观福利改善程度相同，也可能在主观福利水平评价上存在较大差异。

表6-2　西部少数民族农业转移人口社会福利差异（n=1532）　　　单位：%

类别	组别	客观福利变化			主观福利水平		
		变差	不变	变好	差	中	好
性别	男	20.3	18.3	61.4	28.1	50.9	21.0
	女	15.5	18.8	65.7	26.2	49.4	24.4
年龄	新一代	18.4	20.6	61.0	28.2	49.7	22.1
	老一代	17.9	13.1	69.0	25.7	51.5	22.8
教育程度	初级	19.8	19.5	60.7	29.3	49.7	21.0
	中级	17.1	15.8	67.1	30.9	45.0	24.1
	高级	16.2	18.8	65.0	21.2	54.5	24.3
婚姻状况	无配偶	16.3	23.0	60.7	28.9	49.0	22.1
	有配偶	19.5	15.8	64.7	26.3	50.7	23.0
城镇户口	没有	17.8	19.2	63.0	28.6	50.1	21.3
	有	19.9	15.7	64.4	21.0	50.5	28.5
迁移模式	单身迁移	17.7	21.3	61.0	32.2	47.3	20.5
	家庭迁移	18.7	16.9	64.4	24.8	51.7	23.5
居住地区	东部	13.4	22.9	63.7	27.4	50.9	21.7
	中部	14.3	11.9	73.8	11.9	54.5	33.3
	西部	20.4	17.0	62.6	27.8	49.7	22.5

类别	组别	客观福利变化			主观福利水平		
		变差	不变	变好	差	中	好
流动范围	县市内	17.3	16.7	66.0	22.6	51.2	26.2
	省内跨市	23.8	16.9	59.3	34.2	46.7	19.1
	省际	14.6	21.9	63.5	26.6	51.9	21.5
城市规模	小城镇	14.0	20.3	65.7	24.9	52.5	22.6
	中等城市	19.7	18.2	62.1	27.8	48.9	23.3
	大城市	20.7	17.1	62.2	29.1	49.6	21.3
定居意愿	愿意	16.6	15.3	68.1	21.3	50.4	28.3
	不愿意	21.1	22.7	56.2	39.2	45.8	15.0
	不确定	19.6	21.8	58.6	30.1	53.5	16.4

注：1. 客观社会福利变化划为3档的依据为：客观社会福利综合指数得分小于2为"变差"，等于2为"不变"，大于2为"变好"。

2. 主观社会福利状况分3档的方法为：主观福利综合指数得分低于0.6为"差"，在0.6~0.7999之间为"中"，达到0.8及以上为"好"。

第二节　市民化水平对社会福利的影响

一、市民化对客观福利改善的影响

（一）研究目的与设想

农业转移人口市民化既是农民实现身份转换，逐渐适应城市生活，与城市居民相互融合的过程，也是农民逐步获得城市社会福利，实现社会福利向城市居民靠拢的过程。在国外的相关文献中，特别是20世纪80年代以前的发展经济学文献中，移民进城必然带来自身经济福利的改善，这一论断几乎已经成为分析迁移人口的逻辑起点和前提假设。因为移民被视为追求自身和家庭利益最大化的理性行动者，因此，福利增进已经隐含在迁移决策和迁移行为之中，根本不需要再做多余分析。包括"推拉理论""二元经济结构理论""劳动力市场分割理论""城乡预期收入差异理论""人力资本理论"等，都是基于经济福利增进的假定，从理论上来回答劳动力之所以迁移至城市的问题。到了国际移民研究阶段，大概是20世纪80年代及以后，虽然存在少许不同意见，但大多数实证研究的基本结论是移民能够改善自身福利①，而且这种福利还不仅仅指经济福利，同时也包括非经济福利，比如，教育、职业流动性、语言习得等。②

按照我国许多学者的观点，市民化分为两个阶段：第一阶段为城镇化即非农化，这一阶段目前已无过多障碍；第二阶段为市民化，这个阶段目前仍困难重重。我们认为，无论是城镇化还是市民化，尤其是市民化阶段，其最理想的目标必然都是在不损害城镇原居民福利的情况下，改善农业转移人口的社会福利。用经济学术语来说，农业转移人口市民化应该是一个帕累托改进过程。然而，城镇化和市民化究竟是否提高了农业转移人口的福利水平，这是一个实证研究问题，需要通过统计数据分析来回答。但从目前的研究现状来看，第一阶段城镇化与社会福利变化之间的研究文献都很少，而第二阶段市民化与社会福利变化之间的研究文献就更少了，而且在有限的研究文献中，大多数都采用描述性统计。虽然有几项研究失地农民福利变化的文献，但这些文献一般都仅仅对比失地（包括土地流转）前后的福利水平，而没有进一步讨论不同特征人口群体的福利变化差异，以及福利变化的影响因素。

王伟同（2011）曾经指出由于我国城镇化道路与民生福利相脱节，城镇化进程并没有带来居民社会福利水平的提高，相反甚至出现了阻碍居民福利改善的现象。③ 但他使用的是宏观数据，并把农民工视为一个整体，而没有区分农民工内部不同群体的福利改善差异，也无法分析福利变化的影响因素。李静和白

① CHISWICK B R. The effect of Americanization on the earnings of foreign-born men [J]. Journal of Political Economy, 1978, 86 (5): 897-921; CHISWICK B R, LEE Y L, MILLER P W. Immigrant earnings: a longitudinal analysis [J]. Review of Income and Wealth, 2005, 51 (4): 485-503; MENG R. The earnings of Canadian immigrant and native-born males [J]. Applied Economics, 1987, 19 (8): 1107-1119; BORJAS G J. Assimilation, changes in cohort quality, and the earnings of immigrants [J]. Journal of Labor Economics, 1985, 3 (4): 463-489.

② FERRER A, RIDDELL W C. Education, credentials, and immigrant earnings [J]. The Canadian Journal of Economics, 2008, 41 (1): 186-216; FARLEY R, ALBA R. The new second generation in the United States [J]. International Migration Review, 2002, 36 (3): 669-701; ALBA R D, NEE V. Rethinking assimilation theory for a new era of immigration [J]. International Migration Review, 1997, 31 (4): 826-874; LUTHRA R R, SOEHL T. From parent to child? Transmission of educational attainment within immigrant families: methodological considerations [J]. Demography, 2015, 52 (2): 543-567; ZUCCOTTI C V, GANZEBOOM H B, GUVELI A. Has migration been beneficial for migrants and their children? [J]. International Migration Review, 2017, 51 (1): 97-126.

③ 王伟同. 城镇化进程与社会福利水平：关于中国城镇化道路的认知与反思 [J]. 经济社会体制比较, 2011 (3): 169-176.

江(2016)分析了新型城镇化对经济福利、社会福利和生态福利的影响。① 但该项研究是定性分析,不属于实证研究。在实证研究文献中,徐丽和张红丽(2016)对城镇化的福利效应进行了评估,分析结果发现,农户参与就地城镇化可以显著改善其福利水平,具体而言,使其总收入平均增加29.81%,生活消费总支出平均增加11.05%。② 陈阳和逯进(2018)计算并分析比较了城镇化指数和社会福利指数,认为城镇化与社会福利子系统互惠共生,城镇化带动物质财富、社会保障和生活环境等社会福利水平的提升。③ 但这些研究仍然没有对福利变化的影响因素进行分析。只有袁方等(2016)采用模糊数学、分位数回归等方法探讨了居住证制度对农民工福利的影响,研究结果显示:居住证制度显著改善了农民工的总福利水平,且对生存较艰难的工业工人的福利改善得更加明显。④ 由于居住证改革也是市民化的一个重要方面,因此这一研究可以视为市民化对福利变化的影响研究,但仅关注户籍改革产生的影响并不全面,也不系统。

在福利变化研究领域,我国有几项研究在森的可行能力框架下构建出反映福利变化的功能性活动指标,来测量城镇化各类群体(农民工、失地农民、农业转移人口等)的福利水平及其变化情况。自从高进云等(2007)基于森的可行能力框架,并运用模糊评价法测量失地农民的福利变化之后⑤,这种测量方法就主要被用于测量农民在失地前后(包括耕地或宅基地)、农民集中居住后的福利变化。⑥ 但这些研究得出了相互矛盾的结果,一些研究认为失地农民福利得到了改善,另一些则认为失地农民福利受损,目前仍难以下结论。此外,樊士德(2014)对外流劳动力在医疗卫生服务、基本社会保障、子女义务教育、政治知

---

① 李静,白江. 新型城镇化对社会福祉提升的影响分析 [J]. 求是学刊, 2016, 43 (5):62-68.

② 徐丽,张红丽. 农户就地城镇化的影响因素及其福利影响:基于四省农户微观数据的实证分析 [J]. 社会科学家, 2016 (6):72-77.

③ 陈阳,逯进. 城市化、人口迁移与社会福利耦合系统的自组织演化 [J]. 现代财经(天津财经大学学报), 2018, 38 (1):13-25.

④ 袁方,史清华,晋洪涛. 居住证制度会改善农民工福利吗?:以上海为例 [J]. 公共管理学报, 2016, 13 (1):105-116.

⑤ 高进云,乔荣锋,张安录. 农地城市流转前后农户福利变化的模糊评价:基于森的可行能力理论 [J]. 管理世界, 2007 (6):45-55.

⑥ 徐烽烽,李放,唐焱. 苏南农户土地承包经营权置换城镇社会保障前后福利变化的模糊评价:基于森的可行能力视角 [J]. 中国农村经济, 2010 (8):67-79;丁琳琳,吴群,李永乐. 新型城镇化背景下失地农民福利变化研究 [J]. 中国人口·资源与环境, 2017, 27 (3):163-169;伽红凯,王树进. 集中居住前后农户的福利变化及其影响因素分析:基于对江苏省农户的调查 [J]. 中国农村观察, 2014 (1):26-39.

情权与表达权等方面的福利效应进行了考察，发现外流劳动力在流入地就医决策比例、社会保障覆盖率、健康和人力资本等无法得到满足，且与城市居民的社会经济福利存在较大差距。① 但其研究属于描述性分析，没有使用复杂的统计技术进行深入探讨。只有叶静怡和王琼（2014）对比了 2012 年和 2008 年进城务工人员的福利变化状况，发现社会保障、心理条件、社会资本等方面的福利状况均有所改善。② 同时，他们还使用多元回归分析方法对不同群体的福利状况进行比较分析，这实际属于福利变化的影响因素分析。只是其使用的变量较少，仅包括代际、性别、婚姻、职业、行业等个人特征变量，而且回归分析也不是其文章的主体。另有韦艳等（2014）对农村婚姻迁移女性进入城镇后的生活福利变化进行了有益探索，他们发现，与本地已婚女性相比，婚姻迁移女性的生活福利并未表现出明显的弱势，部分福利维度甚至呈现出较好的优越性。③ 他们的研究采用了回归分析技术，只是研究对象范围狭窄，仅限于农业转移人口中极少的一部分，因而对本研究的借鉴意义相当有限。

总体而言，目前我国在农业转移人口市民化对社会福利变化方面的研究较少，尤其是利用微观层面的数据分析市民化对福利变化的影响方面的研究更少，而且大多数研究都是定性解释或描述性分析。这些研究难以区分农业转移人口中不同群体的福利变化，更无法知道哪些因素影响了他们的福利变化以及影响程度。众所周知，农业转移人口是一个异质性群体，而我国的城镇化不仅是人口城镇化，也有土地城镇化，还有主动城镇化和被动城镇化，这使得不同群体在城镇化、市民化过程中福利变化肯定存在差异。因此，就本研究而言，我们想知道，西部少数民族农业转移人口的市民化水平变化是否会引起其客观福利的变化，以及变化方向和强度怎样，这对于城市制定相关市民化政策的方向具有重要的参考价值。为此，我们需要构建较为复杂的回归模型进行深入探索。

（二）数据分析结果解释与讨论

西部少数民族农业转移人口的市民化水平究竟是否以及在何种程度上影响着客观福利变化，是本研究的主题。因此我们特别关注反映市民化的几个变量在控制了个人特征和迁移特征变量的情况下对社会福利变化的作用。因变量

① 樊士德. 中国外流劳动力的社会福利效应研究：基于微观调研的经验分析［J］. 新疆社会科学，2014（2）：116-125.
② 叶静怡，王琼. 进城务工人员福利水平的一个评价：基于 Sen 的可行能力理论［J］. 经济学（季刊），2014，13（4）：1323-1344.
③ 韦艳，吴莉莉，张艳平. 农村婚姻迁移女性生活福利研究［J］. 青年研究，2014（6）：81-90.

"客观福利改善"是定性分类变量，有三个分类"变差""不变""变好"，因此我们选择多分类 Logistic 模型进行分析，并将客观福利为"不变"这一类设置为参照类。由于我们主要是想考察市民化水平对客观福利变化的影响，因此市民化水平的六个维度是主要的影响变量，我们采用强制进入模型方式，使得即使没有显著性影响的维度也能保留在分析结果之中。控制变量中个人特征和迁移特征变量（表 6-2，这些自变量的处理方法跟第五章表 5-3 相同）采用向后逐个剔除的方式，程序自动将没有产生统计显著性影响的变量剔除，最后剩下的都是具有显著性影响的变量。表 6-3 呈现了多分类 Logistic 模型的统计分析结果，从 -2 倍对数似然值、Cox 和 Snell、Nagelkerke 以及 McFadden 值来判断，模型具有统计意义，且对因变量的变异具有一定的解释能力。

表 6-3 的统计结果分为两个模块，分别呈现了西部少数民族农业转移人口客观福利"变好"和"变差"两个类别相对于"不变"这一类别的分析结果。我们先看主变量市民化水平的影响作用，从显著水平可以看出，客观福利"变好"相对于"不变"的概率而言，市民化的六个维度中除了政治参与这一维度没有产生显著性影响以外，其余五个维度都产生了显著性影响，且显著度都在 0.01 水平以上（社会适应变量的显著度达到 0.001 水平）。也就是说，市民化水平总体上能够使农业转移人口的客观福利变好。具体来看，社会适应变量的影响强度最强，社会适应市民化水平每提高一个单位，客观福利"变好"的发生比将是"不变"的 14.156 倍。同样地，经济地位、文化融入和公共服务三个变量的市民化水平每提高一个单位，客观福利"变好"的概率分别是"不变"的 3.486 倍、5.490 倍和 4.100 倍。心理认同这一变量的偏回归系数是负数，表明心理认同越高，选择客观福利为"变好"的概率，要低于选择"不变"的概率，具体要降低 82.2%[1]。也就是说，心理认同提高并没有增加客观福利变好的概率，而只是增加了选择客观福利不变的概率，这可能是因为心理认同属于主观精神层面而不属于客观物质层面，心理认同度提高没有改善客观福利的效果。

在个人特征变量中，年龄（代际）变量也在 0.05 的水平上表现显著，以老一代农业转移人口为参照组，新一代农业转移人口选择客观福利"变好"的概率比"不变"的概率低 35.9%。根据以往的一些研究结果，老一代农业转移人口在评价自身福利改善状况中主要以农村群体为参照对象，或跟自身以前在农村的福利待遇相比，许多人都能感觉到迁移进入城镇后客观福利得到明显改善，至少务工收入远远超过务农收入，这使老一代农业转移人口感觉客观福利变好

---

[1] 具体计算方法为：（0.178-1）＊100%=-82.2%，负号在这里表示降低的意思。

的概率得到了提高。而新一代农业转移人口在评价自身福利改善状况时，其参照对象是城镇原住居民，因为他们常常模仿城市人的生活方式和消费方式，自然也会用自身福利跟他们进行对比，而现实中绝大多数城市仍然为农业转移人口设置了享有城镇居民福利的种种障碍，形成所谓的"隐性户籍墙"，将农业转移人口排除在城镇福利之外。因此，与城镇原住居民相比，新一代农业转移人口能够感觉福利变好的概率就比较低。

从迁移特征变量来看，尽管许多变量如居住地区、流动范围、定居意愿等变量都对少数民族农业转移人口的市民化水平产生了显著性影响，但从表6-3的回归分析结果可以看出，迁移特征变量没有提高他们客观福利"变好"的概率。居住在西部地区、流动范围小、定居意愿强烈的少数民族农业转移人口，并不比流入东部地区、流动范围大、定居意愿不强的少数民族农业转移人口的客观福利"变好"的概率大。这说明西部少数民族农业转移人口的客观福利"变好"的概率较小或没有受到迁移特征的影响，他们的福利变化取决于其他因素变化。

再来看客观福利"变差"相对于"不变"的发生比，市民化水平的六个主变量中除了公共服务变量，其余五个变量都没有统计显著性，表明这些变量没有增加少数民族农业转移人口客观福利"变差"的概率。公共服务变量在0.01的水平上表现显著，偏回归系数符号为负号，表明相对于客观福利"不变"这一参照类别，公共服务市民化水平提高，则少数民族农业转移人口选择客观福利"变差"的概率就降低。具体为公共服务每提高一个单位，选择"变差"的概率降低83.2%。换句话说，公共服务降低一个单位，选择"变差"的概率将提高16.8%。结合"变好"板块分析，西部少数民族农业转移人口对城市公共服务比较敏感，其他的市民化水平变量影响他们对客观福利做出积极评价，但公共服务的市民化水平则不仅影响他们对客观福利做出积极评价，还影响他们做出消极评价。这可能是因为公共服务是最容易让人感觉到一个城市变化的方面，也是人们日常生活经常能够感受和接触的设施和服务。

从个人特征和迁移特征变量来看，婚姻状况、户口、居住地区这三个变量也产生了显著性影响，结合偏回归系数和发生优势比可以看出，相对于有配偶者，无配偶者福利"变差"的概率低于"不变"的概率36.7%。无配偶者的福利变化比较稳定，而有配偶者福利"变差"的可能性高一些，这可能与家庭负担重有一定关系。有配偶的少数民族农业转移人口可能有助于在家庭内部形成一定的劳动分工，对客观福利特别是对收入福利的改善具有一定帮助，而且一个家庭一起居住或夫妻共同生活有助于节约生活支出，如水电、燃气费用等支出，通常是家庭成员共同使用比单个分散使用更能减少开支。但家庭负担也相应加重，一旦收入减少，福利就会明显下降。而无配偶者可以做到"一人吃饱全家不饿"。与拥有城镇户籍的农业转移人口相比，没有城镇户口的客观福利"变差"的概率比"不变"的概率低42.3%。没有城镇户口反而使农业转移人口的客观福利变化更加稳定一些。因为没有城镇户籍的农业转移人口常常能够看到拥有城镇户籍的好处，而拥有城镇户籍的人口则对户籍附带的各种福利习以为常，这种评价视角和立场上的变化，往往也会导致没有城镇户籍的人口更加努力地获取稳定收入。因此他们感觉自身客观福利"变差"的概率更低一些。与居住在西部地区的农业转移人口相比，流入东部地区的客观福利"变差"的概率比"不变"的概率低68.2%。但居住在中部地区与居住在西部地区的没有显著性差别。流入东部的少数民族农业转移人口客观福利"变差"的概率更低，是因为他们的就业机会可能会更多一些，经济越发达就业机会越多，收入也越稳定，流入东部的少数民族农业转移人口获得的收入更加稳定，自然而然"变差"的概率肯定更低一些。

最后，有两个问题值得进一步讨论：一个是城镇户口为何没有提高少数民族农业转移人口客观福利"变好"的概率；另一个是东部地区显然在经济发展水平上明显好于中西部地区，为何流入东部地区的农业转移人口感觉客观福利"变好"的概率不高。对于前一个问题，学者们一般认为我国户籍制度不仅是一套基本的人口管理制度，同时也是一项基本的社会管理制度[1]，更是一项与资源配置和利益分配密切相连的制度。[2] 因为户口中"嵌入"太多的社会福利和利益，如就业、住房、教育、卫生、社会保障等社会福利，人们日常生活中的衣食住行、生老病死、入学就业、福利保障，在一定程度上都采用了户口标准。换句话说，城乡二元制度既是对身份的认定，更是对利益关系的界定。实证研究也证明，拥有城镇户籍可给劳动者带来正向的工资溢价以及更低的失业率[3]，居住证制度显著改善了农民工的总福利水平。[4] 但我们的研究得出了不同的结论，多分类 Logistic 模型分析显示，拥有城镇户籍没有对福利变化产生显著性影

---

① 李强，胡宝荣．户籍制度改革与农民工市民化的路径［J］．社会学评论，2013，1（1）：36-43.

② 陆益龙．户口还起作用吗：户籍制度与社会分层和流动［J］．中国社会科学，2008（1）：149-162.

③ 吴贾，姚先国，张俊森．城乡户籍歧视是否趋于止步：来自改革进程中的经验证据：1989—2011［J］．经济研究，2015，50（11）：148-160.

④ 袁方，史清华，晋洪涛．居住证制度会改善农民工福利吗？：以上海为例［J］．公共管理学报，2016，13（1）：105-116.

响。原因在于：一是户籍本身不是福利，户籍变量其实是通过获得相关政策支持和实际福利项目这些中介因素来实现对福利的影响的。用统计学的语言来说，户籍制度对福利变化的作用需要中介因素作为媒介。于是在统计分析模型中就很可能表现为中介变量具有显著性，而户籍制度不再具有显著性。二是在本研究中，我们设计的市民化指标中已经包含了户籍转换，因此，户籍制度的影响作用已经被市民化指标替代。这是户籍制度没有对农业转移人口的福利改善产生显著性影响的另一个重要原因。三是拥有城镇户籍的农业转移人口并不一定能够感受到客观福利明显"变好"，因为他们可能不是近期才转换为城镇户籍的，因此在我们进行问卷调查之时，他们对户籍变化带来的福利改善感受得不明显。而且拥有城镇户籍的农业转移人口的比照对象不会是没有城镇户籍的农业转移人口，而是城镇原住居民。这些原因最终导致拥有城镇户籍的农业转移人口并没有形成对福利"变好"的积极评价。

表 6-3　西部少数民族农业转移人口市民化水平对客观福利改善的影响分析结果

	自变量	偏回归系数 B	显著性水平 sig.	发生优势比 Exp（B）
变好	截距	−2.511	0.000	
	政治参与	0.863	0.092	2.371
	经济地位	1.249	0.007	3.486
	社会适应	2.650	0.000	14.156
	文化融入	1.703	0.005	5.490
	心理认同	−1.729	0.006	0.178
	公共服务	1.411	0.005	4.100
	［新一代］	−0.444	0.022	0.641
	［老一代］	0	.	.
	［无配偶］	−0.282	0.079	0.754
	［有配偶］	0	.	.
	［无城镇户口］	0.255	0.238	1.291
	［有城镇户口］	0	.	.
	［居住东部］	0.196	0.319	1.216
	［居住中部］	0.503	0.327	1.654
	［居住西部］	0	.	.

续表

	自变量	偏回归系数 B	显著性水平 sig.	发生优势比 Exp（B）
	截距	3.069	0.000	
	政治参与	0.380	0.550	1.462
	经济地位	-0.502	0.391	0.606
	社会适应	-0.037	0.962	0.964
	文化融入	0.453	0.535	1.573
	心理认同	-1.295	0.090	0.274
	公共服务	-1.787	0.003	0.168
	[新两代]	-0.413	0.077	0.661
	[老两代]	0	.	.
变差	[无配偶]	-0.457	0.023	0.633
	[有配偶]	0	.	.
	[无城镇户口]	-0.550	0.034	0.577
	[有城镇户口]	0	.	.
	[居住东部]	-1.145	0.000	0.318
	[居住中部]	-0.315	0.620	0.730
	[居住西部]	0	.	.
	-2倍对数似然值	2234.854	0.000	
	Cox 和 Snell	0.172		
	Nagelkerke	0.206		
	McFadden	0.104		

对于第二个问题，流入东部的农业转移人口为何感觉福利"变好"的概率不高，原因主要有二。一方面，我们的调查对象是西部少数民族，即他们是从西部到东部去的，而不是东部农业转移人口，这与许多研究文献的调查对象有区别。而且我们的"客观福利"不仅包括经济福利，也包括非经济福利，如教育、住房、生活环境等。我们相信西部少数民族农业转移人口迁移到东部，经济收入得到提高是毋庸置疑的，但其子女教育、住房条件、生活环境这些方面

可能就不一定得到改善，还有可能恶化。另一方面，西部少数民族农业转移人口在迁入地的劳动力市场常常遭受歧视。Hjerm（2005）也曾发现，进入社会民主福利国家的移民没有同样的机会进入劳动力市场，也没有获得国家对于劳动力市场之外的福利的弥补。[①] 而我国城乡户籍制度的隔离，也使得来自西部的农业转移人口难以获得东部城市优厚的福利弥补，致使他们许多人感觉福利"变差"的多，而不是"变好"的多。

二、市民化对主观福利水平的影响

（一）研究目的与设想

农业转移人口市民化对其主观福利水平也会产生影响，但这种影响可能与客观福利不同。国外研究一般认为主观福利具有相对稳定性，难以变化。特别是伊斯特林（Easterlin，1974）发现，一个国家实际国内生产总值（GDP）的增长并不一定带来国民幸福感的增长。收入之所以只能给人们带来有限的幸福效应，是因为人有一种"享乐疲乏"（hedonic treadmill）的倾向。无论如何，伊斯特林悖论表明：一个社会的经济发展与其平均幸福水平之间没有必然联系。Diener（1984）认为主观幸福感常表现出相当高的跨情境一致性和时间稳定性。[②] 通常来说，主观幸福感可能不会随着客观福利的改变而变化，然而主观心态总是外在客观物质世界的反映。如果一个人的生活环境发生巨大变化，他的主观幸福感也会发生变化。迁移可能就是验证这一观念的一个很好的案例。

然而，Safi（2010）的研究发现，发达国家的国际迁移者的主观幸福感一般不会随着他们在东道国停留时间的延长而增加，且第二代移民的主观幸福感并不比移民父母高。[③] 但 Hendriks（2015）总结许多文献发现，移民可以通过迁移变得更幸福，但它强烈地依赖于特定的移民流。[④] 特别是与原籍国人口相比，大多数移民群体的生活满意度高于原籍国的移民群体。[⑤] Kahneman 和 Tversky

① HJERM M. Integration into the social democratic welfare state [J]. Social Indicators Research, 2005, 70 (2): 117-138.
② DIENER E. Subjective well-being [J]. Psychological Bulletin, 1984, 95 (3): 542-575.
③ SAFI M. Immigrants' life satisfaction in Europe: between assimilation and discrimination [J]. European Sociological Review, 2010, 26 (2): 159-176.
④ HENDRIKS M. The happiness of international migrants: a review of research findings [J]. Migration Studies, 2015, 3 (3): 343-369.
⑤ FRANK K, HOU F, SCHELLENBERG G. Life satisfaction among recent immigrants in canada: comparisons to source-country and host-country populations [J]. Journal of Happiness Study, 2016, 17 (4): 1659-1680.

（1979）提出的参照点理论也认为，与来源地相比，在迁入地获取更高收入可能会增加流动个体的幸福水平。[①] 问题在于许多其他因素也会影响移民的主观福利水平。Bak-Klimek 等（2015）分析发现，社会支持和性格因素（如乐观、自尊）与移民的幸福感密切相关，而环境因素如收入或迁移时间与幸福感的关系较弱且不显著。[②] 东道国的特征可能也对移民的主观幸福感产生重要影响。Kogan 等（2019）利用 18 个欧洲国家的数据，从移民接受环境、公共产品提供情况和经济不平等程度三方面，考察了移民的国家层面特征对其生活满意度的影响。研究结果表明，移民在社会环境更友好的国家更容易感到满意。[③] 这说明影响移民主观幸福感的因素可能比较复杂。

我国研究文献曾经发现，农村居民的主观幸福感高于城镇居民[④]，而城市化进程有可能是建造"幸福围城"的过程。[⑤] 那么，农村人口进入城市是否意味着幸福感降低呢？确实有研究证实，农村人口流入城市，个体收入获得感显著提升，但其幸福感与流动之前并无明显变化。[⑥] 甚至还普遍存在以牺牲幸福换取经济收入的现象。[⑦] 户籍制度很可能是导致农业转移人口遭受歧视、无法享受城镇福利待遇，进而是阻碍其幸福感提升的主要原因。因此，许多作者特别考察了户籍身份转换（农转非）对农业转移人口幸福感变化的影响，并且都发现了

① KAHNEMAN D, TVERSKY A. Prospect theory: an analysis of decisions and the psychology of choice [J]. Econometrica, 1979, 47: 313-327.

② BAK-KLIMEK A, KARATZIAS T, ELLIOTT L, et al. The determinants of well-being among international economic immigrants: a systematic literature review and meta-analysis [J]. Applied Research in Quality of Life, 2015, 10: 161-188.

③ KOGAN I, SHEN J, SIEGERT M. What makes a satisfied immigrant? host-country characteristics and immigrants' life satisfaction in eighteen european countries [J]. Journal of Happiness Study, 2019, 19 (6): 1783-1809.

④ 罗楚亮. 城乡分割、就业状况与主观幸福感差异 [J]. 经济学（季刊）, 2006 (2): 817-840; KNIGHT J, GUNATILAKA R. The rural-urban divide in China: income but not happiness? [J]. The Journal of Development Studies, 2010, 46 (3): 506-534; KNIGHT J, GUNATILAKA R. Aspirations, adaptation and subjective well-being of rural-urban migrants in China [M] //CLARKD A. Adaptation, Poverty and Development. Lonadon: Palgrave Macmillan UK, 2012: 91-110.

⑤ 叶初升, 冯贺霞. 城市是幸福的"围城"吗?: 基于 CGSS 数据对中国城乡幸福悖论的一种解释 [J]. 中国人口·资源与环境, 2014, 24 (6): 16-21.

⑥ 祝瑜晗, 吕光明. 城镇化进程中人口流动的主观福利效应考察 [J]. 统计研究, 2020, 37 (9): 115-128.

⑦ 曾迪洋, 洪岩璧. 城镇化背景下劳动力迁移对农民工幸福感的影响 [J]. 南京农业大学学报（社会科学版）, 2016, 16 (6): 49-60.

户籍身份的变化确实能显著提升"农转非"群体的主观幸福感水平①，实现了户籍身份转换的农村流动人口的幸福感要显著高于未实现户籍身份转换的农村流动人口。② 平均而言，获得城市户籍的农业转移人口比未获得城市户籍的农业转移人口生活满意度高出大约 3%。③ 只有于潇和 Ho（2016）的研究发现户籍制度的形式对幸福程度的影响并不显著，"非农业户籍会不会使人更幸福"取决于不同时间和空间的户籍具体功能。④ 不同户籍个体的幸福程度有差异的真正原因是户籍制度的功能作用，而并非户籍形式差异。当然，无论进城前后的幸福感如何变化，加强不确定性防范措施（参与城市社会保险）能够显著提高城市务工人员的主观幸福感。⑤

　　上述文献虽然有的冠以"市民化"的名头，但其实研究内容都是指获得城镇户籍，即考察获得城镇户籍对主观幸福感的影响。尽管户籍转换是市民化的一个内容，但市民化内涵远比获得城镇户籍丰富得多。而且已有研究对于幸福感或生活满意度的度量也只是单一指标而非复合指数。无论幸福感还是生活满意度（事实上二者很少区分）的内涵也都非常丰富，应该采用由多个单一指标综合而成的复合指数，才能更全面地反映其含义。本研究在市民化和生活满意度两个概念的测量上都采用复合指标，这使得本研究相比现有研究更加系统和全面。由于本研究是针对农业转移人口的专门调查，因而也能够在分析模型中纳入更多影响因素，增加更多控制变量，排除更多干扰因素，使得模型分析结果更准确。

　　（二）数据分析结果解释与讨论

　　主观福利是人们的主观体验，是社会个体根据其生活质量所做的整体评价与感受（Diener，1984），受到很多因素的影响，其中许多影响因素可能存在虚假相关的情况，即这些因素可能是通过其他因素起作用的。为此，我们建立了三个多元线性回归模型，探索西部少数民族农业转移人口的个人特征、迁移特

① 付小鹏，许岩，梁平. 市民化让农业转移人口更幸福吗？[J]. 人口与经济，2019（6）：28–41.

② 温兴祥，郑凯. 户籍身份转换如何影响农村移民的主观福利：基于 CLDS 微观数据的实证研究 [J]. 财经研究，2019，45（5）：58–71.

③ 吕炜，杨沫，王岩. 市民化的福利效应分析：基于农业转移人口生活满意度视角 [J]. 经济科学，2017（4）：22–34.

④ 于潇，HO P. 非农业户籍会使人更幸福吗 [J]. 统计研究，2016，33（10）：67–74.

⑤ 李后建. 不确定性防范与城市务工人员主观幸福感：基于反事实框架的研究 [J]. 社会，2014，34（2）：140–165.

征和市民化水平三组自变量对其主观福利水平的影响。

模型分析结果如表 6-4 所示，我们采用三组自变量逐次进入模型的方法，来观察模型统计结果的变化情况。在模型 1 中，我们仅放入个人特征变量，模型显著性为 0.000，调整 R^2 为 0.031，表明模型具有统计意义，但自变量的解释能力较弱，仅能解释因变量主观福利水平变异的 8.2%。也就是说，主观福利水平在不同个人特征上的差异很小。在模型 2 中，我们加入迁移特征变量，模型显著性仍然是 0.000，但调整 R^2 已提高到 0.076，模型的解释能力得到了加强。迁移特征变量对主观福利水平变化具有一定影响。在模型 3 中，我们加入主变量——市民化水平变量之后，模型显著性仍然是 0.000，但调整 R^2 陡然提高到 0.248，模型解释能力得到很大加强。这表明市民化水平变量确实对主观福利水平产生了重要影响，市民化水平能够解释主观福利水平变化的 17.2%。当然由于模型 3 的调整 R^2 数值较低，这正如许多国内外研究者的研究结论一样，主观幸福感不仅表现出非常稳定的特征，而且也说明西部少数民族农业转移人口的主观福利水平还受其他因素影响，如社会环境、自身性格等因素，这些因素的影响甚至超过市民化水平变化所带来的影响。

在模型 1 中，我们仅放入个人特征变量，可以看出，5 个个人特征变量都在不同显著水平上对主观福利水平产生了显著性影响。其中，是否拥有城镇户籍变量的影响程度最大，拥有城镇户籍的农业转移人口比没有城镇户籍的农业转移人口的生活满意度高 3.6%。这一结果很接近吕炜等（2017）的研究结果，也跟付小鹏等（2019）、温兴祥和郑凯（2019）的研究结果一致。其他个人特征变量包括性别、年龄（代际）、教育程度、婚姻状况等都对其生活满意度产生了不同程度的影响。从偏回归系数符号可以看出：女性的主观福利水平高于男性；老一代农业转移人口的主观福利水平高于新一代；教育程度越高，主观福利水平也越高；有配偶的主观福利水平高于无配偶。

个人特征一般表征个体的某种属性，并常常被社会赋予某种角色期待，从而形成不同人口群体类别的不同个性心理，进而影响其对自身主观福利的评价。比如，女性很可能比男性更容易得到生活上的满足，老一代比新一代更容易满足等。教育程度更高的人群，其自我调节能力更强，看待自我与他人之间的福利差距可能也更加理性，通常也能找到更好的办法缩小这种差距。有配偶可能也会导致更高的主观福利水平评价，毕竟在中国传统的以"家"为生活核心和生命价值体现的文化背景下，完整的家庭无论在对自我的客观物质支持上，还是在情感支持上都有很大的促进作用，从而导致其对生活满意度更高的评价。以上数据结果也说明了主观福利水平在不同特征个体之间是存在差异的。但这种影响或差异很可能是由于其他因素决定的，我们再将其他变量放入模型就能检验这种关系。

表6-4　西部少数民族农业转移人口市民化水平对主观福利水平的影响分析结果

变量类别	变量名称	模型1	模型2	模型3
个人特征变量	性别	0.027**	0.021*	0.019*
	年龄（代际）	0.024*	0.014	−0.003
	教育程度	0.027***	0.021***	0.002
	有无配偶	0.024*	0.013	0.016
	是否获得城镇户籍	0.036**	0.013	−0.014
迁移特征变量	迁移模式		0.016	−0.005
	工作地区		−0.023*	−0.026**
	流动范围		−0.012	0.009
	城市规模		−0.005	0.004
	定居意愿		0.051***	0.012
市民化水平变量	1 政治参与			0.108***
	2 经济地位			0.172***
	3 社会适应			0.122***
	4 文化融入			0.063
	5 心理认同			0.033
	6 公共服务			0.204***
	常数	0.449		0.161
	调整 R^2	0.031		0.248
	F	10.307	12.960	29.455
	sig.	0.000	0.000	0.000

注："*"表示在0.05水平上显著，"**"表示在0.01水平上显著，"***"表还在0.001水平上显著。

在模型2中我们放入5个迁移特征变量，结果发现5个变量中只有工作地区和定居意愿两个变量对主观福利水平产生显著性影响。工作地区变量的影响较弱，居住在西部地区比流入中东部地区的少数民族农业转移人口的生活满意度低，将东部、中部、西部排列为三个单位，从东部往西部每迁移一个单位，主观福利水平下降2.3%，表明居住在西部地区的农业转移人口的主观福利水平低于流入东部地区的农业转移人口。就像上文分析的一样，居住在西部地区的很可能是能力较弱、身体状况不怎么理想的老人或妇女，家庭主要劳动力流入东部，而他们只能选择留在西部生活，其生活满意度自然不会高。当然，也有可能只是一种心理对比作用，比如，居住西部的少数民族农业转移人口可能羡慕流入东部的同胞，进而导致其略低的主观福利评价，但估计这种比例不会高。

定居意愿变量的影响很强，定居意愿每提高一个单位，主观福利水平就提高5.1%，这说明定居意愿是影响主观福利水平的重要变量。与此同时，我们发现在加入迁移特征变量之后，个人特征变量中的年龄（代际）变量、婚姻状况变量和城镇户籍变量对主观福利水平的影响不再具有统计显著性，而性别变量和教育程度变量虽然仍有显著性，但其影响力度明显减弱了。特别是户籍变量，当我们把定居意愿变量拿开的时候，户籍变量又具有显著性影响，但是把工作地区变量拿开，户籍变量仍然没有显著性。这就说明户籍变量至少有部分是通过定居意愿变量来影响主观福利水平的，或者说定居意愿变量对户籍变量形成强烈的冲击和干扰。我们可以设想，对于那些没有定居意愿的农业转移人口，城镇户籍仅仅是一张"饼"。也就是说户籍制度对没有定居意愿的少数民族农业转移人口的主观福利水平不会产生影响，而仅对具有定居意愿者产生影响。正如于潇和Ho（2016）的研究发现，他们认为户籍制度的形式（拥有城镇户籍身份）对幸福程度的影响并不显著，不同户籍的个体的幸福程度有差异的真正原因是户籍制度的功能作用，而并非户籍形式"差异"。[1] 要验证这一观点也很简单，我们只需要在模型中再加入其他变量，如果这些变量能够使得定居意愿变量失去影响作用，那么就证明了定居意愿变量也只是中介变量。我们继续验证。

在模型3中我们继续放入反映市民化水平的6个变量，我们发现除了文化融入和心理认同两个变量没有产生显著性影响以外，其余4个变量均在0.001显著水平上影响了主观福利水平。其中影响作用最大的是公共服务变量，公共服务市民化水平每提高一个单位水平，主观福利水平提高20.4%。经济地位变量的作用也较强，每提高一个单位，主观福利水平增加17.2%。与此同时，我们发现，在加入市民化水平变量以后，教育程度变量和定居意愿变量的影响不再具有显著性，说明这两个变量是通过市民化水平变量发生作用的，因为说到底教育程度和定居意愿都只是标识性变量，不是功能性变量。这印证了上面我们认为定居意愿变量只是中介变量的初步推断。也就是说，教育程度和定居意

---

① 于潇, HO P. 非农业户籍会使人更幸福吗 [J]. 统计研究, 2016, 33（10）：67-74.

愿这两个变量只具有分类作用，但对主观福利没有实质性影响，跟户籍变量一样，它们需要通过其他功能性变量产生作用，而市民化水平变量正是功能性变量，刚好替代了这些标识性变量。我们的这一发现和观点也跟于潇和 Ho（2016）的观点一致。

此外，我们还发现，性别变量依然具有显著性影响，尽管影响强度略有减弱。这可能是女性对城市福利、收入的期望低于男性，生活压力低于男性，而又比男性更容易满足的原因。当然也有可能是女性更为乐观所致，换句话说，男女性之间主观福利水平的差异很可能是由他们的性格心理差异造成的。然而工作地区变量的影响却得到了加强，居住在西部地区的农业转移人口的主观福利水平低于流入中、东部地区的农业转移人口，尽管他们在西部地区获得的客观福利改善并不低于那些流入中、东部地区的农业转移人口。这一点很可能是我们上文分析的那些原因造成的。

> 我们在西部调查发现：许多家庭都是妇女或老人留在老家县城照顾孩子读书，丈夫在外面打工。对于年轻时出去打过工的老年人，他们心里羡慕年轻人能够在外面找到工作，生活丰富多彩，而自己现在却只能回到老家照看孙辈。在西北调研遇到一位王姓男性老人，从言谈中，他特别怀念年轻时外出打工时的生活，现在由于年龄的原因在外面找不到合适的工作，技术更没有年轻人的好，只能在家做一些看不出价值的工作。而许多妇女则羡慕那些有文化，能够到处打工的人。我们估计他们的主观福利水平可能受到个人特征因素的影响。

最后，我们从以上分析结果得出一些重要的发现和启示：（1）不同特征农业转移人口群体的主观福利水平确实存在差异。比如，由于性别因素形成的主观福利水平差异，很难通过其他因素消除，那么针对不同人群实施差异化政策，充分考虑不同人群的特殊诉求，可能是提高农业转移人口主观福利水平的有效途径。（2）功能性变量对主观福利水平产生实质性影响，标识性变量可能仅具有区分作用，而不具有实质性影响。很多研究尚未进行这样的探索，当功能性变量加入模型之后，标识性变量就只有分类识别的功能了。本研究结果表明，为农业转移人口提供实质性帮助，比如，加强城市政策支持、消除歧视、改善居住环境等，都有助于提高农业转移人口的主观福利水平。而户籍身份转换如果没有其他政策的配套跟进，可能难以提高农业转移人口的主观福利水平。（3）需要考虑一些因素的影响路径问题。比如，我们初步发现户籍因素并非直接作用于主观福利水平，而可能是通过其他因素发挥影响作用的。为此，我们要有针对性地提出相关应对措施，有效推进农业转移人口市民化进程，提高农业转移人口的主观福利水平。比如，虽然户籍制度仅仅具有身份识别作用，但大多数政策都是基于户籍的身份识别而分类施策，拥有城镇户籍身份是获得许多政策支持的前提，因此，户籍制度改革仍然是必要的。

第七章

主要问题与对策建议

农业转移人口市民化及其社会福利改善问题直接牵涉到亿万家庭的切身利益，是一个包含了政治、经济、社会、文化及心理等内容的综合性问题。从上文的分析研究发现，西部少数民族农业转移人口在不同维度上的市民化水平和福利改善方面都存在一定差异，不同民族之间也存在一定差别，少数民族农业转移人口的市民化进程和福利改善也存在诸多障碍因素。以下我们挑出主要问题，并借鉴已有研究提出相应的对策建议，以供参考。

第一节　主要问题

一、市民化方面存在的问题

（一）经济地位较低拉低了少数民族农业转移人口的整体市民化水平

各民族中经济地位维度的市民化水平都是最低的，甚至远远低于其他维度。少数民族总样本的市民化水平为 51.85 分，其他维度得分均超过 60 分，并未出现经济维度的市民化水平超前于其他维度的情况。这一结果的部分原因可能是本次调查设计采用了农业转移人口与城镇居民收入相比较的方法。但无论如何，与城市居民收入相比，农业转移人口的经济收入仍偏低，进而导致其经济地位维度的市民化水平偏低。少数民族农业转移人口职业竞争能力较弱，收入偏低，有其自身人力资本水平不高的因素，也有由于脱离农村社区原有社会关系而在城镇社区又难以建立新的社会关系，进而导致社会资本积累不足的因素。但更为重要的是，现行的城乡二元制度和政策障碍，增加了农业转移人口在职业地位和收入上的劣势，人为造成农业转移人口与城镇居民的经济地位差距，致使经济地位维度的市民化水平较低。因此，消除城乡身份差别导致的收入差距，促进少数民族农业转移人口与城市市民同工同酬，同城同待遇，保障其经济利益，有助于提高少数民族农业转移人口的收入水平和社会福利待遇水平（作为补充收入），有助于他们提高市民化水平，顺利融入城市社会。消除城乡身份差别仍是今后城镇民族工作的重要方面。

（二）某些迁移特征因素限制了少数民族整体市民化水平的提高

各个少数民族市民化水平比较的基本结果是，流动范围大、居住在大城市比例高的少数民族的市民化水平低，流动范围小、居住在小城镇比例高的少数民族的市民化水平高。比如，调查样本中，壮族有70.7%主要在县市内流动，其他少数民族的这一比例大多未达到40%（只有苗族达40.3%）；而布依族的省际流动比例达到62.4%，其他少数民族的省际流动均未达到40%。最终，壮族的市民化水平最高（73.52分），而布依族的市民化水平最低（62.34分）。再来看居住在不同城市规模的比例情况，壮族农业转移人口居住在小城市的比例为68.5%，其他少数民族的这一比例均未达到50%；而白族居住在大城市的比例最高，达到47.4%。最终，壮族的市民化程度高，白族的市民化程度低（64.80分，略高于布依族，居倒数第二）。这一发现的启示意义在于：少数民族农业转移人口的流动范围越大，市民化水平越低；居住的城市规模越大，市民化水平越低。这一结论支持就近就地城镇化的观点，也部分支持建设小城市有利于吸纳农业转移人口的观点。但同时也应该充分考虑农业转移人口的定居意愿、就业机会及其他因素。

（三）政策制度不完善限制了少数民族农业转移人口提升市民化水平

从第五章市民化水平多元线性回归模型分析发现，政策制度（包括户籍制度和社会政策支持）对少数民族农业转移人口的市民化综合指数产生了显著性影响，其影响强度超过其他因素。这可能是我国当前的户籍制度改革不彻底，城市政策仍然偏向城镇户籍人口，进而导致拥有城镇户籍的农业转移人口获得更多政策支持，而没有城镇户籍的农业转移人口难以获得城市相关政策支持。姚先国和许庆明（2013）曾经指出我国当前实施的户籍制度改革并没有从根本上消除农民工与市民的实际权益差别，大多数城市推出的户籍改革措施，多数是以吸引高层次人才为目标，以"高门槛"的苛刻条件为特征，即使实施，也只能解决少部分高技能农民工的市民化问题。[1] 大批普通农民工仍然没有机会和

---

[1] 姚先国，许庆明. 中国户籍制度改革与农民工市民化 [J]. 国际社会科学杂志（中文版），2013，30（4）：40-47.

能力获得市民权利，难以顺利融入城市。由于城乡户籍是一种身份识别和利益界定标识，没有城镇户籍意味着无法获得城镇政策支持，进而使农业转移人口的市民化进程受阻。进一步深化户籍制度改革，赋予农业转移人口合法的城市社会身份（要么淡化城市与农村、本地与外地之间的户口待遇差别），推进基本公共服务供给实现均等化，赋予农业转移人口平等的社会保障权，防范和化解社会风险等宏观政策制度改革，是破解农业转移人口市民化和改善社会福利制度瓶颈的关键措施。

（四）人力资本水平不高和社会资本积累不足制约市民化进程

农业转移人口市民化涉及范围广、影响因素多，除了政策制度因素以外，人力资本和社会资本也是影响少数民族农业转移人口市民化水平的重要因素。人力资本越高，社会资本越多，市民化水平就越高，即融入城市社会的程度越深或越接近城市居民。从人力资本角度来看，本次调查显示，初中教育程度占样本比例最高，达 32.0%，其他层次的教育程度均未达到 20%。而初中及以下教育程度比例之和则高达 51.3%，超过样本的一半。自评职业技能水平为"比较好""非常好"二者比例合计仅为 38.9%，说明少数民族农业转移人口的人力资本水平不高。从社会资本角度来看，将近有 15% 的比例没有获得来自家庭成员、亲戚朋友或社区邻里的任何帮助，他们在城市中处于孤立无援的状态。少数民族农业转移人口的社会资本积累不足，非正式社会支持匮乏，主要是因为他们在城市的社会交往中出现了"内卷化"，即仅跟同族同乡交往，跟城市社区居民互动较少，且经常更换居住地址，难以培养人际信任。此外，虽然家庭化迁移已成趋势，但单身迁移比例仍占 1/3，家庭成员之间的相互支持仍然较少。为此，通过教育培训提高少数民族农业转移人口的人力资本，通过社区建设、企业、非营利组织等培育少数民族农业转移人口社会资本，是提高他们市民化水平的有效途径。

二、社会福利方面存在的问题

（一）客观福利改善不具有可持续性而主观福利常常被忽视

本次调查数据显示，西部少数民族农业转移人口中有 63.2% 认为自己的客观福利"变好"，远远超过"变差"和"不变"二者比例之和。但大多数农业转移人口都是通过透支体力、牺牲自己的健康来获得被"高估"的净收益。他们聚集的行业很多存在粉尘、有毒气体、噪声、辐射、高空作业等可能危及其身心健康的因素，即使是普通服务业如按摩、餐饮等也普遍存在劳动强度大、工作时间长、心理压力大的现象，绝大多数行职业都是吃"青春饭""体力饭"。这不但为将来的健康和人力资本积累埋下隐患，而且随着年龄增长也会被自然淘汰出局。因此，这种客观福利改善具有不可持续性。就目前而言，我国的社会福利制度并没有为农业转移人口将来面临的这些就业风险和生活风险提供有效的防范措施。此外，通过部分访谈资料，主观福利水平，包括主观幸福感、生活满意度等，是否因进入城镇而得到提高，则往往被城市政府、普通市民甚至农业转移人口自己所忽视。这是未来城市政策和城市管理者需要重视的地方。

（二）客观福利改善和主观福利水平提升受某些个人特征和迁移特征限制

少数民族农业转移人口中，不同个人特征（如性别、代际、教育程度等）和不同迁移特征（如迁移模式、流动范围、居住的城市规模等）人口群体的客观福利改善和主观福利水平存在差异。在没有控制其他因素干扰的情况下，基于个人特征和迁移特征划分的不同农业转移人口群体，在客观福利和主观福利方面都出现了显著性差异现象。但当我们将市民化的六个维度变量纳入数据分析模型之后，绝大多数个人特征和迁移特征变量产生的影响都不再具有显著性。说明这些个人特征和迁移特征变量大多仅仅具有标识性意义，而不具有实际的功能性作用。因此，通过改革逐渐消除农业转移人口市民化进程的政策制度障碍，增强他们融入城市社会的能力，提高他们的市民化水平，不同特征的农业转移人口群体都会从中受益，其客观福利得到改善，主观福利水平也得到提升。

（三）户籍制度间接影响客观福利改善和主观福利水平提升

从第六章的两个数据分析模型来看，户籍制度对客观福利改善没有产生影响，但对主观福利产生了部分影响，然而在加入市民化水平变量之后，户籍制度的影响不再显著。但这并不等于说户籍制度对福利变化没有产生影响，正如一些学者指出，随着各地城乡户籍制度改革的逐步完成，"显性户籍墙"对"乡—城"流动人口的制约作用逐步减弱，而"隐性户籍墙"构成了流动人口社会融合的主要障碍。[1] "隐性户籍墙"构成农民工劳动力市场和就业体制壁垒、城市资源配置体制壁垒，严重阻碍了农民工的市民化进程。[2] 本质上，我国

---

[1] 肖子华，徐水源，刘金伟. 中国城市流动人口社会融合评估：以50个主要人口流入地城市为对象 [J]. 人口研究，2019，43（5）：96-112.

[2] 刘传江，程建林. 双重"户籍墙"对农民工市民化的影响 [J]. 经济学家，2009（10）：66-72.

的就业制度、社会保障制度和城市住房购房制度等，都是建立在严格的户籍制度之上的制度安排。尽管我们的回归分析模型没有显示户籍制度直接对客观福利改善和主观福利水平产生显著性影响，但户籍制度帮助划分和识别了市民化水平。拥有城镇户籍的少数民族农业转移人口的市民化水平为"高水平"的比例是 47.8%，而没有城镇户籍的这一比例仅为 16.0%；反之，拥有城镇户籍的市民化水平为"低水平"的比例仅为 4.1%，而没有城镇户籍的这一比例高达33.2%。而少数民族农业转移人口的市民化水平，一定程度上反映了其获得城市相关政策支持的程度。因此，未来户籍制度改革的重点不在户籍本身，不在于居住证制度的推广，而在于农业转移人口与城镇居民之间利益关系的调整和相关政策的配套实施。

（四）市民化不同维度水平限制了客观福利改善和主观福利水平提升

从第六章的两个数据分析模型来看，表征市民化水平的六个维度的变量几乎都对客观福利和主观福利产生很强的显著性正向影响。本研究中，市民化水平的六个维度包含了政治参与、经济地位、社会适应、文化融入、心理认同和公共服务。农业转移人口的市民化就是农业转移人口在这六方面都逐渐与城镇居民趋同的过程。越趋同，社会福利越改善。尽管问题看起来很复杂，但在我国城乡户籍分割的背景下，农业转移人口只要能够转换为城镇户籍，就能享受城镇户籍绑定的各种权利和福利。长期以来，沿着"城乡二元社会结构对立"的路径，国家将更多的公共财政、公共资源投向城市居民。城市居民享有的教育、医疗、就业、养老等国民福利水平远高于农村居民，高于进入城镇就业和生活的农业转移人口。传统国民福利的实质是市民的福利。[1] 由此可见，农业转移人口只要转换户籍身份，或者通过户籍改革消除城乡户籍差异，淡化城市与农村、本地与外地之间的户口待遇差别，农业转移人口就能享受各种市民权利和福利，就能够提高市民化水平，进而提高社会福利水平。而市民化水平又受到政策制度、人力资本和社会资本的影响（参见第五章）。因此，对策建议应该针对这三方面，下文将对此具体阐述。

第二节　对策建议

少数民族农业转移人口的市民化进程与汉族一致，民族因素对其市民化的

---

[1]　郑功成. 中国社会保障改革与制度建设［J］中国人民大学学报，2003（1）：17-25.

影响非常小，他们的市民化水平主要受制于城市政策制度，包括户籍制度的制约。因而适用于汉族的市民化政策同样也适用于少数民族。少数民族农业转移人口市民化水平是影响其客观福利改善和主观福利水平的重要因素，因而提高其市民化水平的相关政策也有助于改善其福利水平。尽管户籍制度没有对社会福利产生显著性影响，但它确实是影响市民化水平的重要变量，因而户籍制度改革不仅有助于提高少数民族农业转移人口的市民化水平，也有助于提高其福利水平。

我国一些学者曾经将农业转移人口市民化的制约因素概括为三方面：外部"赋权""赋能"与自身"增能"。市民化出路则在于从这三方面提高农业转移人口的城市适应能力，最终成为合格的城市市民。① 其中，外部赋权就是指赋予农业转移人口完整的市民权利，尤其是享有与原住市民同样的市民身份，公平享受城市基本公共服务和社会福利。外部赋能一般指帮助农业转移人口顺利实现市民化的外部助力，包括社区、企业、非政府组织等各种社会团体提供的各种帮助。自身增能是指农业转移人口提升自我的素质和能力，增强职业竞争力和城市适应能力，从而更好地推进自身的市民化进程。外部赋权强调宏观政策制度的公平性，关注农业转移人口市民化和享有城镇福利的机会公平问题。自身增能着眼于通过教育培训途径提升自我竞争力，从而提高农业转移人口的市民化意愿和能力。而外部赋能侧重连接、填补宏观制度与微观个体之间的缺口，从而增强制度效能和弥补个体能力不足。以下我们从这三方面谈谈具体措施。

一、政府赋权

与西方国家"小政府、大市场"模式相比，我国政府具有更强的资源配置与市场调节能力，制度变迁对于我国城镇化进程的影响效应更加突出。政府是推进农业转移人口市民化和改善社会福利必不可少的支撑，各级政府应树立社会公正观念，赋予农业转移人口社会公民权，为农业转移人口融入城市社会提供公平的制度环境。王春光（2011）指出，从社会公正理论来看，融入机会的公平问题优先于融入能力的大小问题。② 机会公平是前提，农业转移人口是否拥有成为市民的公平机会，取决于国家宏观政策制度赋予的社会权利。要解决机

---

① 刘爱玉. 城市化过程中的农民工市民化问题 [J]. 中国行政管理, 2012 (1): 112-118; 郭忠华, 谢涵冰. 农民如何变成新市民?: 基于农民市民化研究的文献评估 [J]. 探索与争鸣, 2017 (9): 93-100; 齐红倩, 席旭文. 分类市民化: 破解农业转移人口市民化困境的关键 [J]. 经济学家, 2016 (6): 66-75.

② 王春光. 中国社会政策调整与农民工城市融入 [J]. 探索与争鸣, 2011 (5): 8-14.

会公平问题就需要进一步深化宏观政策制度改革。具体从以下几方面着手：

（一）深化户籍制度改革，赋予农业转移人口合法的城市社会身份

面对双循环的新发展格局，迫切需要弱化户籍约束，实现放松落户限制，实质性地推进农业转移人口市民化进程。户籍制度改革一直是中央政府大力推进的政策制度改革，但从改革效果来看，地方政府积极性不高，许多地方政府都留有余地。2014 年颁布的《关于进一步推进户籍制度改革的意见》取消了农业户口与非农业户口的划分，建立了居住证制度，《居住证暂行条例》于 2016 年 1 月 1 日起施行。目前，我国大多数城市包括北京、上海等特大城市，都将"暂住证"改为"居住证"，但农业转移人口并没有获得同等的市民权利。这种市民权利包括政治权利、社会权利和经济权利。一些学者将这种现象归结于"隐性户籍墙"的阻碍。居住证制度并没有赋予农业转移人口完整的市民权利，需要进一步深化户籍政策改革。但在具体改革政策上，一些学者主张逐渐弱化附加于户籍政策上的福利政策，强化户籍政策的人口信息管理功能，使户籍政策回归统计人口信息、证明公民民事身份的基本职能。[1] 户籍制度改革的中心任务是取消城乡户口身份划分和户口迁移的行政限制，实行一元化的公民身份制，以及公民自由迁徙和选择居住地的法律制度。[2] 另一些学者着重考虑农业转移人口进城落户的政策调整和步骤安排[3]，其隐含的意思就是强调将农业转移人口纳入城镇福利体系，而不是剥离城镇户口上的福利安排。还有一些学者认为，农业转移人口想要享有与城镇居民同等的待遇，首先要解决社会身份问题。[4] 这种观点强调所谓的"名正言顺"，农业转移人口一旦解决城市社会身份问题，则享受与原住市民同等的社会福利问题迎刃而解。

以上两条户籍改革路径其实殊途同归，户籍制度改革的最终目标是赋予农业转移人口与市民同等的公民权。在地方政府推动户籍制度改革积极性不高，

① 杨宜勇，魏义方 . 农民工融入城市社会的政策机制研究［J］. 学术前沿，2017（2）：70-81.
② 陆益龙 . 户口还起作用吗：户籍制度与社会分层和流动［J］. 中国社会科学，2008（1）：149-162.
③ 魏义方，顾严 . 农业转移人口市民化：为何地方政府不积极：基于农民工落户城镇的成本收益分析［J］. 宏观经济研究，2017（8）：109-120.
④ 张军涛，马宁宁 . 农业转移人口市民化的政策工具功效与优化路径［J］. 学术交流，2018（7）：108-115；王春光 . 中国社会政策调整与农民工城市融入［J］. 探索与争鸣，2011（5）：8-14.

出现"经济性接纳，社会性排斥"怪象的情况下①，未来的户籍改革必须自上而下，系统推进。（1）在改革方法上，由中央政府主导，在国家层面进行制度设计和整体推进，降低地方政府的权限，所有国民应该一视同仁，使户籍制度成为流动人口"用脚投票"的一种选择机制。②（2）在改革目标上，构建以社会公正为机制的社会主义公民权体系，每个中国人都享受同等的公民权，不存在性别、区域、种族、职业、户口等方面的差异和歧视。以户籍制度改革为引擎，推进整体性社会体制改革，使农业转移人口享受同等的居住权、就业权、教育权、保障权、参与权、表达权、组织权等。③ 近期内特别要在经济上实现同工同酬，同城同待遇。与此同时，农业转移人口只有在公民权得以确证的情形下，才能培养出对城市的情感归属。④（3）在推进策略上，由于目前中小城镇对户籍基本完全放开，未来改革的重点不是中小城市而是大城市和特大城市。除了北京、上海等少数特大城市外，未来其他城市都应该逐步放开，取消指标限制。重点在东部沿海的大中城市，特别是长三角、京津唐和珠三角三大城市群，因为它们集中了全国一半以上的农业转移人口。

（二）按照权利义务对等原则，推进基本公共服务供给实现均等化

农业转移人口市民化的实质是政府重新配置公共资源、促进基本公共服务均等化的问题。⑤ 户籍身份虽是影响农业转移人口市民化的重要因素，但本质在其身上附着的各种公共福利。⑥ 一些作者主张剥离绑定在户籍制度上的福利待遇⑦；另一些作者主张实现农业转移人口与城市居民的基本公共服务均等化，避

---

① 姚先国，许庆明. 中国户籍制度改革与农民工市民化 ［J］. 国际社会科学杂志（中文版），2013，30（4）：40-47.

② 肖子华，徐水源，刘金伟. 中国城市流动人口社会融合评估：以50个主要人口流入地城市为对象 ［J］. 人口研究，2019，43（5）：96-112.

③ 王春光. 中国社会政策调整与农民工城市融入 ［J］. 探索与争鸣，2011（5）：8-14.

④ 赵晓红，鲍宗豪. 新型城镇化背景下新生代农民工的社区认同：一个社会学的分析框架 ［J］. 华东理工大学学报（社会科学版），2016，31（6）：9-15.

⑤ 东北财经大学课题组. 农业转移人口市民化研究：财政约束与体制约束视角 ［J］. 财经问题研究，2014（5）：3-9；罗云开. 建立农业转移人口市民化成本分担机制：质疑与辨析 ［J］. 财经问题研究，2015（6）：87-92.

⑥ 张心洁，周绿林，曾益. 农业转移人口市民化水平的测量与评价 ［J］. 中国软科学，2016（10）：37-49.

⑦ 陆益龙. 户口还起作用吗：户籍制度与社会分层和流动 ［J］. 中国社会科学，2008（1）：149-162.

免城镇内部出现新的二元分割。① 我们认为，应当在赋予农业转移人口跟城镇居民同等公民权的基础上，实现农业转移人口与城镇居民的公共服务均等化，而不是剥离户籍制度上的公共服务福利。目前在推进城镇基本公共服务均等化方面遇到的困难主要来自两方面。一是中央与地方政府在权利义务上并不对等。民生改革中新增事权与支出责任下沉，"中央点菜、地方买单"的事项越来越多。② 二是人口流入地与流出地政府之间，市民化成本分担责任、财政转移支付权益等方面诉求不一，地方政府解决市民化问题的积极性不高。③ 因此，必须解决农业转移人口市民化成本分担机制中的这两个问题。

首先，必须明确在哪里工作，在哪里交税，就应该在哪里享受基本公共服务，流入地政府有为农业转移人口提供基本公共服务的义务。在尊重少数民族文化、宗教信仰和风俗习惯的原则下，针对少数民族农业转移人口的特殊需求，尽可能提供必要的帮助。比如，为信教的少数民族农业转移人口提供举行宗教仪式的活动场所，达到加强民族内部交流、相互帮助的目的。又如，在城市的某个地方修建清真寺，为回族提供礼拜的聚集场所。这些支出可以纳入地方公共服务支出范围。其次，建立合理的农业转移人口市民化的成本分担机制。一是明确中央与地方政府的责任分担。中央政府重点解决跨省农业转移人口的市民化成本，地方政府重点解决省内农业转移人口的市民化成本。中央政府承担基本公共服务需要全国统筹的部分，地方政府承担公用设施建设以及卫生健康服务、就业创业指导等地方性公共事项。中央政府应加强对弱势地区基本公共服务的支持，加大对贫困地区、革命老区、民族地区、边疆地区和集中连片特殊困难地区的基本公共服务财政投入。二是优化流入地和流出地的责任分担。根据农业转移人口群体的跨区性和公共服务的外部性，推进基本公共服务常住人口全覆盖，建立农业转移人口市民化专项补助，建立"钱随人走""钱随事走"的机制。④ 同时，探索建立地区间横向援助机制，让劳动力流入大省采取资金补助、定向援助、对口支援等多种形式，对劳动力流出大省进行利益损失

---

① 王道勇. 农民工市民化：新型矛盾与政策调适 [J]. 广西师范大学学报（哲学社会科学版），2015，51（5）：83-89.

② 广西财政厅课题组. 政府间事权与支出责任划分研究 [J]. 经济研究参考，2015（47）：13-19.

③ 胡拥军，高庆鹏. 市民化成本分担机制的"暗战" [J]. 决策，2015（1）：44-46；魏义方，张本波. 新一轮户籍制度改革应解决城乡户口权益差异 [J]. 宏观经济管理，2016（7）：45-48.

④ 杨宜勇，魏义方. 农民工融入城市社会的政策机制研究 [J]. 学术前沿，2017（2）：70-81.

的横向补偿，支持后者发展基本公共服务。

（三）赋予农业转移人口平等的社会保障权，防范和化解社会风险

农业转移人口进入城镇就业与生活，遭遇着城镇居民可能遭遇的各种风险，如工伤事故风险、疾病风险、失业风险、其他意外生活风险以及生活贫困等。[①]一般来说，基本的社会保障是农业转移人口规避社会风险的重要保护机制。本次调查显示，少数民族农业转移人口参加养老保险的比例为 60.8%，在参保人口中有 30.5%是在户籍地参保；参加医疗保险的比例为 77.7%，在参保人口中有 39.9%是在户籍地参保。总的来看参保比例不高，且有一半左右并不是在流入地参保，这与农业转移人口的流动性较高有关。而应该在流入地参保的险种，跟农业转移人口就业关系密切的失业保险和工伤保险的参保比例分别仅达40.7%和47.1%。说明城镇社会保障制度对农业转移人口的保护较为有限。我国农业转移人口社会保障不足，主要源于城乡分割和区域分割的社会保障制度设计。而且，长期以来，除了与单位体制相连的职业福利之外，我国实行的是补救型福利政策，仅对社会上最无助的人（如无劳动能力、无生活来源、无赡养人和抚养人的"三无"人员）进行生活上的救助。在福利观念上占主导地位的是个人（家庭）责任观，即个人及家庭要对自己的贫困负责任。[②]

我国社会保障制度今后的改革方向应该是：构建基于公民权的、更具包容性的福利体系，取代过去基于地域和职业身份的制度安排。不分城乡、不论职业、外地和本地，只要具有中国的公民身份就可以获得国家统一提供的基本社会保障。这个基本保障要适应中国人口流动的现实需求，能够在不同区域转移接续。由中央政府提供统一基本社会保障，可以解决农业转移人口对土地和传统社会关系的依赖，又可以避免西方发达国家由于国家或地区之间福利待遇差异而产生的"福利磁铁"问题。[③] 在中国则避免了不同城市之间可能争相降低福利待遇，有助于提高地方政府为农业转移人口建立和完善社会保障制度的积极性。

在建立国家层面的统一福利制度方面，景天魁（2004）的"底线公平论"[④]

---

① 郑功成. 分类分层保障农民工的权益［N］. 经济日报，2001-11-29（2）.
② 王思斌. 我国适度普惠型社会福利制度的建构［J］. 北京大学学报（哲学社会科学版），2009，46（3）：58-65.
③ "福利磁铁"问题主要指过高的福利可能会吸引那些强烈需要福利的低素质、低技能人口，从而造成越来越多的人口依赖政府提供的社会福利，给当地财政造成沉重负担，拖累经济发展。
④ 景天魁. 底线公平与社会保障的柔性调节［J］. 社会学研究，2004（6）：32-40.

和王思斌（2009）基于社会权利观念构建适度普惠型社会福利制度的思想，均富有启发性。在社会福利领域，"底线"是指社会成员基本需要中的"基础性需求"，主要包括解决温饱的需求（生存需求）、基础教育的需求（发展需求）、公共卫生和医疗保障的需求（健康需求），这三项需求是人人躲不开、社会又公认的"底线"。底线以下部分体现权利的一致性，底线以上部分体现权利的差异性，所有公民在这条"底线"面前所具有的权利一致性就是"底线公平"。① 王思斌（2009）认为公民的社会权利观，即居民应该享受来自政府和社会的保护，以免遭受基本的生命方面的威胁。② 适度普惠型社会福利制度是由政府和社会基于本国的经济和社会状况，向全体国民提供的、涵盖其基本生活主要方面的社会福利。在社会保障项目的优先次序上，郑功成（2001）指出，应按照工伤保障优先、特殊救助与疾病保障随后、养老保险分类分层设计的思路来落实进城农村人口的社会保障权。③

二、社会赋能

所谓社会赋能，是指介于国家政府和个人家庭之间的各种组织、团体和群体，对农业转移人口给予正式和非正式社会支持，帮助他们顺利融入城市社会。这些组织、团体和群体可以是具有完整紧密结构的正式组织，也可以是组织结构不完整的松散的非组织群体。各种社区、企业、社团、非营利组织、非营利专业团队等，都属于我们界定的社会层次。

（一）调动社会集体力量，帮助农业转移人口积累社会资本

农业转移人口（特别是跨区域转移人口）由农村流入城市，原有基于血缘和地缘的社会关系网络被打破，失去了其过去长期依靠的社会支持系统，导致抵抗社会风险的能力降低。农业转移人口在城市有两个重要的活动场所：一个是从事就业生产的场所即企业，这是他们获取收入的地方；一个是生活场所即社区，通过社区构建社会支持网络系统和积累社会资本，有助于推进农业转移人口市民化进程，改善社会福利。我们的研究表明，社会资本尤其是获得社区支持的社会资本变量，对少数民族农业转移人口市民化具有显著性影响。通过社区形成农业转移人口在城市交往的社会网络，弥补由于离开农村所带来的社

---

① 景天魁，毕天云．论底线公平福利模式 [J]．社会科学战线，2011（5）：161-167.
② 王思斌．我国适度普惠型社会福利制度的建构 [J]．北京大学学报（哲学社会科学版），2009，46（3）：58-65.
③ 郑功成．分类分层保障农民工的权益 [N]．经济日报，2001-11-29（2）．

会资本的缺失，无疑对促进农业转移人口的社会融入具有积极意义。

1. 把农业转移人口聚居区纳入城市社区建设

通过社区开展的各项活动使农业转移人口融入城市主流文化，增加农业转移人口与城市居民的互动，增进其与城市居民之间的信任。农业转移人口通过社区这个平台，参与社会活动，参加社区管理和决策，享受社区提供的公共服务，构建社会关系，形成社区意识，实现不同群体、不同民族在社区的和谐共处。同时通过与市民更多的互动，农业转移人口可以分享更新的信息，发现更有效的城市资源，捕捉更多的发展机会，从而突破自身原有社会关系瓶颈，积累更多社会资本。① 这一点对于流入东部沿海发达城镇地区的西部少数民族农业转移人口尤其重要，因此东部人口流入量大的发达省份应将农业转移人口聚集区纳入城市社区建设和管理，特别是要将城市政府政策与农业转移人口的切身利益连接起来，为农业转移人口提供基本信息和服务。

2. 提高农业转移人口的组织化程度

推进农业转移人口相关组织规范化发展，畅通其权益表达渠道。推动社群组织向农业转移人口群体覆盖，保障农业转移人口依法维护自己合法权益。② 2011 年出台的《民政部关于促进农民工融入城市社区的意见》指出，符合一定条件的农民工可以参加流入地社区居民委员会的选举。但是现实中农民工在城市的民主参与权利长期被边缘化，没有真正享有公民的基本民主权利。因此，要扩大农业转移人口社会参与范围，加强他们的知情权、参与权和决策权。对于劳动仲裁、社会福利发放、社会救助的实施等，应当考虑以一定的方式让农业转移人口代表和其民间组织参加讨论或者听证。探索建立农业转移人口组织领导的职业化，组织领导实行任期制，明确规范其权利义务，并在农业转移人口、政府、企业、工会之间建立一个畅通的沟通协调机制，形成多元参与的制度平台。提高少数民族农业转移人口组织化程度可在西部地区先行推广。

3. 扶助面向服务农业转移人口的各种社会团体

各种社团、非政府组织、非营利机构、专业团队等作为一种新的资源和社会力量，是农业转移人口顺利融入城市的重要社会支持，对帮助农业转移人口解决在城市工作和生活遇到的实际困难起到一定的实质性作用。政府应该扶助，扩大其服务的覆盖空间和力度，在保护农业转移人口的合法权益、促进农业转

---

① 王桂新，罗恩立. 上海市外来农民工社会融合现状调查研究 [J]. 华东理工大学学报（社会科学版），2007（3）：97-104.

② 杨宜勇，魏义方. 农民工融入城市社会的政策机制研究 [J]. 学术前沿，2017（2）：70-81.

移人口的城市融入、提升农业转移人口的社会福利等方面，最大限度地发挥其社会功能。建立农业转移人口市民化的社会工作介入机制。通过专业化的服务来帮助农业转移人口度过心理与生理上的危机期，以及缓冲社会经济不稳定对农业转移人口生活带来的压力。这种社会工作机制的范围应该包括就业、社交等多方面，应由财政支持实现非营利的管理模式，以减轻农业转移人口的经济负担。同时，应该针对农业转移人口在城市可能遭受到的社会歧视与社会排斥给予帮助。这一点可在东部沿海各种社会团体较为发达的城市先行试点。

（二）盘活农村土地和住房资产，增加农业转移人口的市民化资本

农业转移人口市民化不仅需要解决他们在城镇的就业和生活问题，而且需要盘活农村现存资产（主要是土地和房屋）。这样既可以增加农业转移人口的市民化资本，又可以解除他们的后顾之忧，还可以切断他们长期以来对农村的依赖和依恋。当然，解决农业转移人口从农村集体退出的问题，并不是要断绝以往的农村关系和利益来源，而是通过将农村资产出卖、出租或置换的方式，增加他们的市民化资本和资源，以便增强市民化能力。与此同时，农村资产转化也是增加农业转移人口生活福利的重要方面。

因此，我们建议：（1）建立农村土地交易中心，运用市场机制解决农村土地的退出问题。稳妥推进农村土地征收、集体经营性建设用地入市和农村宅基地制度改革，允许就地入市或异地调整入市，促进土地交易流转与规模化利用。允许在城市安家落户的农业转移人口通过交易中心挂牌转让他们的承包地。对于转让双方来自相同的村集体的情况，只需要土地转入方与村集体重新签订承包合同，同时出让方与村集体解除承包合同。如果土地受让人来自不同的村集体，除了必须与出让人所在的村集体签订土地承包合同之外，还应当使之成为该集体的新成员，与原有的集体成员享有同等的权利和义务。[1]（2）探索农村房屋抵押贷款新模式，盘活农村住房资产。近年来，西部许多少数民族利用打工赚来的钱在农村家乡修建了大量的房屋，投资均高达几十万，但他们很少在家居住，农村出现大量房屋空置现象。目前除了一些具有特色的民族村庄已被一些民俗公司租用以外，大多数农村房屋仍然空置，无法盘活。对劳动、资本和技术等流动性要素而言，消除制度壁垒是要素跨区域流动的前提；对土地、房屋等不可流动的要素而言，明确权利、允许交易则是资源再配置的前提。

---

① 谭崇台，马绵远.农民工市民化：历史、难点与对策［J］.江西财经大学学报，2016（3）：72-80.

三、家庭增能

中外移民的市民化实证研究结果都证明，个人教育水平是影响其融入当地社会的重要变量。提高个人及其后代的教育水平，是移民提高融入能力的重要途径。此外，当地原住民对移民的态度也会影响移民的融入水平，需要采取相应措施逐渐改变原住民的消极态度，促进社会和谐。

（一）加强个人及其子女教育，提高农业转移人口的市民化能力

农业转移人口融入城市的程度除了受外部各种政策制度和社会资本的影响外，还跟其自身人力资本因素，主要是教育水平和技术能力直接相关。本次调查西部少数民族农业转移人口中，初中及以下的教育程度比例高达 51.2%，超过半数。自评职业技能水平"非常好"和"比较好"的比例分别为 7.7%、31.2%，二者合计为 38.9%，没有达到四成。说明西部少数民族农业转移人口的人力资本水平仍然偏低，需要提高教育水平和加强职业培训，提高其市民化能力。事实上，从 2004 年开始，国务院八部委联合出台培训农村劳动力的"阳光工程"，为农村劳动力外出务工提供一定的技能培训。然而有调查显示，农民工在流入地以自费参加培训为主，政府和单位提供的免费职业培训很有限，无法与城市职工享受的职业培训相提并论。实际效果是，不到 1/3 的农民工享受到这些政策举措，而接受过培训的农民工并不都能获得技能的提升。①

为此我们建议分为两类人群，对于已经进入劳动力市场的农业转移人口，着重提高职业技能水平，以在职培训为主，树立终身学习理念。对于还未进入劳动力市场的农业转移人口，着重培养文化素养，以学历教育为主，旨在提高总体教育水平。对于前者，职业教育培训要与就业信息化结合。完善农业转移人口就业创业培训政策，通过政府（主要是输入地政府）购买服务或提供补贴的形式，鼓励企业、社会和个人进行专门的职业培训，提高农业转移人口就业和社会适应的能力。同时要健全人力资源市场和覆盖农业转移人口的公共就业服务，发展城乡一体的就业信息化服务。加强政府公共就业信息服务对农村劳动力转移就业和合理流动的指导作用。② 对于后者，要着重提升学历，特别要把初级教育程度（初中及以下教育水平）提高到中级甚至高级教育程度。一是流入地要将农业转移人口子女义务教育纳入当地城镇建设发展规划和义务教育总

---

① 王春光. 中国社会政策调整与农民工城市融入 [J]. 探索与争鸣，2011（5）：8-14.

② 杨宜勇，魏义方. 农民工融入城市社会的政策机制研究 [J]. 学术前沿，2017（2）：70-81.

体规划，扩大公办学校资源，加快完善农业转移人口子女接受义务教育的服务机制，放宽对其户籍的限制，取消赞助费。二是考虑将学前教育和高中教育纳入义务教育范围。近期着重考虑经过9年义务教育以后，把不能升入高中的适龄人口通过国家补贴的方式，大部分纳入职业学校进行职业教育，而不是直接进入劳动力市场。

（二）鼓励家庭化迁移，增强家庭成员之间的相互支持

随着农业转移人口职业稳定性增强，收入增加，拥有自住房的比例增多，家庭化迁移的比例会越来越高，更多农村家庭将迁移到城镇居住。本次调查显示，少数民族农业转移人口家庭化迁移（至少和一个家庭成员在一起居住）比例高达65.1%，几乎占样本的2/3。家庭化迁移是未来发展趋势，发达国家的城镇化历程也证明了这一点。因此，需要从政策制度上对农业转移人口的家庭化迁移提供必要的帮助。2016年《国务院关于实施支持农业转移人口市民化若干财政政策的通知》提出，建立中央和省级财政农业转移人口市民化奖励机制，调动地方政府推动农业转移人口市民化的积极性，有序推动有能力在城镇稳定就业和生活的农业转移人口举家进城落户。积极扶持和鼓励社会力量为迁移劳动力家庭提供公共服务。扩大居住区的生活、文化、教育和卫生设施对迁移劳动力家庭成员的开放程度，降低相应的消费成本。

家庭是以婚姻关系、血缘关系为基础形成的生活共同体，家庭成员之间能够相互理解，彼此所提供的支持是细致的、切合需要的、综合的和有效的。因此，家庭所提供的福利是个人福利的重要组成部分。我国崇尚家庭本位，家庭在人们的生活中有着至高无上的地位，同时家庭甚至家族对于其成员也给予巨大的支持，其中包括福利方面的支持。经济丰裕、家庭和睦、成员平安、家业兴旺被人们视为福分，也是人们追求的状态，是人们福利的重要组成部分。[①] 我们还应该看到，家庭成员关系的外部扩展，对整个家庭获得社会支持具有重要作用。比如，子女同学的父母，有可能也是一个家庭社会资本的组成部分。因此，支持家庭化迁移的政策，某种意义上也是支持农业转移人口扩展和积累社会资本。在具体政策上，对于东部沿海城市少数民族人口集中的社区，要重视本地相关农业转移人口优惠政策的宣传和精准对接，确保符合条件的少数民族农业转移人口获得相关政策支持，提高他们的城市归属感。对于西部就近就地城镇化的少数民族农业转移人口，要特别关照由于家庭成员缺失造成的残缺家

---

① 王思斌. 我国适度普惠型社会福利制度的建构［J］. 北京大学学报（哲学社会科学版），
2009，46（3）：58-65.

庭的子女入学、照顾老人问题。因为西部地区许多家庭均为家庭主要劳动力外出务工，而老人、妇女在就近城市照顾小孩读书，这种家庭容易为子女入学犯愁，也容易忽略照顾老人问题。

（三）加强农业转移人口形象的正面宣传，引导城镇居民积极接纳

农业转移人口市民化过程中，其自身的心理认同和城镇居民的积极接纳也是极为重要的影响因素。本次调查数据显示，西部少数民族农业转移人口中，自认为本地人的比例为37.1%，而这些人中有72.2%为本县市内流动。进一步计算发现，只有8.3%的跨省流动人员认为自己是本地人。可见，农业转移人口对所居住的城镇的自我心理认同是非常低的。回答本地人态度"不够友好"和"曾经遭受本地人歧视"的比例分别为38.5%和37.6%，表明有相当一部分少数民族农业转移人口没有被城市居民积极接纳。

为了改变城市居民对农业转移人口的刻板印象，我们建议：一是通过宣传教育的方式，增强少数民族农业转移人口的法律意识，树立正确的法治观念，避免少数人员仅凭自己原有的规范观念和道德标准活动，做出一些越轨行为。同时，畅通寻求法律及机构保护救济的途径，使得一些人员的权益受到侵犯时，能够得到及时有效的保障。二是在流入地城市的社会文化氛围上，营造尊重多元文化，弘扬平等待人，培养具有包容性增长理念的文化氛围。同时，加强对少数民族农业转移人口市民化收益的正面宣传。尤其是东部沿海城市，应加强农业转移人口市民化的成本收益测算研究，通过传统的报刊、宣讲、培训等方式以及新媒体等途径，展示农业转移人口为流入地创造的价值，让地方政府和城市居民看到吸纳农业转移人口进城常住和落户的好处。通过媒体的正面宣传，把农业转移人口及其家庭真实的生活、工作状态客观地反映给普通市民，使市民理解农业转移人口问题产生的缘由、他们的处境和生活背景，形成正向沟通和理解，进而使城市居民真正从观念上接纳、包容农业转移人口，减少甚至消除社会歧视。三是建立依据农业转移家庭贡献程度的奖励机制。通过客观指标评定农业转移人口贡献，奖励为城市或社区建设做出重要贡献的农业转移家庭。评定农业转移人口贡献等级应当以家庭为单位，评定指标应包括无犯罪记录、依法纳税、个人信用状况良好、体面的居住条件、较高的文化素养、投资能力或自我负担能力，等等。这些指标是对农业转移人口的社会经济参与能力和对城市的贡献进行的评价。等级评定的目的在于引导农业转移人口的发展方向，使其努力成为合格新市民。正面宣传和奖励机制可在东部发达城市率先实施。

附录　西部少数民族市民化与社会福利改善调查问卷

尊敬的朋友：

　　为了了解农业转移人口的市民化情况和社会福利状况，我们课题组开展了本次调研。本次调研仅用于社会研究，采取不署名的形式。因此，您的信息不会被泄露，请放心填答问卷。衷心感谢您的配合与帮助！

　　您的户籍在＿＿＿＿省＿＿＿＿市（州）＿＿＿＿（区）县＿＿＿＿乡镇（街道）

　　您目前工作在＿＿＿＿省＿＿市（州）＿＿＿＿（区）县＿＿＿＿乡镇（街道）

　　一、个人与家庭基本情况

1. 性别：　①男　②女

2. 年龄：＿＿＿＿＿＿岁

3. 民族：＿＿＿＿＿＿族

4. 受教育程度：

①未上过学　②小学　③初中　④高中/中专/技校　⑤大专/高职　⑥本科及以上

5. 婚姻状况：　①未婚　②已婚　③离异　④丧偶

6. 身体状况：　①很差　②比较差　③一般　④比较好　⑤很好

7. 目前从事的职业：

①国家机关、党群组织、企业、事业单位负责人　②专业技术人员　③办事人员和有关人员　④商业、服务业人员　⑤农、林、牧、渔、水利业生产人员　⑥生产、运输设备操作人员及有关人员　⑦不便分类的其他从业人员

8. 您现在就业的单位性质属于哪一类？

①机关、事业单位　②国有企业　③外资企业　④合资企业　⑤集体企业　⑥私营企业　⑦个体工商户　⑧社团/民办组织　⑨其他　⑩无单位

9. 您目前具体的工作是：

10. 您的职业技能水平怎么样？

①非常不好 ②比较不好 ③一般 ④比较好 ⑤非常好

11. 您与目前工作单位签订何种劳动合同？

①有固定期限 ②无固定期限 ③完成一次性工作任务 ④试用期 ⑤未签订

12. 您现在的城市属于：

①小城镇 ②县城 ③地级市 ④省会城市 ⑤特大城市

*13. 您出来打工的目的是：（多选题）

①赚钱 ②希望成为城市人 ③增长技能 ④开阔眼界 ⑤别人都出来我也出来 ⑥其他

14. 您在本地生活了多久？ _____ 年

15. 您外出工作时间累计有多长？

① 不到1年 ② 1~2年 ③ 3~4年 ④ 5~9年

⑤ 10~14年 ⑥ 15~19年 ⑦ 20~29年 ⑧ 30年及以上

16. 您是否愿意永久定居在这个城市？

①愿意 ②不愿意 ③不确定

17. 您更喜欢城市生活还是农村生活？

①喜欢城市生活 ②喜欢农村生活 ③不知道

18. 您是否愿意转为本地城镇户口？

①已经转了 ②愿意转 ③不愿意转 ④不确定

19. 在本地跟您一起居住的家人有？

①自己一个人 ②跟配偶一起 ③跟配偶和孩子或老人一起

20. 您在这个城市的住房是：

①单位提供的宿舍 ②雇主家的 ③自己买的商品房 ④自建房

⑤自己买的经济适用房 ⑥廉租房 ⑦出租房 ⑧寄住亲友家

*21. 您在这个城市生活中的最大困难是：（多选题）

①房价高，买不了房 ②工资太低，钱不够用 ③工作任务重，没有时间玩 ④朋友少，休闲娱乐少 ⑤孩子上学难 ⑥看病难、看病贵 ⑦其他

22. 您有几个孩子？

①0个（跳过23题） ②1个 ③2个 ④3个及以上

23. 您的子女在哪里上学？（有多个子女，请回答最小子女的情况；无子女不回答）

①已高中毕业或已工作　②工作地公办学校　③工作地私立学校
④工作地民工学校　　　⑤家乡学校　　　　⑥失学　　⑦未上学

二、市民化情况

政治权利：

24. 您在这里有选举权和被选举权吗？

①有　②没有　③不清楚

25. 您可以参与本地社区的管理吗？

①可以　②不可以　③不清楚

26. 您知道外地的党员团员可以参加本地的党团活动吗？

①可以　②不可以　③不清楚

经济地位：

27. 您个人上个月（或上次就业）纯收入为多少？＿＿＿＿＿＿＿元/月

28. 您认为您的收入与当地人平均收入相比：

①高于当地水平　②相当于当地水平　③低于当地水平　④不清楚

29. 您每月的收入稳定吗？

①非常不稳定　②比较不稳定　③一般稳定　④比较稳定　⑤非常稳定

30. 您认为您当前的居住条件（包括住房质量、居住环境等）跟普通本地人相比怎么样？

①好于本地人　②差不多一样　③差于本地人　④不好说

31. 您认为您目前的生活质量跟普通本地人相比怎么样？

①好于本地人　②差不多一样　③差于本地人　④不好说

社会适应：

*32. 您在本地的主要朋友是：（多选题）

①老乡　②亲戚　③同事　④同学或战友　⑤社区居民和邻居　⑥网络交友　⑦无朋友

33. 您与本地居民的交往关系如何？

①很好，频繁交往　②较少交往　③基本无交往

34. 您愿意参与本地各种社会活动（如单位活动、社区活动）吗？

①经常参加　②偶尔参加　③基本不参加

35. 您业余时间的生活安排跟本地人有区别吗？

①有　②没有　③不清楚

文化融入：

36. 您对本地方言的掌握程度：

①完全会讲　②会讲一点，能听懂　③不会讲，但能听懂　④既不会讲，也听不懂

37. 您熟悉当地的风俗习惯吗？（如婚丧嫁娶的风俗）

①非常不熟悉　②比较不熟悉　③一般熟悉　④比较熟悉　⑤非常熟悉

38. 您的穿着打扮跟本地人一样吗？

①一样　②不一样　③不好说

39. 您习惯当地的饮食吗？

①习惯　②不习惯　③不确定

心理认同：

40. 您觉得自己现在的身份是：

①本地人　②半本地人　③外地人　④说不清

41. 您打算今后定居在目前所在的城市吗？

①已定居　②计划定居　③不定居　④不确定

42. 您认为本地人对你的态度怎样？

①友好　②不友好　③不好判断

43. 您是否有被本地人看不起、嫌弃的经历？

①没有　②偶尔有　③经常有

44. 您是否愿意成为本地市民？

①愿意　②不愿意　③无所谓

公共服务：

45. 您在这里工作的待遇是否跟本地人一样？

①一样　②不一样　③不知道

46. 外地孩子在这里读书跟当地孩子的待遇是否一样？

①一样　②不一样　③不知道

47. 您在这里参加社会保障跟本地人享受的待遇是否一样？

①一样　②不一样　③不知道

48. 您在这里看病跟本地人享受的待遇是否一样？

①一样　②不一样　③不知道

49. 您在这里坐车、进公园、使用健身设施等跟本地人享受的待遇是否一样？

①一样　②不一样　③不知道

三、政策与社会支持获得情况

50. 如果您在本地遇到困难，您是否可以获得下列帮助？

1. 您是否参加过本地就业培训，获得就业介绍帮助？	①是 ②否 ③不知道
2. 您是否可以领取本地失业救济金？	①是 ②否 ③不知道
3. 您是否可以领取本地养老保险？	①是 ②否 ③不知道
4. 您是否可以获得本地社会救助？	①是 ②否 ③不知道
5. 本地政府在教育政策方面是否规定外地人和本地人平等？	①是 ②否 ③不知道
6. 自己或子女教育培训方面是否得到当地政府帮助？	①是 ②否 ③不知道
7. 本地就医是否可以用外地医疗保险报销？	①是 ②否 ③不知道
8. 在经济困难的情况下，本地政府是否对外地人提供医疗救助？	①是 ②否 ③不知道
9. 是否获得当地政府的住房补贴？	①是 ②否 ③不知道
10. 您是否可以享受本地廉租房待遇？	①是 ②否 ③不知道
11. 外地老年人是否获得坐公交、逛公园的优惠待遇？	①是 ②否 ③不知道
12. 外地人是否获得使用公共设施的优惠待遇？	①是 ②否 ③不知道

*51. 您在本地遇到困难时，下列人员为您提供过哪些帮助？（多选题）

	多　选				
1. 家庭成员	①职业介绍 ②子女教育 ③借钱借物 ④生病照顾 ⑤劳力支持 ⑥陪伴就医 ⑦陪伴购物 ⑧聊天解闷 ⑨其他_____ ⑩没有任何帮助				
2. 亲戚	①职业介绍 ②子女教育 ③借钱借物 ④生病照顾 ⑤劳力支持 ⑥陪伴就医 ⑦陪伴购物 ⑧聊天解闷 ⑨其他_____ ⑩没有任何帮助				
3. 老乡	①职业介绍 ②子女教育 ③借钱借物 ④生病照顾 ⑤劳力支持 ⑥陪伴就医 ⑦陪伴购物 ⑧聊天解闷 ⑨其他_____ ⑩没有任何帮助				
4. 同学或战友	①职业介绍 ②子女教育 ③借钱借物 ④生病照顾 ⑤劳力支持 ⑥陪伴就医 ⑦陪伴购物 ⑧聊天解闷 ⑨其他_____ ⑩没有任何帮助				
5. 朋友和同事	①职业介绍 ②子女教育 ③借钱借物 ④生病照顾 ⑤劳力支持 ⑥陪伴就医 ⑦陪伴购物 ⑧聊天解闷 ⑨其他_____ ⑩没有任何帮助				
6. 社区或邻居	①职业介绍 ②子女教育 ③借钱借物 ④生病照顾 ⑤劳力支持 ⑥陪伴就医 ⑦陪伴购物 ⑧聊天解闷 ⑨其他_____ ⑩没有任何帮助				

52. 您目前参加下列何种社会保障?（填序号）

社会保障	1. 是否参保	2. 在何处参保
A. 养老保险（含新农合、养老金等）	①是　②否（跳填下一题）	①本地　②户籍地　③其他地方
B. 医疗保险（含新农合、公费医疗等）	①是　②否（跳填下一题）	①本地　②户籍地　③其他地方
C. 失业保险	①是　②否（跳填下一题）	①本地　②户籍地　③其他地方
D. 工伤保险	①是　②否（跳填下一题）	①本地　②户籍地　③其他地方
E. 生育保险	①是　②否（跳填下一题）	①本地　②户籍地　③其他地方
F. 住房公积金	①是　②否（跳填下一题）	①本地　②户籍地　③其他地方

四、社会福利及其改善情况

53. 您来到这里，跟以前相比，下列哪些方面发生了变化?

	指　标	变化情况
1. 就业福利	就业培训机会变化情况	①变差　②不变　③变好
	就业介绍信息变化情况	①变差　②不变　③变好
	失业保险变化情况	①变差　②不变　③变好
2. 收入福利	劳动收入变化情况	①变差　②不变　③变好
	养老保障收入变化情况	①变差　②不变　③变好
	社会救助项目变化情况	①变差　②不变　③变好
3. 健康福利	医疗保险水平变化情况	①变差　②不变　③变好
	工伤保险水平变化情况	①变差　②不变　③变好
	体检机会变化情况	①变差　②不变　③变好
4. 住房条件	住房宽敞度情况	①变差　②不变　③变好
	住房便利性情况	①变差　②不变　③变好
	住房舒适度情况	①变差　②不变　③变好
5. 教育机会	自己或子女教育机会变化情况	①变差　②不变　③变好
	自己或子女教育选择变化情况	①变差　②不变　③变好
	助学金、奖学金变化情况	①变差　②不变　③变好
6. 生活环境	各种福利设施变化情况	①变差　②不变　③变好
	社会治安变化情况	①变差　②不变　③变好
	水、空气等环境安全变化情况	①变差　②不变　③变好

54. 请您对下列方面的满意度做出评价。

	请打分 （分数越高满意度越高）
1. 您对自己本地工作的满意度是	1 2 3 4 5
2. 您对自己本地个人收入的满意度是	1 2 3 4 5
3. 您对自己身心健康的满意度是	1 2 3 4 5
4. 您对自己本地住房的满意度是	1 2 3 4 5
5. 您对自己或子女本地教育培训的满意度是	1 2 3 4 5
6. 您对自己本地社会交往的满意度是	1 2 3 4 5
7. 您对自己本地生活环境的满意度是	1 2 3 4 5
8. 您对自己本地公共服务的满意度是	1 2 3 4 5

参考文献

中文著作类

[1]卡洛普，沙维尔．公平与福利[M]．冯玉军，涂永前，译．北京：法律出版社，2007．

[2]巴里．福利[M]．储健国，译．长春：吉林人民出版社，2005．

[3]李特尔．福利经济学评述[M]．陈彪如，译．北京：商务印书馆，2014．

[4]风笑天．社会研究方法：第五版[M]．北京：中国人民大学出版社，2020．

[5]野口定久，武川正吾，余语，等．福利社会发展概念与东亚实践的多重分析[M]//彭华民，平野隆之．福利社会：理论、制度和实践．北京：中国社会科学出版社，2016．

中文期刊

[1]蔡昉．劳动力迁移的两个过程及其制度障碍[J]．社会学研究，2001（4）．

[2]蔡昉．中国经济改革效应分析：劳动力重新配置的视角[J]．经济研究，2017，52(7)．

[3]蔡昉．通过改革避免中等收入陷阱[J]．南京农业大学学报(社会科学版)，2013，13(5)．

[4]陈斌开，林毅夫．重工业优先发展战略、城市化和城乡工资差距[J]．南开经济研究，2010(1)．

[5]陈晓毅．城市外来少数民族文化适应的三层面分析模式：以深圳"中国

民俗文化村"员工为例[J]. 贵州民族研究, 2005(5).

[6]陈阳, 逯进. 城市化、人口迁移与社会福利耦合系统的自组织演化[J]. 现代财经(天津财经大学学报), 2018, 38(1).

[7]陈瑛. 同乡聚集对沿边少数民族外出务工的影响: 收入水平与地位获得[J]. 中国人口科学, 2019(2).

[8]陈映芳. 征地农民的市民化: 上海市的调查[J]. 华东师范大学学报(哲学社会科学版), 2003(3).

[9]陈云. 少数民族流动人口城市融入中的排斥与内卷[J]. 中南民族大学学报(人文社会科学版), 2008(4).

[10]陈钊. 中国城乡发展的政治经济学[J]. 南方经济, 2011(8).

[11]程名望, 史清华, 潘烜. 劳动保护、工作福利、社会保障与农民工城镇就业[J]. 统计研究, 2012, 29(10).

[12]程名望, 乔茜, 潘烜. 农民工市民化指标体系及市民化程度测度: 以上海市农民工为例[J]. 农业现代化研究, 2017, 38(3).

[13]邓玮. 话语赋权: 新生代农民工城市融入的新路径[J]. 中国行政管理, 2016(3).

[14]丁金宏. 中国人口省际迁移的原因别流场特征探析[J]. 人口研究, 1994(1).

[15]丁琳琳, 吴群, 李永乐. 新型城镇化背景下失地农民福利变化研究[J]. 中国人口·资源与环境, 2017, 27(3).

[16]东北财经大学课题组. 农业转移人口市民化研究: 财政约束与体制约束视角[J]. 财经问题研究, 2014(5).

[17]杜巍, 顾东东, 王琦, 等. 就地就近城镇化背景下农民工生计资本的测算与分析[J]. 西安交通大学学报(社会科学版), 2018, 38(2).

[18]樊士德. 中国外流劳动力的社会福利效应研究: 基于微观调研的经验分析[J]. 新疆社会科学, 2014(2).

[19]冯虹, 张玉玺. 特大城市农民工社会保障研究: 基于户籍制度改革的视角[J]. 山西大学学报(哲学社会科学版), 2016, 39(4).

[20]符平. 青年农民工的城市适应: 实践社会学研究的发现[J]. 社会,

2006(2).

[21]付小鹏,许岩,梁平.市民化让农业转移人口更幸福吗?[J].人口与经济,2019(6).

[22]嘎日达,黄匡时.西方社会融合概念探析及其启发[J].国外社会科学,2009(2).

[23]高进云,乔荣锋,张安录.农地城市流转前后农户福利变化的模糊评价:基于森的可行能力理论[J].管理世界,2007(6).

[24]高向东,余运江,黄祖宏.少数民族流动人口城市适应研究:基于民族因素与制度因素比较[J].中南民族大学学报(人文社会科学版),2012,32(2).

[25]高向东,李芬.大城市少数民族流动人口城市融入指标体系构建研究[J].人口与社会,2018(4).

[26]顾东东,杜海峰,王琦.就地就近城镇化背景下农民工市民化的成本测算与发现:基于河南省三个县市的比较[J].管理评论,2018,30(3).

[27]辜胜阻,成德宁.户籍制度改革与人口城镇化[J].经济经纬,1998(1).

[28]广西财政厅课题组.政府间事权与支出责任划分研究[J].经济研究参考,2015(47).

[29]郭芹,高兴民.农民工半城镇化问题的多维审视[J].西北农林科技大学学报(社会科学版),2018,18(3).

[30]郭未,付志惠.流动时代中的少数民族:比较视野下的社会融合状况与结果——基于CMDS 2017数据的实证研究[J].青海民族研究,2020,31(3).

[31]郭忠华,谢涵冰.农民如何变成新市民?:基于农民市民化研究的文献评估[J].探索与争鸣,2017(9).

[32]何军.代际差异视角下农民工城市融入的影响因素分析:基于分位数回归方法[J].中国农村经济,2011(6).

[33]何明,袁娥.佤族流动人口的文化适应研究:以云南省西盟县大马散村为例[J].西南民族大学学报(人文社科版),2009,30(12).

[34]胡雯,陈昭玖,滕玉华.农民工市民化程度:基于制度供求视角的实

证分析[J].农业技术经济,2016(11).

[35]胡拥军,高庆鹏.市民化成本分担机制的"暗战"[J].决策,2015(1).

[36]黄锟.深化户籍制度改革与农民工市民化[J].城市发展研究,2009,16(2).

[37]黄锟.城乡二元制度对农民工市民化影响的实证分析[J].中国人口·资源与环境,2011,21(3).

[38]伽红凯,王树进.集中居住前后农户的福利变化及其影响因素分析——基于对江苏省农户的调查[J].中国农村观察,2014(1).

[39]蒋和胜,费翔,唐虹.不同经济发展水平下集中居住前后农民的福利变化——基于成都市不同圈层的比较分析[J].经济理论与经济管理,2016(4).

[40]江立华.改革开放四十年来的人口流动与农业转移人口市民化[J].社会发展研究,2018,5(2).

[41]江立华,谷玉良.近郊农村居民户籍制度改革与市民化路径探索[J].学习与实践,2015(1).

[42]金宏平,朱雅玲,张倩肖.户籍制度改革与深度城市化:社会福利差距的根源阻碍[J].西北大学学报(哲学社会科学版),2016,46(1).

[43]景天魁,毕云天.从小福利迈向大福利:中国特色福利制度的新阶段[J].理论前沿,2009(11).

[44]景天魁.底线公平与社会保障的柔性调节[J].社会学研究,2004(6).

[45]景天魁,毕天云.论底线公平福利模式[J].社会科学战线,2011(5).

[46]赖作莲,王建康,罗丞,等.农民工市民化程度的区域差异与影响因素:基于陕西5市的调查[J].农业现代化研究,2015,36(5).

[47]李飞,钟涨宝.城市化进程中失地农民的社会适应研究[J].青年研究,2010(2).

[48]李静,白江.新型城镇化对社会福祉提升的影响分析[J].求是学刊,2016,43(5).

[49]李红娟,杨菊华.少数民族流动人口融入意愿的族群差异[J].民族论坛,2016(11).

[50]李后建.不确定性防范与城市务工人员主观幸福感:基于反事实框架

的研究[J].社会,2014,34(2).

[51]李辉.少数民族流动人口的经济地位获得及其决定因素[J].西北民族研究,2020(3).

[52]李林凤.从"候鸟"到"留鸟"——论城市少数民族流动人口的社会融合[J].贵州民族研究,2011,32(1).

[53]黎明泽.浅论城市融入过程中的社会认同"内卷化":以沿海城市少数民族流动人口为例[J].广州社会主义学院学报,2010,8(4).

[54]李培林,李炜.农民工在中国转型中的经济地位和社会态度[J].社会学研究,2007(3).

[55]李培林,田丰.中国农民工社会融合的代际比较[J].社会,2012,32(5).

[56]李强.户籍分层与农民工的社会地位[J].中国党政干部论坛,2002(8).

[57]李强.影响中国城乡流动人口的推力与拉力因素分析[J].中国社会科学,2003(1).

[58]李强.中国城市化进程中的"半融入"与"不融入"[J].河北学刊,2011,31(5).

[59]李强.农民工举家迁移的理论分析及检验[J].中国人口·资源与环境,2014,24(6).

[60]李强,胡宝荣.户籍制度改革与农民工市民化的路径[J].社会学评论,2013,1(1).

[61]李强,唐壮.城市农民工与城市中的非正规就业[J].社会学研究,2002(6).

[62]李强,陈振华,张莹.就近城镇化与就地城镇化[J].广东社会科学,2015(1).

[63]李荣彬,袁城,王国宏,等.新生代农民工市民化水平的现状及影响因素分析:基于我国106个城市调查数据的实证研究[J].青年研究,2013(1).

[64]李伟梁.少数民族流动人口的城市生存与适应:以武汉市的调研为例[J].内蒙古社会科学(汉文版),2006(5).

[65]李伟梁. 论少数民族流动人口的城市融入[J]. 黑龙江民族丛刊, 2010(2).

[66]李伟梁, 陈云. 城市少数民族流动人口的社会支持: 以武汉市的调研为例[J]. 中南民族大学学报(人文社会科学版), 2006(3).

[67]李文忠, 焦爱英. 农民工市民化的"三步走"[J]. 开放导报, 2013(2).

[68]李英东. 双轨制、半城市化现象与持续经济增长[J]. 江汉论坛, 2017(2).

[69]李永友, 徐楠. 个体特征、制度性因素与失地农民市民化: 基于浙江省富阳等地调查数据的实证考察[J]. 管理世界, 2011(1).

[70]梁波, 王海英. 国外移民社会融入研究综述[J]. 甘肃行政学院学报, 2010(2).

[71]梁海兵. 福利缺失视角下农民工城市就业生命历程分析[J]. 农业经济问题, 2015, 36(11).

[72]林娣. 新生代农民工市民化的人力资本困境[J]. 东北师大学报(哲学社会科学版), 2014(2).

[73]刘爱玉. 城市化过程中的农民工市民化问题[J]. 中国行政管理, 2012(1).

[74]刘传江. 城乡统筹发展视角下的农民工市民化[J]. 人口研究, 2005, 29(4).

[75]刘传江. 中国农民工市民化研究[J]. 理论月刊, 2006(10).

[76]刘传江. 新生代农民工的特点、挑战与市民化[J]. 人口研究, 2010, 34(2).

[77]刘传江, 程建林. 双重"户籍墙"对农民工市民化的影响[J]. 经济学家, 2009(10).

[78]刘传江, 程建林. 第二代农民工市民化: 现状分析与进程测度[J]. 人口研究, 2008(5).

[79]刘传江, 周玲. 社会资本与农民工的城市融合[J]. 人口研究, 2009(5).

[80]刘林平, 范长煜, 王娅. 被访者驱动抽样在农民工调查中的应用: 实

践与评估[J]. 社会学研究, 2015(2).

[81]刘林平, 张春泥. 农民工工资: 人力资本、社会资本、企业制度还是社会环境[J]. 社会学研究, 2007(6).

[82]刘巧红, 范晓非. 中国农业转移人口市民化的路径选择[J]. 东北财经大学学报, 2018(3).

[83]刘锐, 曹广忠. 中国农业转移人口市民化的空间特征与影响因素[J]. 地理科学进, 2014, 33(6).

[84]刘涛, 陈思创, 曹广忠. 流动人口的居留和落户意愿及其影响因素[J]. 中国人口科学, 2019(3).

[85]刘涛, 齐元静, 曹广忠. 中国流动人口空间格局演变机制及城镇化效应——基于2000和2010年人口普查分县数据的分析[J]. 地理学报, 2015, 70(4).

[86]陆林. 融入与排斥的两难: 农民工入城的困境分析[J]. 西南大学学报(社会科学版), 2007(6).

[87]陆铭, 高虹, 佐藤宏. 城市规模与包容性就业[J]. 中国社会科学, 2012(10).

[88]陆平辉, 张婷婷. 流动少数民族社会融入的权利逻辑[J]. 贵州民族研究, 2012, 33(5).

[89]陆益龙. 户口还起作用吗: 户籍制度与社会分层和流动[J]. 中国社会科学, 2008(1).

[90]罗楚亮. 城乡分割、就业状况与主观幸福感差异[J]. 经济学(季刊), 2006(2).

[91]罗元青, 刘珺, 胡民. 基于二元经济转换的整体视角探寻农业转移人口市民化动力[J]. 农村经济, 2019(8).

[92]罗云开. 建立农业转移人口市民化成本分担机制: 质疑与辨析[J]. 财经问题研究, 2015(6).

[93]吕庆春, 徐彦. 制度供给滞后与排斥状态下的农民工市民化及社会风险[J]. 社会科学辑刊, 2015(4).

[94]吕炜, 高飞. 城镇化、市民化与城乡收入差距: 双重二元结构下市民

化措施的比较与选择[J]. 财贸经济, 2013(12).

[95]吕炜, 杨沫, 王岩. 市民化的福利效应分析: 基于农业转移人口生活满意度视角[J]. 经济科学, 2017(4).

[96]马戎. 关于当前中国城市民族关系的几点思考[J]. 西北民族研究, 2009(1).

[97]马伟华. 社会支持网构建: 少数民族流动人口城市融入的实现路径分析[J]. 西南民族大学学报(人文社科版), 2018, 39(2).

[98]孟颖颖. 城市少数民族流动人口养老保险参保现状及影响因素研究: 基于2014年全国流动人口卫生计生动态监测调查数据[J]. 社会保障研究, 2018(5).

[99]倪超军. 新疆少数民族农民工市民化水平测度: 基于新疆和全国农民工的比较[J]. 新疆农垦经济, 2020(6).

[100]宁光杰, 李瑞. 城乡一体化进程中农民工流动范围与市民化差异[J]. 中国人口科学, 2016(4).

[101]宁光杰, 刘丽丽. 市民化意愿对农业转移人口消费行为的影响研究[J]. 中国人口科学, 2018(6).

[102]潘明明, 龚新蜀, 张洪振. 新疆城镇少数民族流动人口社会融合: 水平测度与障碍找寻: 422份新疆城镇少数民族流动人口调研数据[J]. 新疆大学学报(哲学·人文社会科学版), 2018, 46(2).

[103]盘小梅, 汪鲸. 城市少数民族流动人口的社会融入进程: 广东珠三角城市为例. 广西民族大学学报(哲学社会科学版), 2014(1).

[104]庞新军, 冉光和. 传统城镇化与就地城镇化对农民收入的影响研究: 基于时变分析的视角[J]. 中国软科学, 2017(9).

[105]齐红倩, 席旭文. 分类市民化: 破解农业转移人口市民化困境的关键[J]. 经济学家, 2016(6).

[106]齐红倩, 席旭文, 刘岩. 福利约束与农业转移人口逆城镇化倾向[J]. 中国人口·资源与环境, 2018, 28(1).

[107]钱龙, 钱文荣. "城镇亲近度"、留城定居意愿与新生代农民工城市融入[J]. 财贸研究, 2015, 26(6).

[108]钱正荣．流动人口的社会融合问题研究[J]．湖北社会科学，2010(2)．

[109]秦立建，童莹，王震．农地收益、社会保障与农民工市民化意愿[J]．农村经济，2017(1)．

[110]青觉．城市少数民族流动人口市民化研究[J]．中南民族大学学报(人文社会科学版)，2017，37(1)．

[111]邱玉婷，于大川．就近市民化：农民市民化道路的现实选择[J]．山东行政学院学报，2020(2)．

[112]任远，邬民乐．城市流动人口的社会融合：文献述评[J]．人口研究，2006(3)．

[113]任远，乔楠．城市流动人口城市融合的过程、测量及影响因素[J]．人口研究，2010，34(3)．

[114]任远，陶力．本地化的社会资本与促进流动人口的社会融合[J]．人口研究，2012，36(5)．

[115]任远．家庭为中心的迁移及提高迁移者家庭福利的政策分析[J]．社会科学，2020(9)．

[116]尚晓援."社会福利"与"社会保障"再认识[J]．中国社会科学，2001(3)．

[117]谌新民，周文良．农业转移人口市民化成本分担机制及政策涵义[J]．华南师范大学学报(社会科学版)，2013(5)．

[118]石智雷，施念．农民工的社会保障与城市融入分析[J]．人口与发展，2014，20(2)．

[119]孙远太．基于福利获得的城市农民工幸福感研究：以河南875个样本为例[J]．西北人口，2015，36(3)．

[120]汤夺先，陈艳．城市少数民族流动人口的公共资源供给问题与路径优化[J]．重庆三峡学院学报，2020，36(5)．

[121]汤夺先，刘辰东．族裔特色经济与少数民族流动人口的城市融入[J]．西北民族研究，2019(4)．

[122]汤夺先，张丽．新生代农民工市民化研究的回顾与反思[J]．湖北民

族学院学报(哲学社会科学版)，2017，35(1)．

[123]田园．政府主导和推进下农业转移人口市民化问题探究[J]．西北农林科技大学学报(社会科学版)，2013(3)．

[124]童雪敏，晋洪涛，史清华．农民工城市融入：人力资本和社会资本视角的实证研究[J]．经济经纬，2012(5)．

[125]王春光．农村流动人口的半城市化问题研究[J]．社会学研究，2006(5)．

[126]王春光．第三条城镇化之路："城乡两栖"[J]．四川大学学报(哲学社会科学版)，2019(6)．

[127]王春光．新生代农村流动人口的社会认同与城乡融合的关系[J]．社会学研究，2001(3)．

[128]王春光．中国社会政策调整与农民工城市融入[J]．探索与争鸣，2011(5)．

[129]王道勇．农民工市民化：新型矛盾与政策调适[J]．广西师范大学学报(哲学社会科学版)，2015，51(5)．

[130]王桂新，罗恩立．上海市外来农民工社会融合现状调查研究[J]．华东理工大学学报(社会科学版)，2007(3)．

[131]王桂新，沈建法，刘建波．中国城市农民工市民化研究：以上海为例[J]．人口与发展，2008(1)．

[132]王剑峰．美国族裔经济的社会学研究：理论与局限[J]．世界民族，2014(3)．

[133]王建国，李实．大城市的农民工工资水平高吗？[J]．管理世界，2015(1)．

[134]王静．融入意愿、融入能力与市民化：基于代际差异的视角[J]．区域经济评论，2017(1)．

[135]王美艳，蔡昉．户籍制度改革的历程与展望[J]．广东社会科学，2008(6)．

[136]王思斌．我国适度普惠型社会福利制度的建构[J]．北京大学学报(哲学社会科学版)，2009(3)．

[137]王琛. 从利益相关者理论解读农业转移人口市民化[J]. 经济社会体制比较, 2015(3).

[138]王伟同. 城镇化进程与社会福利水平：关于中国城镇化道路的认知与反思[J]. 经济社会体制比较, 2011(3).

[139]王曦, 陈中飞. 中国城镇化水平的决定因素：基于国际经验[J]. 世界经济, 2015(6).

[140]王玉峰. 新生代农民工市民化的现实困境与政策分析[J]. 江淮论坛, 2015(2).

[141]王振卯. 少数民族流动人口社会融入影响因素研究——对江苏省的实证分析[J]. 内蒙古社会科学(汉文版), 2010(5).

[142]王竹林, 范维. 人力资本视角下农民工市民化能力形成机理及提升路径[J]. 西北农林科技大学学报(社会科学版), 2015, 15(2).

[143]韦艳, 吴莉莉, 张艳平. 农村婚姻迁移女性生活福利研究[J]. 青年研究, 2014(6).

[144]魏后凯, 苏红键. 中国农业转移人口市民化进程研究[J]. 中国人口科学, 2013(5).

[145]魏义方, 顾严. 农业转移人口市民化：为何地方政府不积极：基于农民工落户城镇的成本收益分析[J]. 宏观经济研究, 2017(8).

[146]魏义方, 张本波. 新一轮户籍制度改革应解决城乡户口权益差异[J]. 宏观经济管理, 2016(7).

[147]文军. 农民市民化：从农民到市民的角色转型[J]. 华东师范大学学报(哲学社会科学版), 2004(3).

[148]文军. 从生存理性到社会理性选择：当代中国农民外出就业动因的社会学分析[J]. 社会学研究, 2001(6).

[149]文乐, 彭代彦. 土地供给错配、房价上涨与半城镇化研究[J]. 中国土地科学, 2016(12).

[150]温兴祥, 郑凯. 户籍身份转换如何影响农村移民的主观福利：基于CLDS 微观数据的实证研究[J]. 财经研究, 2019, 45(5).

[151]吴贾, 姚先国, 张俊森. 城乡户籍歧视是否趋于止步：来自改革进程

中的经验证据：1989—2011[J]. 经济研究, 2015, 50(11).

[152]肖子华, 徐水源, 刘金伟. 中国城市流动人口社会融合评估：以50个主要人口流入地城市为对象[J]. 人口研究, 2019(5).

[153]谢桂华. 中国流动人口的人力资本回报与社会融合[J]. 中国社会科学, 2012(4).

[154]辛宝英. 农业转移人口市民化程度测评指标体系研究[J]. 经济社会体制比较, 2016(4).

[155]熊景维, 钟涨宝. 农民工市民化的结构性要件与路径选择[J]. 城市问题, 2014(10).

[156]熊景维, 钟涨宝. 农民工家庭化迁移中的社会理性[J]. 中国农村观察, 2016(4).

[157]徐烽烽, 李放, 唐焱. 苏南农户土地承包经营权置换城镇社会保障前后福利变化的模糊评价：基于森的可行能力视角[J]. 中国农村经济, 2010(8).

[158]徐建军. 中国农民工市民化进程中的问题与对策：基于人力资本开发视角的分析[J]. 中国人力资源开发, 2014(15).

[159]徐丽, 张红丽. 农户就地城镇化的影响因素及其福利影响：基于四省农户微观数据的实证分析[J]. 社会科学家, 2016(6).

[160]徐延辉, 龚紫钰. 社会质量与农民工的市民化[J]. 经济学家, 2019(7).

[161]许抄军, 陈四辉, 王亚新. 非正式制度视角的农民工市民化意愿及障碍：以湛江市为例[J]. 经济地理, 2015, 35(12).

[162]许月恒, 任栋. 山东省农业转移人口市民化问题研究[J]. 宏观经济研究, 2018(4).

[163]杨传开, 刘晔, 徐伟. 中国农民进城定居的意愿与影响因素：基于CGSS 2010的分析[J]. 地理研究, 2017, 36(12).

[164]杨菊华. 从隔离、选择融入到融合：流动人口社会融入问题的理论思考[J]. 人口研究, 2009(1).

[165]杨菊华. 中国流动人口的社会融入研究[J]. 中国社会科学, 2015(2).

[166]杨菊华. 农业转移人口市民化的维度建构与模式探讨[J]. 江苏行政学院学报, 2018(4).

[167]杨菊华. 流动人口(再)市民化: 理论、现实与反思[J]. 吉林大学社会科学学报, 2019(2).

[168]姚先国, 许庆明. 中国户籍制度改革与农民工市民化[J]. 国际社会科学杂志(中文版), 2013(4).

[169]姚建伟, 梁立新. 城市少数民族流动人口公共文化服务研究[J]. 哈尔滨师范大学社会科学学报, 2020, 11(1).

[170]杨曦. 城市规模与城镇化、农民工市民化的经济效应: 基于城市生产率与宜居度差异的定量分析[J]. 经济学(季刊), 2017, 16(4).

[171]杨宜勇, 魏义方. 农民工融入城市社会的政策机制研究[J]. 学术前沿, 2017(2).

[172]杨云善. 农业转移人口就近市民化存在的问题与对策: 以中西部地区为例[J]. 中州学刊, 2016(6).

[173]叶初升, 冯贺霞. 城市是幸福的"围城"吗?: 基于 CGSS 数据对中国城乡幸福悖论的一种解释[J]. 中国人口·资源与环境, 2014, 24(6).

[174]叶静怡, 王琼. 进城务工人员福利水平的一个评价: 基于 Sen 的可行能力理论[J]. 经济学(季刊), 2014, 13(4).

[175]于建嵘. 市民待遇是农民工市民化的关键[J]. 农村工作通讯, 2010(18).

[176]于潇, HO P. 非农业户籍会使人更幸福吗[J]. 统计研究, 2016, 33(10).

[177]余思新, 曹亚雄. 农民工市民化层次性解读及其现实启示[J]. 西北农林科技大学学报(社会科学版), 2014, 14(1).

[178]袁方, 蔡银莺. 城市近郊被征地农民的福利变化及个体差异: 以江夏区五里界镇为实证[J]. 公共管理学报, 2012(2).

[179]袁方, 史清华, 晋洪涛. 居住证制度会改善农民工福利吗?: 以上海为例[J]. 公共管理学报, 2016, 13(1).

[180]翟振武, 段成荣, 毕秋灵. 北京市流动人口的最新状况与分析[J].

人口研究，2007(2).

[181]张斐. 新生代农民工市民化现状及影响因素[J]. 人口研究，2011(6).

[182]张军涛，马宁宁. 农业转移人口市民化的政策工具功效与优化路径[J]. 学术交流，2018(7).

[183]张务伟. 什么影响了农民工市民化：机理模型与实证检验[J]. 河南社会科学，2016，24(4).

[184]张心洁，周绿林，曾益. 农业转移人口市民化水平的测量与评价[J]. 中国软科学，2016(10).

[185]张永梅，何晨晓，桂浩然. 农民工社会融合：基于地区、民族和历时性的比较[J]. 南方人口，2019，34(3).

[186]张翼. 农民工"进城落户"意愿与中国近期城镇化道路的选择[J]. 中国人口科学，2011(2).

[187]赵罗英. 少数民族流动人口研究述评[J]. 民族论坛，2018(3).

[188]赵晓红，鲍宗豪. 新型城镇化背景下新生代农民工的社区认同：一个社会学的分析框架[J]. 华东理工大学学报(社会科学版)，2016，31(6).

[189]赵延东，王奋宇. 城乡流动人口的经济地位获得及决定因素[J]. 中国人口科学，2002(4).

[190]赵延东，JON P. 受访者推动抽样：研究隐藏人口的方法与实践[J]. 社会，2007(2).

[191]赵玉峰，扈新强. 流动人口社会参与的民族差异：基于2014年流动人口动态监测的实证研究[J]. 西北人口，2019，40(2).

[192]郑功成. 中国社会保障改革与制度建设[J]. 中国人民大学学报，2003(1).

[193]郑功成. 中国社会福利改革与发展战略：从照顾弱者到普惠全民[J]. 中国人民大学学报，2011，25(2).

[194]郑功成，黄黎若莲. 中国农民工问题：理论判断与政策思路[J]. 中国人民大学学报，2006(6).

[195]郑杭生. 农民市民化：当代中国社会学的重要研究主题[J]. 甘肃社

会科学，2005(4).

　　[196]钟晓敏，童幼雏.农业转移人口市民化成本分析：基于浙江省数据的估算[J].财经论丛，2019(12).

　　[197]周皓.中国人口迁移的家庭化趋势及影响因素分析[J].人口研究，2004(6).

　　[198]周皓.流动人口社会融合的测量及理论思考[J].人口研究，2012，36(3).

　　[199]周密，张广胜，黄利.新生代农民工市民化程度的测度[J].农业技术经济，2012(1).

　　[200]周密，张广胜，黄利.人力资本、社会资本与市民化抑制[J].中国人口·资源与环境，2012(7).

　　[201]周义，李梦玄.失地冲击下农民福利的改变和分化[J].农业技术经济，2014(1).

　　[202]朱宏伟，杨云云.广东少数民族流动人口社会支持研究[J].广西民族研究，2011(3).

　　[203]朱军.新型城镇化中少数民族流动人口的权益需求及影响因素分析：基于8个城市的问卷调查[J].西南民族大学学报(人文社科版)，2020，41(6).

　　[204]朱雅玲，李英东.城乡福利差异对农民工市民化影响实证[J].西安交通大学学报(社会科学版)，2016，36(1).

　　[205]祝瑜晗，吕光明.城镇化进程中人口流动的主观福利效应考察[J].统计研究，2020，37(9).

　　[206]曾迪洋，洪岩璧.城镇化背景下劳动力迁移对农民工幸福感的影响[J].南京农业大学学报(社会科学版)，2016，16(6).

英文著作

　　[1]BORJAS G J. Immigration Economics[M]. Cambridge：Harvard University Press，2014.

　　[2]KNIGHT J. GUNATILAKA R. Aspirations，Adaptation and Subjective Well-being of Rural-Urban Migrants in China[M]//CLARR D A. Adaptation，Poverty and Development. London：Palgrave Macmillan UK，2012.

英文期刊

[1]ALBA R D, NEE V. Rethinking assimilation theory for a new era of immigration[J]. International Migration Review, 1997, 31(4).

[2]AMIT K. Determinants of life satisfaction among immigrants from Western countries and from the FSU in Israel[J]. Social Indicators Research, 2010, 96(3).

[3]AMIT K, RISS I. The role of social networks in the immigration decision-making process: the case of North American immigration to Israel[J]. Immigrants and Minorities, 2007, 25(3).

[4]ANNISTE K, TAMMARU T. Ethnic differences in integration levels and return migration intentions: A study of Estonian migrants in Finland[J]. Demographic Research, 2014, 30(1).

[5]ANTECOL H, KUHN P, TREJO S J. Assimilation via prices or quantities? sources of immigrant earnings growth in Australia, Canada, and the United States[J]. The Journal of Human Resources, 2006, 41(4).

[6]ASLANYAN G. The migration challenge for PAYG[J]. Journal of Population Economics, 2014, 27(4).

[7]BARTRAM D. Economic migration and happiness: comparing immigrants' and natives' happiness gains from income[J]. Social Indicators Research, 2011, 103(1).

[8]BARTRAM D. Inverting the logic of economic migration: happiness among migrants moving from wealthier to poorer countries in Europe[J]. Journal of Happiness Studies, 2015, 16(5).

[9]BATTU H, ZENOU Y. Oppositional identities and employment for ethnic minorities: evidence from England[J]. IZA Discussion Paper, 2009.

[10]BERRY J W, PHINNEY J S, SAM D L, et al. Immigrant youth: acculturation, identity and adaptation[J]. Applied Psychology: An International Review, 2006, 55(3).

[11]BLAU F D. The use of transfer payments by immigrants[J]. Industrial and Labor Relations Review, 1984, 37(2).

[12]BORJAS G J. Assimilation, changes in cohort quality, and the earnings of immigrants[J]. Journal of Labor Economics, 1985, 3(4).

[13]BORJAS G J. Self-selection and the earnings of immigrants[J]. The American Economic Review, 1987, 77(4).

[14]BORJAS G J, TREJO S. Immigrant participation in the welfare system[J]. ILR Review, 1991, 44(2).

[15]BORJAS G J. The economic benefits from immigration[J]. The Journal of Economic Perspectives, 1995, 9(2).

[16] BORJAS G J. Assimilation and changes in cohort quality revisited: what happened to immigrant earnings in the 1980s? [J]. Journal of Labor Economics, 1995, 13(2).

[17]BORJAS J, HILTON L. Immigration and the welfare state: immigrant participation in means-tested entitlement programs[J]. The Quarterly Journal of Economics, 1996, 111(2).

[18]BORJAS G J. The labor demand curve is downward sloping: reexamining the impact of immigration on the labor market[J]. The Quarterly Journal of Economics, 2003, 118(4).

[19]BRUBAKER R. The return of assimilation? Changing perspectives on immigration and its sequels in France, Germany, and the United States[J]. Ethnic and Racial Studies, 2001, 24(4).

[20]CARMON N. Economic integration of immigrants[J]. The American Journal of Economics and Sociology, 1981, 40(2).

[21]CHISWICK B R. The effect of Americanization on the earnings of foreign-born men[J]. Journal of Political Economy, 1978, 86(5).

[22]CHISWICK B R, MILLER P W. English language fluency among immigrants in the United States[J]. Research in Labor Economics, 1998, 17.

[23]CHISWICK B R, MILLER P W. Immigrant earnings: language skills, linguistic concentrations and the business cycle [J]. Journal of Population Economics, 2002, 15(4).

[24]CHISWICK B R, LEE Y L, MILLER P W. Immigrant earnings: a longitudinal analysis[J]. Review of Income and Wealth, 2005, 51(4).

[25]CHOJNICKI X D, RAGOT F L. Should the US have locked heaven's door? Reassessing the benefits of postwar immigration[J]. Journal of Population Economics, 2011, 24(1).

[26]DIENER E. Subjective well-being[J]. Psychological Bulletin, 1984, 95(3).

[27]DIENER E. Assessing subjective well-being: progress and opportunities[J]. Social Indicators Research, 1994, 31(2).

[28]DUSTMANN C. The social assimilation of immigrants[J]. Journal of Population Economics. 1996, 9(1).

[29]ERSANILLI E, KOOPMANS R. Rewarding integration? Citizenship regulations and the socio-cultural integration of immigrants in the Netherlands, France and Germany[J]. Journal of Ethnic and Migration Studies, 2010, 36(5).

[30]ESPINA P Z, ARECHAVALA N S. An assessment of social welfare in spain: territorial analysis using a synthetic welfare indicator[J]. Social Indicators Research, 2013, 111(1).

[31]FARLEY R, ALBA R. The new second generation in the United States[J]. International Migration Review, 2002, 36(3).

[32] FELICIANO C, LANUZA Y R. An immigrant paradox? contextual attainment and intergenerational educational mobility[J]. American Sociological Review, 2017, 82(1).

[33]FELLOWES M C, ROWE G. Politics and the new american welfare state[J]. American Journal of Political Science, 2004, 48(2).

[34]FERRER A, RIDDELL W C. Education, credentials, and immigrant earnings[J]. The Canadian Journal of Economics, 2008, 41(1).

[35]FRANK K, HOU F, SCHELLENBERG G. Life satisfaction among recent immigrants in Canada: comparisons to source-country and host-country populations[J]. Journal of Happiness Study, 2016, 17(4).

[36]GROSSMAN J B. The substitutability of natives and immigrants in production [J]. Review of Economic and Statistics, 1982, 64(4).

[37]GROSSMAN J B. The occupational attainment of immigrant women in Sweden [J]. The Scandinavian Journal of Economics, 1984, 86(3).

[38] HANSEN J, LOFSTROM M. Immigrant assimilation and welfare participation: do immigrants assimilate into or out of welfare? [J]. The Journal of Human Resources, 2003, 38(1).

[39]HATTON T J. The immigrant assimilation puzzle in late nineteenth-century America[J]. The Journal of Economic History, 1997, 57(1).

[40]HATTON T J, LEIGH A. Immigrants assimilate as communities, not just as individuals[J]. Journal of Population Economics, 2011, 24(2).

[41] HENDRIKS M. The happiness of international migrants: A review of research findings[J]. Migration Studies, 2015, 3(3).

[42]HENDRIKS M, BURGER M J. Unsuccessful subjective wellbeing assimilation among immigrants: the role of faltering perceptions of the host society[J]. Journal of Happiness Studies, 2019.

[43]HJERM M. Integration into the social democratic welfare state[J]. Social Indicators Research, 2005, 70(2).

[44]JOPPKE C. The retreat of multiculturalism in the liberal state: theory and policy[J]. The British Journal of Sociology, 2004, 55(2).

[45] KAHNEMAN D, TVERSKY A. Prospect theory: an analysis of decisions and the psychology of choice[J]. Econometrica, 1979, 49.

[46]KAUSHAL N, TREJO S J, LU Y, et al. Immigrant employment and earnings growth in Canada and the USA: evidence from longitudinal data[J]. Journal of Population Economics, 2016, 29(4).

[47]KEMNITZ A. Immigration, unemployment and pensions[J]. The Scandinavian Journal of Economics, 2003, 105.

[48]KEMNITZ A. Can immigrant employment alleviate the demographic burden? The role of unioncentralization[J]. Econ Lett, 2008, 99(1).

[49]KNIGHT J, GUNATILAKA R. The rural‐urban divide in China: income But Not Happiness? [J]. The Journal of Development Studies, 2010, 46(3).

[50]KOGAN I, SHEN J, SIEGERT M. What makes a satisfied immigrant? host‐country characteristics and immigrants' life satisfaction in eighteen european countries[J]. Journal of Happiness Study, 2019, 19(6).

[51]KOOPMANS R. Tradeoffs between equality and difference: immigrant integration, multiculturalism and the welfare state in cross‐national perspective[J]. Journal of Ethnic and Migration Studies, 2010, 36(1).

[52]KOOPMANS R. Does assimilation work? Sociocultural determinants of labour market participation of European Muslims[J]. Journal of Ethnic and Migration Studies, 2016, 42(2).

[53]KRUEGER A B, SCHKADE D. The reliability of subjective well‐being measures[J]. Journal of Public Economics, 2008, 92.

[54]LEE R, MILLER T. Immigration, social security, and broader fiscal impacts[J]. The American Economic Review, 2000, 90(2).

[55]LEE S K, SOBAL J, FRONGILLO E A. Comparison of models of acculturation the case of Korean Americans[J]. Journal of Cross‐Cultural Psychology, 2003, 34(3).

[56]LIST C. Multidimensional welfare aggregation[J]. Public Choice, 2004, 119(1).

[57]LUBOTSKY D. Chutes or ladders? a longitudinal analysis of immigrant earnings[J]. Journal of Political Economy, 2007, 115(5).

[58]LUTHRA R R, SOEHL T. From parent to child? transmission of educational attainment within immigrant families: methodological considerations[J]. Demography, 2015, 52(2).

[59]LUTZ P. Two logics of policy intervention in immigrant integration: an institutionalist framework based on capabilities and aspirations[J]. Comparative Migration Studies, 2017, 5(1).

[60]MANNING A, ROY S. Culture clash or culture club? National identity in

Britain[J]. The Economic Journal, 2010, 120(542).

[61] MARTINOVIC B, TUBERGEN F V, MAAS I. Changes in immigrants' social integration during the stay in the host country: the case of non-western immigrants in the Netherlands[J]. Social Science Research, 2009, 38(4).

[62] MARTINOVIC B, TUBERGEN F V, MAAS I. A longitudinal study of interethnic contacts in germany: estimates from a multilevel growth curve model[J]. Journal of Ethnic and Migration Studies, 2015, 41(1).

[63] MENG R. The earnings of Canadian immigrant and native-born males[J]. Applied Economics, 1987, 19(8).

[64] MOON S J, PARK C Y. Media effects on acculturation and biculturalism: a case study of korean immigrants in Los Angeles' Koreatown[J]. Mass Communication and Society, 2007, 10(3).

[65] OGNJEN O. Occupational trajectories and occupational cost among Senegalese immigrants in Europe[J]. Demographic Research, 2013, 28.

[66] OSTROVSKY Y. The dynamics of immigrant participation in entitlement programs: evidence from Canada, 1993-2007[J]. The Canadian Journal of Economics, 2012, 45(1).

[67] PAPARUSSO A. Immigrant citizenship status in Europe: the role of individual characteristics and national policies[J]. Paparusso Genus, 2019, 75(13).

[68] PORTES A, CURTIS J W. Changing flags: naturalization and its determinants among Mexican immigrants[J]. International Migration Review, 1987, 21(2).

[69] RAZIN A F, SADKA E. Suppressing resistance to low-skill migration[J]. International Tax and Public Finance, 1996, 3.

[70] RAZIN A J, SADKA E. Unskilled migration: a burden or a boon for the welfare state? [J]. The Scandinavian Journal of Economics, 2000, 102(3).

[71] ROTHMAN E S, ESPENSHADE T J. Fiscal impacts of immigration to the United States[J]. Population Index, 1992, 58(3).

[72] RUIST J. Free immigration and welfare access: the Swedish experience[J]. Fiscal Studies, 2014, 35(1).

[73] RUIST J. The fiscal aspect of the refugee crisis[J]. International Tax and Public Finance, 2020, 27(2).

[74] SAFI M. Immigrants' life satisfaction in Europe: between assimilation and discrimination[J]. European Sociological Review, 2010, 26(2).

[75] SARKAR D, COLLIER T C. Does host – country education mitigate immigrant inefficiency? Evidence from earnings of Australian university graduates[J]. Empirical Economics, 2009, 56(1).

[76] SIMON J L. What immigrants take from and give to the public coffers[J]. Unpublished, 1980.

[77] SIMON J L. Immigrants, taxes, and welfare in the United States[J]. Population and Development Review, 1984, 10(1).

[78] SIMÓN H, RAMOS R, SANROMÁ E. Immigrant occupational mobility: longitudinal evidence from Spain[J]. European Journal of Population, 2014, 30(2).

[79] STORESLETTEN K. Sustaining fiscal policy through immigration [J]. Journal of Political Economy, 2000, 108(2).

[80] WACHTER G G, FENELLA F. Settlement intentions and immigrant integration: the case of recently arrived EU–immigrants in the Netherlands[J]. International Migration, 2018, 56(4).

[81] WATERS M C, TOMÁS R J. Assessing immigrant assimilation: new empirical and theoretical challenges[J]. Annual Review of Sociology, 2005, 31.

[82] WHITEFORD P. Are immigrants overrepresented in the australian social security system? [J]. Journal of the Australian Population Association. 1991, 8(2).

[83] WRIGHT M, BLOEMRAAD I. Is there a trade–off between multiculturalism and socio–political integration? Policy regimes and immigrant incorporation in comparative perspective[J]. Perspectives on Politics, 2012, 10(1).

[84] YANG P Q. Explaining immigrant naturalization[J]. International Migration Review, 1994, 28(3).

[85] ZORLU A. Welfare use of migrants in The Netherlands[J]. International Journal of Manpower, 2013, 34(1).

［86］ZUBIKOVA A. Assessment of the immigrants integration level in the new member states of the EU in 2009－2018［J］. Journal of International Migration and Integration, 2020, 21(2).

［87］ZUCCOTTI C V, GANZEBOOM H B, GUVELI A. Has migration been beneficial for migrants and their children? ［J］. International Migration Review, 2017, 51(1).